Le management des achats

Mélanges en l'honneur
de Pierre-Yves Barreyre

Catalogage Electre-Bibliographie

Le management des achats : mélanges en l'honneur de Pierre-Yves Barreyre / dir. Jean-Claude Castagnos, Didier Retour. – Saint-Martin-d'Hères (Isère) : PUG, 2002.

ISBN 2-7061-0917-3

RAMEAU : gestion de l'approvisionnement
planification stratégique

DEWEY : 658.14 : Gestion des entreprises. Élaboration de la politique de l'entreprise. Management

Public concerné : Niveau universitaire. Professionnel, spécialiste.

BP 47 – 38040 Grenoble cedex 9

Tél. : 04 76 82 56 51 – Fax : 04 76 82 78 35

e-mail : pug@pug.fr   www.pug.fr

ISBN 2 7061 0917 3

Sous la direction de
Jean-Claude Castagnos
et
Didier Retour

Le management des achats

Mélanges en l'honneur de Pierre-Yves Barreyre

Presses Universitaires de Grenoble

Prologue

Pierre-Yves Barreyre

UN PIONNIER DANS LE MANAGEMENT DES ACHATS

Pierre-Yves Barreyre a réalisé toute sa carrière à l'université Pierre Mendès France de Grenoble. Ce fait est assez rare aujourd'hui pour être remarqué. À l'âge de 25 ans, après avoir été lauréat de la faculté de droit et de sciences économiques de Grenoble, il est nommé assistant au Centre de préparation à la gestion des entreprises (CPGE) de la faculté de droit et coordonne déjà les études du CAAE[1]. Pendant quatre ans (de 1966 à 1970) il est en poste comme maître-assistant à l'IUT de Grenoble au département informatique où il est responsable des enseignements d'économie et d'organisation des entreprises. À partir de 1971, date à laquelle il est nommé à l'IAE, sa carrière se déroulera entièrement dans ce qui va devenir plus tard l'École supérieure des affaires de Grenoble[2].

Dès sa nomination à l'IAE il crée le Programme doctoral de management des entreprises et obtient, avec l'appui du professeur André Page, la reconnaissance du CNRS à travers l'Équipe de recherche associée (ERA) intitulée « Stratégie et innovation dans les PME ». En 1975, il crée un programme innovant : le Cycle de gestion et de management de l'approvisionnement (CYGMA) en partenariat avec la Compagnie des dirigeants d'approvisionnement de France (CDAF). Ce sera le début d'une grande aventure pour Pierre-Yves Barreyre et pour l'ESA de Grenoble.

À la suite de sa réussite au premier concours d'agrégation du supérieur organisé en sciences de gestion en 1977, il est nommé maître de conférences[3] à l'Institut d'études commerciales (IEC) de Grenoble (un étage au-dessous de l'IAE !), ce qui lui permet de continuer à diriger son DESS de Gestion des approvisionnements à l'IAE. Soucieux de remplir ses obligations à l'égard de l'IEC, il dirige également la maîtrise des Sciences et techniques comptables et financières, un programme de formation à l'expertise comptable.

En 1980, il rejoint l'IAE comme professeur des universités, ce qui lui permet de s'investir principalement sur son DESS et de développer une orientation « pédagogie/recherche » en matière de stratégies d'entreprises au sein de l'unité de recherche de l'IAE. Cette organisation de recherche associée au CNRS deviendra

---

1. Le CAAE (Certificat d'aptitudes à l'administration des entreprises) qui deviendra par la suite un dess a été le diplôme fondateur des iae (Instituts d'administration des entreprises).

2. L'ESA est née de la fusion en 1985 de l'IAE et de l'IEC de l'université Pierre Mendès France de Grenoble.

3. Remarque : le grade de maître de conférences de l'époque correspond aujourd'hui à celui de professeur des universités de 2e classe.

par la suite le CERAG (URA CNRS) du fait de la fusion des équipes de recherche de l'IAE et de l'IEC, lors de la création de l'ESA. En 1985 il ouvre le DESMA (sigle du DESS Management de la fonction achats) en formation initiale. À partir de cette date, la formation aux achats devient, grâce à son action opiniâtre et au soutien de quelques collègues, un axe fort de développement de l'ESA de Grenoble, tant en formation continue qu'en formation initiale.

Pour bien comprendre l'itinéraire académique de Pierre-Yves Barreyre il faut remonter aux années 1970-1971 et même en 1968, date de soutenance de sa thèse complémentaire de doctorat consacrée à l'impartition. Cette thèse dirigée par Jacques Houssiaux, professeur à l'université de Nancy et à Harvard, lui permettra de rencontrer Jean Vaujany, directeur des achats de Merlin Gerin, qui deviendra ultérieurement président-directeur général de cette entreprise[4]. Ses travaux de l'époque et son implication avec Havas Conseil Relations Publiques lui donneront l'occasion de côtoyer quelques grands chefs d'entreprises de l'époque. Ces rencontres lui donneront l'envie d'étudier les grandes questions liées au management stratégique des entreprises mais également la volonté constante de rapprocher le monde de l'industrie avec celui de l'université.

Comme beaucoup de jeunes enseignants-chercheurs en gestion de l'époque, Pierre-Yves Barreyre se rend à l'âge de 33 ans aux États-Unis pour approfondir ses connaissances en management. C'est ainsi qu'il fait un stage à la *Graduate School of Management* de l'université Vanderbilt comme assistant de recherche du célèbre professeur Igor Ansoff, un des pères du management stratégique. Outre un approfondissement dans sa discipline scientifique, il retirera de ce séjour une méthode qu'il appliquera pour la création du CYGMA (Cycle de gestion et management de l'approvisionnement) en partenariat avec la CDAF. Rappelons que le CYGMA donnera naissance plus tard au DESMA (DESS Management de la fonction achats).

La méthode inspirée de son expérience américaine s'appuyait sur trois piliers[5] :

- *problem solving* : pour la résolution de problèmes complexes et mal structurés ;
- approche systémique (*system approach, system design*) ;
- analyse stratégique, avec une réflexion prospective sur la fonction managériale appliquée aux achats.

La démarche prospective conduisit à formuler une projection des besoins des entreprises en 1980 (horizon à 7 ans !). L'approche systémique permit de hiérarchiser les finalités de la formation avant d'en déduire les composantes essentielles (modules). La démarche *problem solving* combinait les phases

4. Merlin Gerin, entreprise bien connue de la région grenobloise, deviendra, suite au recentrage du groupe Schneider, le pivot du développement de Schneider Electric.

5. Pierre-Yves Barreyre, « Conception et développement d'un système d'éducation : un exemple original en matière de management des achats », *in Formation et Gestion, Mélanges en l'honneur du professeur André Page*, M. Albouy éd., PUG, Grenoble, 1993.

heuristiques et les phases déductives (*frezing-defreezing process*), l'analyse et la synthèse. Même en 2000, cette démarche est loin d'être appliquée à l'université lors du lancement de nouveaux programmes. C'est dire si une telle méthode était novatrice à l'époque ! Elle devrait pourtant être mise en œuvre plus souvent, notamment pour s'assurer de l'adéquation entre les besoins des entreprises et le type de formation dispensée. Preuve de la pertinence de cette approche : vingt-cinq ans après le lancement du CYGMA, les formations au management des achats à l'ESA se sont fortement développées et constituent un élément différenciateur de la concurrence. En effet, au DESMA organisé en formation initiale et en formation continue, il faut ajouter une option de la maîtrise de sciences de gestion dédiée à la fonction achat.

Un des traits distinctif de la filière alors créée est de ne pas avoir eu de précédent véritable. Aucune formation ne préexistait qui répondit aux mêmes besoins des entreprises. Quand on connaît la propension de l'Université à reproduire l'existant, on ne peut que saluer la performance. En ce sens, on peut parler, à propos de la création du DESMA, d'un réel processus d'innovation. L'originalité résidait dans une combinaison de quatre composantes :

– anticipation des besoins des entreprises,
– concept nouveau,
– approche inaccoutumée,
– organisation peu commune.

Le caractère innovant de la démarche de l'équipe dans laquelle Pierre-Yves Barreyre joue un rôle catalyseur se trouve également dans son souci constant de partenariat avec les milieux professionnels concernés par son programme de formation. C'est ainsi que la création du CYGMA s'est traduite par la signature d'une convention de partenariat entre l'IAE et la CDAF à l'automne 1974. Vingt ans après, à la suite d'un *lobbying* efficace du responsable du DESMA, l'auteur de ces lignes signait dans la Maison des acheteurs à Neuilly-Plaisance, en tant que directeur de l'ESA, la convention de renouvellement des accords de partenariat avec le président de la CDAF, Michel Raffet, lui même diplômé de la 5e promotion du DESMA. Nul doute que l'action de Pierre-Yves Barreyre s'est inscrite, tout au long de sa carrière universitaire, dans la continuité et dans la durée.

Bien qu'ayant constitué une part importante de son activité universitaire et de son investissement affectif, il serait trompeur de ramener la contribution de Pierre-Yves Barreyre uniquement à la création et au développement des formations achats, en formation initiale et continue à l'ESA de Grenoble. Il en faut, en effet, un peu plus – si on peut dire – pour être nommé professeur de classe exceptionnelle de l'Université française ! Pierre-Yves Barreyre a compris très rapidement qu'il était indispensable de développer parallèlement aux enseignements dispensés dans le DESMA une forte activité de recherche et de publication. Moins, peut-être pour des motifs de carrière, que pour faire émerger son champ de recherche et faire reconnaître les formations au management des achats comme un thème spécifique de formation. Malgré ses efforts, la partie, notamment en France, n'est toujours pas gagnée. En effet, pour certains universitaires, le management des achats ne serait qu'une fonction marketing à l'envers, dans laquelle il suffirait de remplacer le client par le fournisseur. Telle n'est évidemment pas la vision du promoteur du DESMA. Pour lui, le management des achats constitue un élément fort du management stratégique de l'entreprise. Le développement croissant de l'externalisation aujourd'hui à la mode, ou encore de l'impartition pour reprendre le néologisme crée par Pierre-Yves Barreyre pour qualifier de la façon la plus large l'appel à la collaboration client-fournisseurs, constitue à l'évidence la preuve du caractère visionnaire de notre collègue.

Le spectre des préoccupations de recherche de Pierre-Yves Barreyre, toutes centrées sur le management stratégique des entreprises, est relativement large. Citons notamment: stratégie et PMI, politiques de sous-traitance, stratégie d'innovation, groupements d'entreprise et stratégie de coopération, impartition et politiques de partenariat client-fournisseurs, management stratégique de la fonction achat, achat industriel et innovation, communication client-fournisseurs. Il est l'auteur de plus de quarante articles publiés dont une dizaine dans des revues étrangères, notamment *International Studies of Management* et *Strategic Management Journal* et de deux ouvrages :

– *L'impartition, politique pour une entreprise compétitive: une stratégie industrielle pour le marché commun* (préface de Jean Rey, président de la Commission de la CEE), Hachette, Paris, 1968 ;

– *Stratégie d'innovation dans les MPI* (préface de Marcel Bich), Éditions Hommes et Techniques, Paris, 1975.

À cela, il faut ajouter une dizaine de rapports de contrats de recherche (ministère de l'Industrie, DGRST, etc.), une vingtaine de communications dans des congrès nationaux et internationaux et, enfin, la direction d'une vingtaine de thèses de doctorats.

Dès la naissance, en 1994, du *European Journal of Purchasing and Supply Management* (publication du groupe Pergamon) Pierre-Yves Barreyre entre dans son Comité éditorial, preuve de la reconnaissance de sa contribution scientifique au management des achats au niveau international. Sept ans plus tard, renouvelé dans cette fonction, il est également sollicité pour faire partie du Comité de lecture de *International Journal of Supply Management*, l'autre grande revue académique mondiale ayant trait à l'achat, discipline qui connaît enfin son décollage dans plusieurs grands pays industrialisés (États-Unis, Royaume-Uni, Pays-Bas, Suède, etc.) avec la création et l'essor remarquable de l'*International Purchasing and Supply Education and Research Association* (IPSERA).

Contrairement aux préceptes de la concurrence pure et parfaite de l'économie néoclassique, Pierre-Yves Barreyre a montré, dans ses travaux, l'importance des relations de partenariat et de confiance entre les entreprises. Le lecteur de ses ouvrages et articles trouvera difficilement des références à des modélisations de phénomènes d'asymétrie informationnelle ou de hasard moral entre des agents cherchant à maximiser seulement leurs intérêts à court terme. À notre avis ce n'est pas par hasard. En effet, notre collègue croit plus à la force des relations tissées à long terme qu'aux opérations à un coup. Son passé à l'ESA est là pour en témoigner.

Au total, s'il fallait résumer en trois mots[6] l'action de Pierre-Yves Barreyre à l'ESA de Grenoble pendant plus de trente ans, il conviendrait de retenir : innovation, durée, fidélité. La combinaison de ces trois qualificatifs est plutôt rare de nos jours. En effet, les innovateurs sont plutôt enclins au changement et, de ce fait, inscrivent rarement leur action dans la durée. Tel n'a pas été le cas de notre collègue et ami. Cet ouvrage constitue un témoignage de reconnaissance.

Michel Albouy
Directeur honoraire de l'ESA de Grenoble

6. Je sais, pour l'avoir souvent observé, que PYB (abréviation de Pierre-Yves Barreyre) aimait demander à ses étudiants, voire à ses collègues, de résumer leur pensée en trois mots !

Introduction

Gains de performance et management des achats

Jean-Claude Castagnos
Chargé de recherche au CNRS
Centre d'études et de recherches appliquées à la gestion
Université Pierre Mendès France (Grenoble)

S'intéresser au management sous l'angle d'une seule fonction d'entreprise ne constitue pas une perspective fréquente d'investigation. En effet, la firme est communément appréhendée comme un tout structuré en quête d'une efficacité maximale. L'habileté à tendre vers un tel objectif est notamment conditionnée par la qualité des ajustements interfonctions générateurs d'effets de synergie. Par conséquent, quelle est la justification d'un ouvrage centré sur le seul management des achats ? Sans nier l'importance des problèmes de coordination, de cohésion d'ensemble des paramètres de conception de l'entreprise qui d'ailleurs – nous le verrons – ne sont pas absents dans cet ouvrage, force est de souligner le caractère simpliste d'une telle interrogation. Ce serait témoigner d'une méconnaissance des théories de la firme et surtout, de la gestion concrète, de laisser accroire qu'il existe un cheminement savant et univoque permettant de définir, avec certitude, une stratégie globale d'organisation et d'action pourvoyeuse du meilleur profit possible.

La légitimité d'une approche à dominante monofonction s'appuie, au moins, sur trois arguments.

La difficulté de piloter un pool de ressources complexes

Le fonctionnement de l'entreprise est régi par un ensemble de composantes et d'interactions imparfaitement défini. Même si la capacité des théoriciens à rendre compte des faits réels a sensiblement progressé, la caractérisation des attributs fondamentaux de la firme demeure cacophonique. Pour certains auteurs, la structure des droits de propriété représente le facteur explicatif central de la performance de l'entreprise. Pour d'autres, l'intelligibilité procède de l'examen des compétences (ressources) technologiques accumulées, source de combinaisons originales d'actifs puisqu'elles fertilisent l'enracinement dans l'organisation d'un savoir-faire spécifique et de routines appréciables en termes d'avantages concurrentiels. Pour d'autres, encore, la clé de l'entendement se trouve dans les règles (conventions) évolutives d'usage et de rémunération du travail et du capital. Dans d'autres cas, l'éventail des méthodes d'agencement et de coordination du travail est entrevu comme le siège de l'efficacité. La liste des points de vue sinon monoculaires du moins privilégiés par les différentes écoles de pensée n'est pas close. Sans multiplier les illustrations, le lecteur concevra qu'une telle mosaïque de conceptions de l'entreprise constitue le lit de sérieuses indéterminations. Quels sont les liens exhaustifs de cause à effet entre les méthodes stylisées et formelles de mobilisation des ressources et les manifestations observées ? Pour l'heure, aucun algorithme, aucun arbre de décision ne peut raisonnablement élucider une telle question. Il existera toujours des variables endogènes et exogènes omises ou volontairement ignorées qui obéreront les différentes stratégies du profit maximal. Sous réserve d'une formulation explicite des objectifs poursuivis et d'un minimum de cohérence dans le partage des rôles au sein de l'entreprise, il est donc scientifiquement recevable de réfléchir sur les apports susceptibles d'être soustraits du management de la fonction achats, tant du point de vue des actions ciblant une diminution de frais d'emprise que des impulsions et des échanges réactifs interfonctions.

LA PRIMAUTÉ CROISSANTE DE LA DONNE ENVIRONNEMENTALE

La prise de conscience n'est pas nouvelle : toute organisation témoigne d'une propension à l'équilibre homéostatique. Cette expression désigne la tendance de tout système (y compris l'entreprise) à conserver un état stable, à préserver ou à régénérer ses caractères initiaux, quelle que soit l'intensité des forces de changement[1]. Les techniques scientifiques de gestion représentent un antidote à ce danger d'immobilisme. Elles s'analysent comme des remèdes à prescrire d'autant plus abondamment que les pressions et évolutions de l'environnement s'avèrent nombreuses et fréquentes. C'est à ce prix que les tendances à la sclérose sont combattues et que s'implantent des greffons éventuellement porteurs d'un nouveau déterminisme interne (ex : de nouvelles structures d'organisation, des redéploiements d'activités). Or, dans un espace économique de dimension mondiale, les stratégies gagnantes sont de moins en moins l'apanage du seul dirigeant qui, en d'autres temps, forlançait de son intuition éclairée des ruptures dynamiques propres à apprivoiser la main invisible du marché. Chaque élément constitutif de la technostructure (fonctions, départements, etc.) est un combattant défensif à l'affût de signes d'alertes précoces[2] et un élément offensif propagateur, par ses initiatives, de meilleure efficience. Dans ce processus d'intelligence collective en quête d'anticipation et/ou de nécessaires divorces avec le conformisme ambiant, la fonction achats campe sur une position particulièrement stratégique. La déréglementation, les progrès de la télématique, la baisse des coûts de transport, les évolutions technologiques de tous ordres renforcent le

---

1. Kartz D, Kahn R. L. (1966), *The Social Psychology of Organizations*, New York, London, John Wiley and Sons, p. 19-26.

2. Sur ces questions, on recommandera la lecture de Castagnos J.-C., Lesca H., *Signaux faibles et méthode cible. Quelques retours d'expérience*, IXe Conférence de l'AIMS, Montpellier, 24-26 mai 2000, 16 p., CD-Rom.

registre des opérations propres à réduire le coût des approvisionnements. Acheter ou fabriquer, sous-traiter au plan national ou international, rechercher des solutions alternatives en matière de fabrication de pièces, de sous-ensembles ou d'éléments accessoires, négocier des contrats de fourniture de technologies, inciter ou accompagner des mouvements de modernisation par recentrage sur le métier de l'entreprise, saisir plus modestement une opportunité passagère de gain liée aux fluctuations de taux de change des monnaies, constitue quelques-unes des contributions possibles de la fonction achats à l'accroissement du profit de la firme.

DES ÉVOLUTIONS INSTITUTIONNELLES ET SCIENTIFIQUES FAVORABLES À UNE PERSPECTIVE MONOFONCTION

Le souci de sécurité et la volonté de croissance symptomatiques de la plupart des entrepreneurs, sont favorisés par les modifications profondes de l'encadrement institutionnel du marché et de la concurrence. La perméabilité des frontières, le recul de l'autorité de l'État, ont exacerbé la compétition économique mais aussi multiplié les possibilités d'actions délibérées. La puissance publique qui édicte des lois excessivement protectrices en matière de droits sociaux, impose aux entreprises des niveaux de prélèvements fiscaux très élevés pour financer la croissance de ses activités régaliennes, multiplie les normes de régulation et de contrôle, s'expose à être sanctionnée par des délocalisations d'activités au profit d'ensembles territoriaux plus permissifs vis-à-vis de la liberté d'entreprendre et de tirer profit de ses actions. L'item de changement considéré est d'autant plus fort que l'évolution des sciences du management et des techniques de l'information constituent de puissants facteurs exogènes favorables à la diversification des structures d'organisation. Grâce aux technologies de l'information, coordonner quasiment en temps réel un ensemble d'activités localisées dans plusieurs pays ne soulève aucun problème majeur. L'interdépendance des structures d'opération est obtenue par constitution d'agencements homogènes. Pour ce faire, il suffit de segmenter l'entreprise en groupes autosuffisants, spécialisés dans des domaines bien définis et pouvant alors déployer les forces tactiques indispensables à la réalisation des buts organisationnels (politique de filialisation). Ces mutations institutionnelles et technologiques renforcées par les progrès des sciences de gestion, sont aussi à l'origine d'économies de filières obtenues par un démarquage des configurations traditionnelles de l'entreprise. Cette fois encore, la fonction achats, particulièrement concernée par les possibilités de réorganisation de structures, peut engendrer des améliorations substantielles d'efficacité. Par exemple, le management des achats se prête aux stratégies de coopération (PMIsation, réseaux externes) ou d'évacuation partielle ou totale des problèmes de gestion vers le marché (désengagement stratégique, sous-traitance, etc.).

L'examen des choix plus ou moins rationnels entrevus sous l'angle privilégié de la fonction achats est donc un fil d'investigation légitime puisqu'il contribue, par tâtonnements successifs, au repérage de meilleures sources d'efficience. Ce pragmatisme d'intention est tout à fait légitime pour qui sait l'inexistence d'un sentier unique, d'un cheminement exclusif, débouchant sur un profit maximum avec un minimum de risques. Selon le poids que l'on accorde aux nombreuses contraintes tel le degré de satisfaction des clients, des actionnaires, des salariés ou de toute autre partie prenante à la vie de l'organisation, les combinaisons à la source du résultat obtenu ou visé sont multiples. Partant, le simple bon sens justifie les fréquents mécanismes réflexifs de transformation et de mouvement propres à réduire les coûts de production, comme des manœuvres stratégiques (coopération, globalisation, scission, désengagement, etc.), une révision des rapports avec les fournisseurs, une modification des techniques de gestion des stocks, etc.

LES THÈMES TRAITÉS DANS CET OUVRAGE

Les différentes contributions réunies dans cet ouvrage concernent aussi bien les avantages pouvant être recueillis de manœuvres stratégiques spécifiques, de la refonte de la structure d'organisation, de la rénovation de processus et de procédures propres à la fonction achats ou à ses relations avec les partenaires internes et externes à l'entreprise. L'ouvrage ne se borne pas à recenser des expériences observées. À la différence de bien des disciplines, les sciences de gestion procèdent de pratiques se modifiant rapidement et de fondements théoriques évoluant avec lenteur. Ce déphasage suscite une première interrogation. Le management est-il un simple art d'application, un catalogue de réalisations et de recettes souvent utile à l'homme ? Les développements du chapitre 1, proposé par Alain Charles Martinet, lèvent toute ambiguïté. Son étude montre que, pour l'essentiel, il a fallu attendre la fin des années 1980 pour que s'opère une articulation directe entre le corpus du management stratégique et l'analyse de l'impartition. Mais grâce à des apports décisifs (Hamel, Prahalad, 1994; Teece, 1997[3]), les questions ayant trait aux partenariats sont devenues une donne éminemment stratégique. L'identité de l'entreprise, ses frontières, ses réseaux de partenaires, sont des sujets au centre de l'analyse concurrentielle et de tout processus stratégique. En témoigne le fait que les écrits les plus récents (Baden-Fuller *et al.*, 2000[4]) évoquent, dans des cas bien spécifiés, la possibilité d'impartir non seulement les activités périphériques mais des tâches touchant au cœur du métier de l'entreprise. Non content d'apporter témoignage de l'intégration théorique du

3. Hamel G., Prahalad C. K. (1994), *Competing for the Future*, Harvard Business School Press. Traduction française, Inter Éditions, 1995.

   Teece D. J. *et alii* (1997), « Dynamic capabilities and strategic management », *Strategic Management Journal*, vol. 18, n° 7/1997, p. 509-533.

4. Baden-Fuller C. *et alii* (2000), « Outsourcing to outmanoeuvre », *Long Range Planning*, vol. 18, n° 3, p. 285-295.

partenariat dans les approches fondées sur les ressources, Alain Charles Martinet esquisse un modèle général de réflexion stratégique incluant les avantages liés aux partenariats. Cette volonté de rendre opérationnel un cadre conceptuel est d'un grand intérêt. Le lecteur découvrira une méthode de repérage des types d'impartition devant être logiquement associés à chaque formule stratégique. Au terme de cette première lecture on perçoit clairement que le management n'est pas une simple collation de procédés puisque l'ensemble des ingrédients fondamentaux de l'architecture stratégique convergent vers une logique directrice.

Mais une autre question se fait jour: la gestion repose-t-elle sur un corps d'acquisitions provenant d'un contexte spatial et temporel spécifique mais correspondant à un vécu qui s'est développé en parallèle à d'autres histoires réelles ? Si tel est le cas, la discipline relève du statut de science de l'idéologie. Il y a peu d'années encore, l'économie et la gestion étaient articulées sur une conception théorique de la firme peu convaincante tant elle était édifiée sur des hypothèses simplistes non vérifiées dans les faits. Depuis une vingtaine d'années, de nombreux auteurs tentent de remédier à cette situation. Il s'ensuit une floraison de points de vue, une richesse considérable de formulations dont l'intérêt est malheureusement tempéré par des découpages analytiques hétérogènes. Est-il possible de combiner tout ou partie de ces apports en sorte d'identifier l'existence d'une science fondée sur une théorie et des pratiques non contradictoires ? Le chapitre 2 de cet ouvrage tente de relever le défi. Il montre, d'une part, que les mutations de l'environnement ont engendré une meilleure efficacité du marché favorable aux désintégrations de structures internes d'entreprises et par conséquent à la fonction achats, d'autre part, que les progrès du management ont également impulsé une coordination administrative de la firme plus performante, avec retentissement favorable sur le métier d'acheteur. Or, on trouve dans le réseau des théories contractuelles des organisations sinon un édifice achevé, du moins la substance utile à une assez bonne compréhension de la coopération interfirmes et intrafirmes.

Le chapitre 3 est le fruit d'une collaboration entre un financier, Michel Albouy, et un spécialiste de GRH, Didier Retour. Chacun sait que le problème de l'efficience économique de l'entreprise ne s'est jamais résumé au choix d'un bon dosage factoriel de travail et de capital. Traditionnellement, le défi consistait à trouver un mode d'organisation et des systèmes d'incitation (notamment rémunératoires) propres à engendrer le goût de l'effort et le sens du travail bien fait. De nos jours, les processus d'externalisation d'activités subséquents aux évolutions technologiques et aux modifications de l'environnement institutionnel ont rénové la problématique. Les questions de confiance, d'asymétries d'attitudes des personnels vis-à-vis des actes de production, ne se posent plus uniquement dans le cadre de rapports de subordination salariale. L'adjonction d'arbitrages externes (impartition) aux arbitrages internes (coordination par la hiérarchie) peut être une source d'équivoques pour les observateurs non avertis. Michel Albouy en fournit une excellente illustration. Le conditionnement intellectuel est une sérieuse pesanteur. Ainsi, les comptables nationaux, les économistes, ne jurent que par la valeur ajoutée. L'entreprise qui diminue cette dernière est entrevue comme dissipatrice de richesse et vice versa. Telle est la situation de la firme qui externalise une partie de sa production puisque, par effet purement mécanique, sa valeur ajoutée baisse par rapport à son chiffre d'affaires. Est-on en présence d'une dégradation de la situation financière de la firme impartitrice ? Répondre par l'affirmative équivaut à identifier la mer à l'écume qui reste sur le rivage lorsque la vague s'est retirée. Michel Albouy rappelle que le véritable poids économique d'une entreprise ressort de l'examen de quatre caractéristiques : l'équilibre financier, la rentabilité, le risque global encouru, les perspectives de croissance. L'impact de la sous-traitance sur ces quatre variables est passé en revue. Il est démontré, sans ambiguïté possible, que la firme mettant en œuvre une stratégie d'externalisation crée plus de valeur que celle qui s'en abstient. Didier Retour prolonge la réflexion sous l'angle de la gestion des ressources humaines. Il met en lumière un fait singulier : l'existence d'un décalage entre les multiples actions d'impartition liées aux ressources humaines et l'indigence des écrits spécialisés sur ce thème. Le constat est une invitation, pour Didier Retour, à réfléchir sur les avantages et inconvénients engendrés par ces pratiques. Dans une perspective à courte vue, les bénéfices sont patents. Une réduction des coûts, un recentrage sur les activités clés de l'entreprise, un regard distancié des spécialistes externes pour l'accomplissement des tâches non répétitives ou bien réclamant une forte technicité, sont quelques-unes des retombées positives des processus d'externalisation. Mais la perte de cohésion et de cohérence dans les actions, un inévitable recul du contrôle managérial sur les aspects du travail sous-traités, une décapitalisation des compétences et expériences accumulées, constituent de sérieux risques encourus par l'entreprise. De surcroît, les salariés ayant échappé au processus de restructuration induit par le recentrage sur les compétences clés de l'entreprise sont psychologiquement perturbés et méfiants. En effet, nul ne peut dire s'il existe un seuil optimal de dématérialisation d'une firme[5]. Le lien social des salariés avec leur organisation de travail s'en trouve distendu. Détérioration de l'image de marque de l'entreprise, sentiment de la clientèle d'être moins bien traité que par un personnel interne, notamment dans les activités de services, sont d'ailleurs à l'origine de réintégrations de fonctions. Conséquemment, Didier Retour met en garde le lecteur contre les choix entre faire et faire faire. Il pense que les mouvements de restructuration interne emportant décentralisation des actes de gestion des ressources humaines s'avèrent tout aussi propices au développement de la performance et de la valeur des entreprises. Michel Albouy et Didier Retour éveilleront chez le lecteur un sentiment contrasté. D'un côté, les avantages financiers de l'impartition sont indéniables. De l'autre, la gestion des ressources humaines et l'intégrité, à long terme, de l'entreprise risquent d'en souffrir. Mais qui s'en étonnera ?

5. À ce propos, le lecteur peut utilement se référer à Castagnos J.-C. (1995), « Les structures virtuelles d'entreprises. Une innovation menaçante pour l'emploi », *Revue de Gestion des Ressources humaines*, n° 17, novembre, p. 37-53.

Avec le chapitre 4, nous entrons de plain-pied dans la perspective monofonction. Ce chapitre traite des conflits qui peuvent naître entre la nécessaire coordination globale de l'entreprise soucieuse d'optimiser l'interdépendance des systèmes de production, des moyens logistiques de distribution et d'approvisionnement, et le besoin d'autonomie fonctionnelle de la direction des achats si la firme entend tirer pleinement profit de la connaissance des marchés d'amont. Grâce à une démarche analytique très détaillée, Bernard Ballaz propose un modèle général d'intégration, vecteur d'avantages concurrentiels durables. Sa construction théorique justifie la place à conférer aux directeurs des achats. Ce dernier doit, soit coordonner la *supply chain*, soit s'acquitter de ses responsabilités sous un contrôle resserré à la direction générale. De même, le management des connaissances doit être mobilisé en sorte d'impulser un processus d'innovation continue et généralisé aux produits, procédés et solutions d'organisation. Mais l'essentiel de la dynamique recherchée participe de l'intégration des systèmes transactionnels et décisionnels le long de la chaîne de la valeur. L'apport des technologies actuelles de l'information et de la communication est au centre de la problématique. Un bon usage de ces technologies, notamment d'Internet, renforce l'intégration fonctionnelle et spatiale des activités, et alimente un ensemble hautement réactif, amplificateur de connaissances et générateur d'un modèle mental propice à l'innovation permanente. Hormis les retombées immédiates en termes d'avantages compétitifs, les répercussions d'une judicieuse utilisation du système d'information, vont vraisemblablement au-delà des conséquences entrevues par Bernard Ballaz. Certes, la construction proposée se conjugue avec un tassement du nombre de niveaux hiérarchiques. Mais, plus fondamentalement, c'est le problème des structures d'organisation qui est posé. Celles-ci ne sont plus que la partie émergée de l'iceberg organisationnel, fondamentalement structuré par des nœuds collaborationnistes détenteurs de la véritable capacité de cohérence et d'animation de l'entreprise. Un cheminement intellectuel intéressant qui renvoie, par exemple, aux débats du chapitre 2 sur la nature de la firme (Jensen, Meckling, 1976 ; Barzel, 1989[6]).

Le chapitre 5 a été rédigé par deux universitaires anglais de renom : Richard Lamming et Paul Cousins. Ces derniers invitent également le lecteur à réfléchir sur les mécanismes de fonctionnement multi-organisationnel. Un système d'approvisionnement se définit par des relations entre clients et fournisseurs qui se gèrent de la même manière qu'une entreprise est dirigée. C'est le contenu de ces relations qui doit être évalué et non pas le client ou le fournisseur. Dans cette perspective, Richard Lamming et Paul Cousins insistent sur la nécessité de changer de mentalités en sorte que toute transaction soit appréhendée comme un processus de relations spécifiques, un moyen pour atteindre une fin : le partage franc des risques et des avantages. À défaut, la logique du flou, le désordre

6. Jensen M. C., Meckling W. H. (1976), « Theory of the Firm : Managerial Behavior, Agency Cost and Ownership Structure », *Journal of Financial Economics*, vol. 3, n° 4.

Barzel Y. (1989), *Economic Analysis of Property Rights*, Cambridge, Cambridge University Press.

inhérent à tout *supply chain management*, constituent la porte ouverte à tous les comportements manipulateurs. Ces auteurs dépeignent un outil créé pour l'industrie aérospatiale britannique comportant trente-six critères représentatifs de la relation d'approvisionnement vécue, mais aussi désirée. L'outil d'évaluation de la relation est donc utilisable aussi bien pour établir un diagnostic que pour présider aux étapes de discussion et de contrôle des volontés relationnelles. Le pragmatisme consistant à s'appuyer sur un outil commun aux parties en présence semble un bon substitut aux méthodes unilatérales d'évaluation (les vendeurs et acheteurs définissent indépendamment les uns des autres leurs propres règles du jeu) engendrant des relations tendues et plus ou moins volontairement falsifiées.

S'il était encore besoin de confirmer les difficultés induites par les questions d'approvisionnements, la lecture du chapitre 6 confirmera l'acuité des tensions et des doutes qui assaillent théoriciens et praticiens. En effet, A. J. van Weele et F. A. Rozemeijer donnent un tour concret aux investigations préoccupées de savoir si des partenariats sont effectivement mis en œuvre dans des domaines relevant du cœur des compétences de l'entreprise. L'étude de terrain porte sur des entreprises hollandaises et les coopérations étudiées concernent un segment sensible : celui de la technologie. Les auteurs observent que les relations de partenariat échouent fréquemment en raison d'un manque de compréhension de la position de puissance relative des acteurs en présence. Ceci conduit la partie dominante (généralement le donneur d'ordres) à accroître continûment ses exigences. Par exemple, le fournisseur sera tenu d'entretenir et de gérer les plates-formes logistiques, d'assurer l'approvisionnement en pièces de rechange tout au long de la durée de vie du produit final et, ce, à un prix de long terme souvent préétabli. De véritables relations de partenariat sont possibles sous réserve de passer au crible les aspects de savoir si, d'une part, les parties en présence sont de force comparable et si, d'autre part, les méthodes de coordination et de division du travail s'avèrent compatibles. Dans l'affirmative, les entreprises en présence peuvent envisager une coopération, définir des objectifs communs en respectant les étapes préconisées par les auteurs de cette étude.

Le sujet examiné au chapitre 7 par Richard Calvi constitue une autre illustration du rôle que les acheteurs doivent jouer dans les changements créateurs de valeur. Avec l'essor de l'impartition, une part importante de la technologie incluse dans les produits finis a, de nos jours, pour origine des fournisseurs extérieurs. La participation de la fonction achats aux projets de développement de nouveaux produits revêt donc un intérêt essentiel en termes de délai de mise sur le marché, d'amélioration de la qualité, et de contrôle des coûts. Il suffit pour s'en convaincre de savoir, par exemple, qu'un retard de six mois dans le lancement d'un produit *high-tech*, entraîne une perte de profits potentiels de 33 % sur cinq ans. L'acuité du problème conduit l'auteur de ce chapitre à proposer un outil de gestion propre à identifier cinq problématiques d'intégration des fournisseurs afin de tenir compte de la nature du projet. Là encore, le problème de la rapidité des échanges d'informations est au cœur d'un développement coordonné entre les entreprises contractantes. La question du bon usage des technologies de l'information est indirectement posée, en particulier dans le cas de projets marqués par une forte incomplétude contractuelle (difficulté pour les partenaires en présence de mettre en congruence des modes de résolution des problèmes).

Les progrès du management, singulièrement de celui de la fonction achats, sont dus à des tâtonnements qui, par un jeu itératif d'essais et de corrections d'erreurs, débouchent sur une meilleure compréhension des sources de l'efficacité. Mais qu'il s'agisse de théories mises en pratique ou vice versa, ce sont aussi les apports technologiques, notamment ceux imputables au développement de l'informatique, qui constituent le catalyseur régulièrement repensé d'une meilleure allocation des ressources. Au chapitre 8, Natacha Tréhan, jeune docteur en sciences de gestion, en fournit une illustration à propos des progiciels intégrés de gestion. L'expression désigne des systèmes d'information automatisés comportant un module achats/approvisionnements combiné à des modules traditionnels de comptabilité/finance, de gestion commerciale, de gestion de la production, etc. Les avantages de ces outils sont biens connus. En contexte de forte turbulence de l'environnement, où chaque composante de la technostructure doit faire preuve d'initiative, ils permettent un partage des responsabilités, de la prise de décision, sans amoindrir le besoin de vision globale de la direction générale de l'entreprise. Cet atout est particulièrement remarquable à une époque où de plus en plus d'entreprises mutent en configurations multi-sites et en modes d'agencements plus ou moins complexes (*cf.* chapitre 2, paragraphe 2.2 et figure IV). Ces outils procurent aussi de multiples avantages concurrentiels immédiats : circuits d'approbation des achats en fonction des montants concernés, réapprovisionnements automatiques, repérage des achats répétitifs à différentes unités opérationnelles, connaissance instantanée du solde budgétaire, simplification du contrôle et de la mesure de la performance achats, etc. Le métier d'acheteur s'en trouve rénové. Libéré des décisions répétitives et routinières, des nombreuses contraintes de la gestion opérationnelle, il peut mobiliser son attention sur les missions stratégiques (veille environnementale, sélection et évaluation des fournisseurs, etc.). On comprend pourquoi de tels systèmes de gestion intégrés sont implantés dans toutes les grandes entreprises. Mais, qu'en est-il pour les organisations indépendantes[7] de type PME dont les effectifs sont compris entre 50 et 1 500 salariés ? Telle est l'interrogation qui sert de fil directeur à l'étude réalisée par Natacha Tréhan. La recherche repose sur l'exploitation d'un questionnaire d'enquête auprès de PME qui ont fait l'acquisition d'un progiciel et de son module d'achats/approvisionnements. On regrettera le nombre limité des questionnaires exploitables (35 retours sur les 246 expédiés), ce qui aliène la représentativité des résultats. Hormis les travaux de marketing et de finance qui s'appuient sur

7. La terminologie « organisations indépendantes » désigne les entreprises fondées sur un actionnariat personnel et/ou familial. Ces firmes sont autonomes en tant qu'il ne s'agit ni de filiales de groupes, ni d'établissement. En revanche, elles peuvent être soumises à une sujétion de fait en raison, notamment, d'une importance de son chiffre d'affaires conditionnée par un petit nombre de donneurs d'ordres (cas de nombreux sous-traitants).

d'importantes bases de données disponibles, cet écueil d'obtention des informations de base est fréquent en sciences de gestion. Quoi qu'il en soit, nous sommes en présence d'informations exploratoires à confirmer. Sous cette importante réserve, l'étude de Natacha Tréhan fournit un éclairage sur les motivations initiales ayant gouverné l'adoption d'un progiciel, identifie les retombées sur l'organisation des achats, la politique d'achats et l'évolution des tâches assumées par les acheteurs. Elle propose même une typologie des impacts sur le management de la fonction achats subséquents à l'implantation d'un progiciel. Par-delà les vertus et les limites inhérentes à l'outil de gestion étudié, ce chapitre constitue une base d'information intéressante sur l'un des moyens d'accroître la performance d'un service achats.

Finalement, la recherche d'une efficacité accrue est un dénominateur commun à l'ensemble des rédacteurs de cet ouvrage. Le chapitre 9 rédigé par Marcel Hays, directeur des achats d'une entreprise appartenant au groupe Carbone Lorraine, ne déroge pas. Cet auteur focalise le questionnement sur un autre thème d'actualité : les extraordinaires bouleversements vécus en peu de décennies par les spécialistes de la fonction approvisionnement, débouchent-ils sur l'émergence d'un management des achats de classe mondiale ? L'expression, un peu énigmatique, désigne une préoccupation d'excellence emportant, d'une part, un souci d'amélioration durable et continue de la fonction achats, aboutissant, d'autre part, à une contribution optimale à l'amélioration de la marge et donc du profit de l'entreprise, du moins si l'on en croit certains cabinets de consultants. Le mythe de l'optimum, quête allégorique du Graal fréquente au sein des sciences économiques et de gestion, est sous-jacent à une telle problématique. Marcel Hays, empreint du bon sens des praticiens, ne tombe pas dans le travers métaphysique. Sagement, il propose une réflexion sur les pratiques achats et leurs évolutions, en sorte d'apprécier leur impact sur la performance de la firme. Le lecteur trouvera dans cette étude les tenants et aboutissants de l'évolution du métier d'acheteur. L'exposé ne se réduit pas à des rappels historiques. De nombreuses fausses évidences, couramment colportées, voire mises en œuvre par les entreprises, sont battues en brèche : nécessité *a priori* de réduire le nombre des fournisseurs, rôle central du prix comme variable de négociation, sont quelques-uns des poncifs patiemment malmenés par Marcel Hays. La notion même de *World Class Purchassing* ; est controversée. Comment prétendre rechercher un optimum alors que chacun s'accorde à reconnaître la difficulté de mesurer la performance achats ? Si un fonctionnement efficient implique la mobilisation de pratiques exigeantes, l'évaluation des résultats doit être conçue en fonction de la volonté de comprendre ce qui s'est passé (quels ont été les fondements des compromis technico-économiques conclus avec les fournisseurs), plutôt que de se targuer de succès chiffrés dans l'absolu, souvent dépendants de facteurs exogènes (effet du taux de change, déstockage circonstanciel du fournisseur, baisse de qualité des inputs acquis, etc.). Dans cette perspective, Marcel Hays convie à une réflexion sur l'ensemble des outils et des méthodes qui transforment continûment le métier d'acheteur. Leur utilisation bien comprise est une source d'efforts et de bénéfices intelligemment partagés par l'acheteur et le fournisseur. Atteints de cécité vis-à-vis de leurs intérêts à long terme, de nombreux responsables de centrales d'achats, aux comportements léonins, seraient bien avisés de tirer profit de ces lignes.

CONCLUSION

Cet ouvrage sur le management des achats invite le lecteur à embrasser un vaste panorama, à la fois sur la théorie et les pratiques les plus récentes. Les pratiques évoluent rapidement, la théorie avec plus de lenteur, mais dans un sens confirmatif. En effet, les observations disponibles, les recoupements d'études, sont maintenant assez nombreux, le savoir suffisamment formalisé, pour affirmer que le management des achats a conquis un droit de cité parmi les sciences de gestion. Les gains d'efficacité liés aux mutations de la fonction achats sont si considérables qu'il serait vain de parier sur un processus de ralentissement ou d'inversion de la propagation des idées de changement évoquées tout au long de cet ouvrage. La capacité à prendre conscience de ce processus dépend simultanément de la curiosité du lecteur, de son ambition à y jouer un rôle, de sa faculté à vaincre ses éventuelles résistances culturelles. L'enjeu est de taille, car les sanctions sévères que subissent les attardés sont à la mesure des substantiels avantages moissonnés, en ce domaine, par les esprits modernistes.

Chapitre 1

Impartition et management stratégique

Alain Charles Martinet
Professeur à l'université Jean Moulin Lyon 3

La sous-traitance est restée longtemps une question peu traitée par le corpus il est vrai naissant, de la stratégie. Vue tantôt sous l'angle économique en privilégiant les calculs de prix de revient et de marges, tantôt sous l'angle des capacités de production, notamment lors des sous-traitances conjoncturelles, tantôt sous l'aspect technico-organisationnel, avec des sous-traitances de spécialités ou d'activités périphériques, elle fut surtout considérée par les stratèges comme le symétrique de l'intégration verticale qui jouissait d'un *a priori* favorable.

À la fin des années soixante, son statut stratégique commença à être mis en évidence, grâce notamment au concept d'impartition dont il est intéressant de révéler le caractère précurseur. La désintégration verticale et la montée des réseaux depuis cette époque, la « nouvelle » économie informationnelle aujourd'hui, font que l'impartition est désormais partout.

Parallèlement le corpus du management stratégique a redécouvert, depuis une quinzaine d'années, les ressources et les compétences propres à l'entreprise sur lesquelles Édith Penrose avait fondé sa théorie de la croissance. La convergence de ce type d'approche avec l'impartition permet de resituer cette dernière au cœur du management stratégique et d'esquisser les grandes dimensions d'un modèle intégrateur compétences propres/impartitions.

1. L'impartition, un concept précurseur

Soucieux, avec nos amis québécois, de trouver un équivalent français à l'expression américaine alors émergente de *make or buy*, P.-Y. Barreyre proposait dès 1968 le vocable d'impartition et son étymologie latine (Barreyre, 1968).

Bien au-delà des pratiques et de l'état d'esprit de la sous-traitance d'alors, mieux que la simple alternative produire ou acheter, l'impartition se voulait d'emblée une politique conduisant à des sous-traitances et engendrant des relations de partenariat inscrites dans la durée, la confiance et le partage de la valeur.

Cette conceptualisation put laisser certains indifférents ou, au contraire, apparaître anachronique à beaucoup, figés dans une perception strictement comptable et ponctuelle de la sous-traitance, qui n'en voyaient ni le caractère stratégique, ni l'amplification qu'elle allait enregistrer. On ne dira sans doute jamais assez combien cette construction conceptuelle vit juste, et avec près de vingt ans d'avance[1], ou plutôt qu'elle saisit fort bien que l'entreprise intégrée, alors dominante, était davantage une réponse industriellement contingente et historiquement datée qu'un modèle définitif.

1.1. La montée de la grande entreprise intégrée (1870-1970)

Ce que les historiens ont appelé la seconde révolution industrielle à partir de 1870 va tout à la fois consacrer la grande entreprise intégrée, l'organisation bureaucratique centralisée et hiérarchisée, les managers professionnels et leur « main visible » selon l'expression de Chandler (Chandler, 1977) dont la première révolution industrielle avait mis en place les fondements. Rappelons que cette dernière était intervenue dans un contexte où prévalaient depuis des siècles des formes diverses de sous-traitance dans lesquelles le donneur d'ouvrage et le travailleur à domicile constituaient une structure dominante et stable.

Chacun s'accorde à reconnaître le rôle décisif joué à cet égard par les compagnies de chemin de fer américaines à partir de 1840-1850 pour imposer l'unicité de la ligne hiérarchique, l'intégration de la gestion, le *reporting* systématique, la surveillance généralisée, la division scientifique du travail de Taylor, la production de masse à la chaîne... (Hoskin, 1990). La plupart des secteurs industriels vont suivre la même évolution ; la sidérurgie, les compagnies pétrolières, les constructeurs automobiles, la chimie vont tout à tour adopter les structures administratives, le *staff and line*, les techniques de contrôle... qui vont être considérées pendant longtemps comme les « principes universels » du management moderne.

Notons d'ailleurs avec J.-J. Rosa (Rosa, 2000), de façon plus éloignée pour le propos, que l'administration publique subit un mouvement voisin donnant aux capitalismes et aux socialismes du « premier XXe siècle » des caractéristiques analysées selon des perspectives diverses par Marx, Weber, Schumpeter, Burnham, Berle et Means, Galbraith, Chandler ou, de façon plus artistique, par Orwell ou Huxley.

1.2. La désintégration et la montée des réseaux (1970-1990)

P.-Y. Barreyre publie son ouvrage au 2e trimestre 1968 ! L'époque restera célèbre... sans doute pour d'autres événements. Mais ne nous y trompons pas. Là commencent vraiment les mouvements décentralisateurs, démocratiques et individualistes qui vont, en interaction avec les évolutions technologiques, saper la légitimité, l'efficacité et la nécessité mêmes de la grande organisation hiérarchique intégrée, jusqu'à l'implosion du système soviétique en 1989.

---

1. En témoigne, par exemple, l'article de bons spécialistes, David Ford et David Farmer, « Make or buy – a key strategic issue », publié *in Long Range Planning*, en 1986 seulement (vol. 19, n° 5, p. 54-62).

Laissons aux spécialistes le soin de se prononcer. Mais des évolutions de l'actionnariat et des marchés financiers s'opèrent en interaction avec les changements majeurs de stratégie, d'organisation et de frontières des firmes.

Les NTIC, la déréglementation et l'internationalisation des marchés financiers vont rendre ces derniers plus efficients que la gestion interne des flux de *cash-flows* au sein des grands ensembles congloméraux ou excessivement diversifiés du monde occidental. Les formes de marché interne vont perdurer davantage au Japon, en Corée ou en Allemagne alors que les effets de ces changements sont particulièrement visibles en France. S'agissant des grands groupes, l'efficience relative des marchés internes et externes de capitaux joue donc un rôle essentiel dans la dialectique diversifications non liées/recentrage (Hubbard, 1999; Porter, 1999).

La période, et spécialement les années 80 et 90, voit donc se multiplier les fusions, acquisitions, cessions qui recentrent, respécialisent et reconstruisent des groupes autour d'un nombre réduit de métiers de base, accomplissant ainsi un mouvement symétrique à celui de la période antérieure.

La miniaturisation de nombre d'équipements permise par l'électronique et, au premier chef, la micro-informatique, permet à de (toutes) petites entités de disposer d'une puissance informationnelle, de calcul et de connection jusque-là réservée aux grandes organisations. Les économies d'échelle et d'envergure se trouvent largement remises en cause dans de nombreux secteurs; cette dernière notion même, produite par les comptabilités nationales et les tableaux d'échanges interindustriels de l'immédiat après-guerre, en Occident comme en URSS, perd même sa pertinence.

J.-J. Rosa parle de désintégration créatrice, en clin d'œil à la destruction créatrice de Schumpeter, pour qualifier cette résurgence de petites entités qui, loin de rester isolées, vont établir des liens dans des réseaux de plus en plus nombreux et ramifiés (Castells, 1998).

1.3. La « nouvelle » économie informationnelle et l'impartition

Cette période qui s'ouvre probablement au début des années 90 et qui marque, sinon la fin de l'économie industrielle, tout au moins sa transformation profonde, ne se résume pas à *la net economy* même si elle en partage certains déterminants. Les échanges électroniques de données et l'explosion des télécommunications jouent en effet un rôle fondamental dans la mutation des processus de production de biens et services marqués désormais par la flexibilité, la fluidité, la rapidité, l'évolutivité. Il n'est sûrement pas question de déclin de la très grande entreprise mondiale, bien au contraire. Il est en revanche certain que la crise profonde de l'intégration verticale et de l'organisation hiérarchique et fonctionnelle engendre, *ipso facto*, un prodigieux essor des sous-traitances, cotraitances, collaborations, alliances... bref des multiples formes de l'impartition.

C'est bien «l'entreprise en réseau» qui devient la forme organisationnelle dominante, en tous les cas la mieux adaptée à l'économie informationnelle. Comme le résume M. Castells, «les organisations qui réussissent sont celles qui peuvent générer du savoir et traiter l'information ; s'adapter à la géométrie variable de l'économie globale ; être assez souples pour changer leurs moyens aussi vite que les objectifs évoluent, sous l'impact des rapides transformations culturelles, technologiques et institutionnelles ; et innover, l'innovation devenant l'arme clé de la concurrence» (Castells, 1998, p. 208).

J. Rifkin caractérise ainsi «l'économie en apesanteur» de ce début du XXIe siècle : le déclin de l'immobilier et son corollaire, les bureaux nomades ou en «hôtelage» ; la disparition des stocks – au Japon, le client qui entre chez un concessionnaire de National Bicycle Company, conçoit, compose, personnalise sur ordinateur le vélo de son choix qui est ensuite fabriqué, assemblé et livré en trois heures – ; la dématérialisation de l'argent et le déclin du capital fixe et l'explosion de la location, de la *vente-leasing*. Tout ceci converge, selon lui, vers la sous-traitance généralisée dont de nombreuses enquêtes montrent l'expansion. Aux États-Unis, 30 % des entreprises industrielles sous-traiteraient plus de la moitié de leurs activités de production alors que 60 % des entreprises japonaises auraient recours à la sous-traitance pour au moins une de leurs activités fondamentales. Désormais, certaines entreprises de sous-traitance sont de très grande taille comme Ingram qui produit des ordinateurs pour IBM et Compaq, les livre au consommateur final et gère le site Web des détaillants (Rifkin, 2000).

2. L'impartition et le management stratégique actuel

Après l'ampleur de vue des «pères re-fondateurs» au début des années soixante – Andrews, Ansoff, Chandler... –, la stratégie s'est focalisée durant deux décennies sur l'analyse concurrentielle avec les approches matricielles d'abord (BCG, ADL, McKinsey), le cadre conceptuel proposé par Porter ensuite, directement issu de l'économie industrielle et de son triptyque «structures industrielles – comportements compétitifs – performances économiques et financières».

De ce fait, le corpus stratégique n'eut qu'un lien indirect mais asymétrique avec l'impartition : les avantages de cette dernière purent être présentés comme les inconvénients de l'intégration verticale. Toutefois, celle-ci reçut le plus souvent un *a priori* favorable, soit qu'elle parût aller de soi dans la recherche de la plus grande taille et des coûts les plus faibles (économies d'échelle et d'expérience du BCG), soit qu'elle fût assimilée à des barrières à l'entrée et à un fort pouvoir de négociation dans le modèle de Porter.

D'ailleurs, ce dernier ne consacre que trois pages à la stratégie d'achat alors que vingt-trois sont dédiées à l'analyse stratégique de l'intégration verticale dans son ouvrage de référence (Porter, 1980).

Ce n'est qu'à partir du milieu des années quatre-vingt que le corpus du management stratégique permet une articulation directe avec l'analyse de l'impartition.

2.1. Les approches fondées sur les ressources et la problématique de l'impartition

Renouant avec l'école de Harvard (avant Porter) d'une part, et les travaux pionniers d'Édith Penrose sur la théorie de la croissance de la firme (Penrose, 1959) dans une filiation schumpeterienne d'autre part, tout un courant de recherche centré sur les ressources, les capacités et les compétences va se développer, ramenant ainsi le centre de gravité du management stratégique au cœur des spécificités de l'entreprise et ce faisant, lui donnant à traiter de façon directe et explicite la question de leur internalisation ou de leur externalisation. C'est ainsi que vont converger la réflexion théorique ancrée sur les ressources et les pratiques de l'*outsourcing* largement pilotées par les cabinets de conseil. Que ce dernier vocable, à leurs yeux plus vendeur, tende à supplanter celui d'impartition, est sans doute regrettable dans le monde francophone mais ne change rien sur le fond.

Avec quelques autres, G. Koenig (Koenig, 1999) a bien recensé et synthétisé les multiples travaux de ce courant du management stratégique dont on peut distinguer les deux affluents intéressants pour notre propos.

2.1.1. La *resource-based view*, développée par Wernerfelt et Barney

Cette optique cherche initialement à rééquilibrer le cadre de Porter et à enrichir le fameux modèle de Harvard – forces, faiblesses/opportunités, menaces – mais reste trop analytique et statique : les ressources, assimilées aux forces, sont listées davantage qu'elles ne sont vues comme faisant système.

2.1.2. Les approches fondées sur les compétences centrales et les capacités dynamiques

Elles prétendent pallier ces lacunes. La notion de *core competence* introduite par Hamel et Prahalad en 1990 désigne l'ensemble de savoirs, d'aptitudes et de techniques transversales aux activités de l'entreprise qui constitue la matrice des produits, évolue de façon plus lente et se trouve soumis à d'importants phénomènes d'apprentissage collectif. L'idée rejoint, par de nombreux aspects, la notion de grappes technologiques qui avait été développée en France à l'observation du management japonais (GEST, 1986). L'ambition stratégique (*strategic intent*), la construction opiniâtre des compétences dans la durée et le souci de jouer sur des leviers pour amplifier et accélérer le processus de transformation des aptitudes en produits rentables forment un système censé construire le futur (Hamel, Prahalad, 1994).

La notion de capacités dynamiques a été proposée par Teece *et alii* et privilégie la création de richesse par l'entreprise qui s'efforce de cultiver ses processus distinctifs, ses actifs et savoirs spécifiques et ses sentiers de cheminement (Teece, 1997).

Au-delà des querelles d'école, l'intérêt principal de ces approches est de se dégager de l'inspiration excessivement conflictuelle et de l'analogie militaire qui colorent la plupart des travaux sur l'analyse concurrentielle. Au contraire de ces derniers, le jeu économique y est vu comme à somme positive chacun s'efforçant de se distinguer et de se différencier des concurrents plutôt que de les affronter avec les mêmes armes. De façon plus directe pour notre propos, elles donnent à l'identification, à la conceptualisation, au développement et à l'exploitation des ressources et compétences, le rôle clé dans le renouvellement, sur la durée, d'avantages distinctifs significatifs.

De ce fait, la dialectique entre la détention de ressources et de compétences propres et leur obtention par le partenariat devient centrale. C'est bien dans le même mouvement, réputé profondément stratégique que les directions d'entreprise sont invitées à se concentrer sur un petit nombre de compétences centrales portant sur les contributions distinctives des offres, les modes de mise en marché et les qualités des processus productifs (efficience, qualité, délai, flexibilité...), et, d'autre part, à rechercher et à tirer le maximum des collaborations qu'il convient de nouer dans un souci d'enrichissement économique et organisationnel conjoint. Dans cette optique, l'impartition n'est donc plus une simple alternative technique – faire ou faire faire. Elle devient un processus stratégique de coconstruction, dans la durée, de l'identité de l'entreprise, de ses frontières, des réseaux privilégiés de partenaires dans lesquels elle choisit de s'insérer et de faire évoluer.

2.2. Activités imparties, compétences centrales et périphériques

En vingt ou trente ans, un double mouvement s'est donc opéré, du côté de la sous-traitance et du côté de la stratégie, pour passer d'une attitude généralement réticente et ponctuelle vis-à-vis de l'option de confier à un partenaire une tâche, à l'acceptation *quasi* généralisée qu'on ne peut faire bien qu'un nombre limité d'activités et qu'il convient donc de mobiliser un nombre croissant de ressources extérieures, faisant d'ailleurs des tissus industriels modernes des réseaux complexes, extrêmement ramifiés et interdépendants.

Si la plupart des entreprises, quelle que soit leur taille, sont dès lors acquises à l'intérêt et à la nécessité d'impartir, le débat se déplace sur le critère de démarcation entre les activités que l'on peut externaliser et celles qu'il est impératif de conserver.

2.2.1. L'impartition des activités périphériques

Soucieuses de faire baisser leurs charges de structure et leur seuil de rentabilité, invitées à mieux tenir compte du coût du capital et, en conséquence, à être davantage sensibles aux coûts d'opportunité de leurs investissements, les entreprises ont massivement fait appel à des services extérieurs : nettoyage, gardiennage, recouvrement des factures, entretien... Dans de nombreux cas de figure, cela ne dépassait pas les services généraux nécessaires au fonctionnement de l'entreprise mais sans impact réel sur ses savoir-faire et ses compétences.

Un pas important est franchi lorsque l'entreprise n'hésite pas à acquérir de l'intelligence, matérialisée par des services supérieurs et surtout par des composants et des sous-ensembles industriels complexes confiés et codéveloppés avec des partenaires.

Les spécialistes ont depuis longtemps déjà proposé les critères à prendre en compte pour décider et choisir les partenaires (Barreyre et Bouche, 1982, Barreyre, 1991) susceptibles d'être impliqués notamment dans le « mix stratégique achats logistique » (Barreyre, 1997).

Mais ces choix ne sauraient être effectués dans une optique statique : quand bien même l'on pourrait distinguer clairement les activités centrales des activités périphériques et recourir à l'extérieur en conséquence, c'est bien dans une dynamique de collaboration et d'interaction que l'on s'engage où l'on recherche, dans le temps, une valeur accrue et des services plus flexibles, une capacité d'innovation par l'émulation extérieure, une multiplication des contacts et des sources de connaissance... Dès lors que l'impartition est reconnue comme une politique, les personnels tendent à interagir avec l'extérieur de façon autonome, en s'affranchissant partiellement des structures de l'entreprise, de l'autorité formelle, ou des stricts liens de propriété (Quinn, 1999), aidés en cela par les nouvelles technologies de l'information et de la communication.

Se trouvent ainsi favorisées les initiatives, les émergences (Mintzberg et Waters, 1985) qu'il appartient aux directions générales d'intégrer ou non dans les stratégies délibérées.

L'une des vertus majeures de l'impartition, conçue de façon ambitieuse, réside dans les possibilités accrues qu'elle offre d'apprentissages « en double boucle » au sens d'Argyris (Argyris, 1995), en remettant en cause, par l'exposition à des connaissances, des savoirs, des pratiques autres, les routines de l'entreprise ou ses apprentissages limités en simple boucle. Dès lors l'impartition se déplace obligatoirement de la seule réalisation plus efficiente d'une fonction à un processus ouvert de reconfigurations et de réassemblages fréquents. Comme dans la plupart des domaines du management, l'on passe ainsi d'une rationalité en substance à une rationalité en procédure au sens de Simon où il s'agit de concevoir, d'animer, de surveiller des processus en perpétuelle reconstruction plutôt que de fixer « une fois pour toutes » des critères à respecter *a priori*. Il en va de même de la distinction entre le cœur et la périphérie.

2.2.2. L'impartition peut-elle toucher le cœur de compétences ?

En convergence avec les propositions de certains consultants à partir du milieu des années quatre-vingt, centrées sur le patrimoine technologique (Martinet, 1988), les tenants du « modèle ressources-compétences » (Tywoniak, 1998) concluent volontiers à la nécessité d'impartir les activités non centrales. C'est ainsi que J. B. Quinn prône des stratégies fondées sur les compétences centrales couplées à une impartition active de trois domaines : des spécialités fonctionnelles (la gestion des plans de retraite par exemple) ; des activités dispersées dans plusieurs divisions et qu'il est possible de confier à un tiers (ainsi que l'a fait BP en confiant à Price Waterhouse Coopers la gestion européenne de ses régimes fiscaux) ; et enfin des expertises qu'il est nécessaire de réunir rapidement dans le cadre d'un projet novateur.

La démarche proposée par Quinn consiste à créer des *best-in-world capabilities* qui poussent l'entreprise à réfléchir clairement et explicitement à la source des avantages concurrentiels, tout en acquérant les autres compétences intellectuelles et les services nécessaires auprès de sources extérieures également les meilleures dans leur propre domaine (*design*, maintenance...). Pour ce faire, il conseille, classiquement, de situer les compétences nécessaires selon deux dimensions : leur contribution potentielle à l'avantage concurrentiel et le risque de l'impartition. Seront dès lors effectuées au sein de l'entreprise les activités classées « fort » sur les deux dimensions et qui reposent sur, et en retour, enrichissent les compétences centrales (Quinn, 1999).

Jusqu'à ces derniers temps, rares étaient les spécialistes à évoquer la possibilité d'impartir certains éléments du cœur de métier. Une recherche récente conduite par C. Baden-Fuller sur la base d'études de cas, considère souhaitable de le faire dans quatre situations (Baden-Fuller *et alii*, 2000).

a. Lorsque l'entreprise se trouve technologiquement distancée par rapport à la concurrence et qu'il s'agit de reconstruire des compétences centrales. C'est ainsi que l'on peut interpréter le redressement remarquable de Chrysler aux États-Unis à partir de 1995 alors que sa situation était très précaire. En sélectionnant et en impliquant fortement ses fournisseurs dans les activités de conception, en les évaluant quant à leur contribution à l'amélioration des produits, de la qualité, des coûts, de la fiabilité, de la flexibilité et de l'innovation (procédure SCORE), la firme automobile a pratiquement dessiné un modèle de « Keiretsu » américain (Dyer, 1996).

b. Lorsque les sources des profits se modifient tout au long de la chaîne de la valeur et que s'inverse le caractère central ou périphérique des compétences. C'est ainsi que dans la distribution de l'eau au Royaume-Uni, la gestion de l'approvisionnement par l'intégration verticale, qui était centrale, devient moins importante que la « gestion » des jeux de régulation. Il en va sans doute ainsi dans l'industrie des télécommunications.

c. Lorsque la technologie clé de l'industrie change, les firmes établies peuvent avoir du mal à adopter, à elles seules, les nouvelles compétences du fait des inerties usuelles. Ainsi, dans la pharmacie, la recherche se déplace de la chimie vers la biologie et doit souvent s'opérer grâce à des partenariats dont le choix est crucial et dont il faut accompagner, financièrement, le développement.

d. Lorsque l'on a affaire à des marchés émergents pour lesquels personne ne possède simultanément la technologie et les voies d'accès aux clients. Il s'agit alors de former des *joint ventures* avec des partenaires suffisamment entreprenants et aptes à collaborer pour prétendre à des innovations de préemption (*fast track*).

Dans tous les cas, cela nécessite une forte clarification des objectifs – construire une nouvelle compétence, baisser les coûts, ouvrir un marché... –, une ferme intention de bousculer les conditions de marché et une volonté réelle d'obtenir un jeu à somme positive avec les partenaires (Martinet, 1998).

3. Vers un modèle procédural intégrateur

Les approches fondées sur les ressources ont fait l'objet de nombreuses publications depuis une dizaine d'années mais les développements théoriques l'ont largement emporté sur l'opérationnalisation du cadre conceptuel. Les travaux sur l'impartition ont, d'un certain point de vue, explosé avec un centrage sur les alliances, les partenariats et les réseaux. Là aussi les considérations opératoires sont minoritaires et plutôt le fait des spécialistes des achats. Les efforts prioritaires nous semblent donc devoir se situer dans une perspective ingénierique ou de conception qui, malgré les critiques souvent excessives d'un Mintzberg, constitue le centre de gravité de la pensée stratégique (Martinet, 1997 ; Liedtka, 2000).

Nous ne pouvons, dans les limites de ce chapitre, qu'esquisser les linéaments d'un modèle procédural destiné au premier chef à aider la réflexion de ceux qui sont engagés dans ce type de décision.

3.1. L'économie générale du modèle

Elle est synthétisée par la figure I. L'objet du management stratégique est de concevoir, d'organiser et d'activer une architecture stratégique qui maintienne la consonance entre l'intention stratégique, les compétences internes et externes, la pertinence et l'efficacité du système d'offre, les besoins ou mieux les systèmes d'usage des segments de clientèle.

Les avantages concurrentiels (AC) sont les bénéfices différentiels perçus par les clients en comparaison avec les offres concurrentes.

Les avantages liés aux ressources et aux compétences (AR) contribuent à construire les avantages concurrentiels, tout comme les avantages liés aux partenariats (AP). Lors de son redémarrage comme entreprise autonome, SEAT tirait de son passé commun avec FIAT des compétences à produire des véhicules fonctionnant honnêtement à coûts et prix faibles. Mais le lancement de l'Ibiza n'aurait sans doute jamais été réussi si le constructeur n'avait pu faire état d'un moteur dessiné par Porsche. Les avantages concurrentiels de Honda, pour les voitures comme pour les motos, reposent très largement sur ses remarquables compétences à concevoir et fabriquer des moteurs à très haut rendement et d'une robustesse inégalée. À une certaine époque, le *Intel inside* a pu suffire à déclencher des achats de PC de marques relativement banalisées.

Le point central est que les trois catégories d'avantages sont de plus en plus intimement liés.

Figure I

Un modèle intégrateur de management stratégique « compétences propres/impartitions »

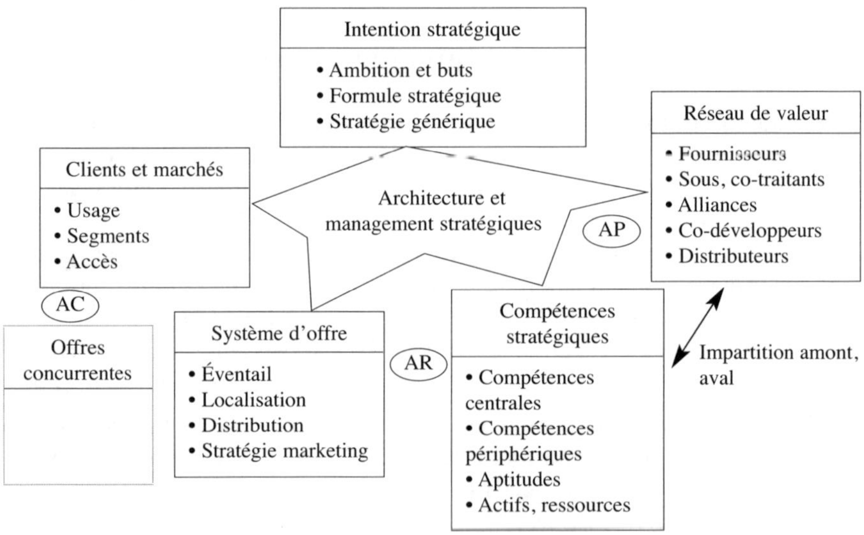

AC = avantages concurrentiels
AR = avantages liés aux ressources et compétences
AP = avantages liés aux partenaires

3. 2. L'utilisation du modèle

S'inscrivant dans une volonté ingénierique, le modèle se veut exclusivement procédural (Martinet, 1997) : heuristique pour guider la réflexion et la discussion stratégiques (Liedtka, 1998), plus précisément, la formulation du concept d'entreprise (Hamel, 2000) et la construction de l'architecture ainsi que de ses interfaces avec les clients et les accès aux marchés d'une part, les acteurs du réseau de valeur auxquels s'adressent les décisions d'impartition d'autre part. Ces différentes interfaces sont susceptibles d'être des supports ou non d'apprentissages différentiels entre les partenaires.

L'entreprise a d'autant plus de chances de créer de la valeur qu'elle possède un système d'offre efficace et efficient. Sur la durée, il convient donc de choisir les voies d'évolution de ce système d'offre et l'on gagne à suivre assez longtemps une logique dominante.

À partir des travaux de Tregoe et Zimmerman, nous sommes quelques-uns à considérer depuis longtemps que la typologie des formules stratégiques constitue l'une des heuristiques les plus éclairantes et les plus puissantes (Martinet, 1982 ; Robert et Devaux, 1994).

Elle constitue une clé d'entrée efficace de la réflexion puisqu'elle précise l'intention stratégique, encadre les buts et contient la stratégie générique (domination par les coûts, différenciation…).

L'intérêt de cette typologie est qu'elle articule de façon logique et cohérente la formule stratégique choisie, le déploiement stratégique impliqué et les compétences stratégiques de l'entreprise comme le résume le tableau II, en se limitant ici aux formules qui concernent les entreprises non financières.

Tableau II

Les formules et les compétences stratégiques

FORMULE STRATÉGIQUE	DÉPLOIEMENT STRATÉGIQUE	COMPÉTENCES STRATÉGIQUES	EXEMPLES
Produit et/ou service	Extension de gamme Déploiement géographique	Développement de produits et procédés Développement de services	Michelin, Renault, Boeing
Catégorie de besoins de marché	Multiplication des produits nouveaux	Connaissance des clients, prospects, mise en marché, fidélisation	L'Oréal Calvin Klein
Technologie ou savoir-faire	Multiplication des applications Création de marchés	Recherche – développement *Knowledge management* Marketing	Sony Du Pont
Capacité de production	Saturation des équipements	Efficience appareil de production Marketing de substitution	Remontées mécaniques Compagnies aériennes Sous-traitants de capacité
Ressources naturelles	Maximisation débit Diversification des sources	Exploration, mise en valeur des sources	Evian Shell
Méthodes de vente ou de marketing	Pénétration de marchés Élargissement gamme	Recrutement vendeurs Amélioration efficacité de la méthode	Amway, Tupperware, Téléachat, e-commerce
Méthodes de distribution	Optimisation, saturation du système de distribution	Traçabilité Logistique	Compagnies de téléphone, Redoute, 3 Suisses, Federal Express

Cette grille est susceptible de guider grandement les choix d'impartition en fonction du contexte particulier dans lequel se trouve l'entreprise. Selon la formule stratégique qu'elle a pour un temps adoptée, le degré de déploiement auquel elle est parvenue et le degré d'excellence qui caractérise ses compétences stratégiques, il s'ensuit un appel plus ou moins vaste et plus ou moins proche du cœur, comme cela a été évoqué plus haut. Ainsi, la concentration de Sony sur ses compétences *best in world* (électromécanique, miniaturisation, *design*...) et sur une couronne de compétences essentielles pour défendre le cœur (aptitudes spécifiques dans la rapidité de réponse) l'amène, en cohérence avec sa formule «Technologie» à impartir et à collaborer dans une multitude de domaines: recherche fondamentale, conception de produit et de *process*, logistique, fabrication d'éléments et de sous-ensembles, marketing et publicité, distribution et service après-vente, maintenance, systèmes énergétiques, transport, finance, comptabilité... (Quinn, 2000).

On pourrait ainsi, de façon heuristique, identifier les types d'impartition logiquement appelés par chaque formule stratégique, puisque les avantages liés aux ressources et compétences d'une part, les avantages liés aux partenariats d'autre part, diffèrent selon la formule.

En convergence avec G. Hamel (Hamel, 2000), nous pensons que l'unicité et la cohérence, maintenues sur la durée en vue d'une intention stratégique forte, sont les ingrédients fondamentaux du renouvellement permanent du potentiel de valeur de l'entreprise. La construction d'unicité est favorisée par une approche fondée sur les compétences et ressources ; la recherche de cohérence est grandement facilitée par l'utilisation d'une grille unique: la formule stratégique. Utilisés conjointement, ces deux outils suggèrent tout à la fois l'éventail du système d'offre de l'entreprise, ses frontières provisoires et les choix d'impartition en amont, en aval et latéralement qui en découlent et contribuent à la constitution des réseaux.

Ces effets de réseaux, porteurs d'apprentissage, sont à la base des avantages de partenariat (AP) en ce qu'ils peuvent offrir de connaissances, savoir-faire, technologies mais aussi flexibilité, abaissement des seuils de rentabilité, agilité organisationnelle et rapidité de réactions et de présence en marché. Les avantages liés aux ressources et compétences (AR) sont d'autant plus probables que sont forts les choix de spécialisation et de différenciation. L'ensemble converge dans la construction d'avantages concurrentiels (AC). On voit bien qu'à tous ces stades, l'impartition peut jouer un rôle significatif.

CONCLUSION

En trente ans, la grande majorité des entreprises est passée d'une logique d'achats, de fournitures et de sous-traitances stables et limitées, inscrites dans une chaîne de valeur intégrée, c'est-à-dire de valeur ajoutée pas à pas, à une logique obligée de coconception et de coproduction dans laquelle la configuration et le renouvellement d'un système d'offre performant supposent un perpétuel mouvement de groupement et de dissociation d'acteurs. La chaîne de la valeur régresse au profit de la constellation de valeur pour reprendre la métaphore de R. Normann et R. Ramirez. Les managers deviennent de plus en plus des « reconfigurateurs », s'appuyant sur des réseaux humains et informationnels, et amenés à modifier les activités, les rôles et les liens et donc, les frontières provisoires de l'entreprise (Normann et Ramirez, 2000).

L'économie de la connaissance et de l'information fait bien de l'impartition et du partenariat le cœur du management stratégique.

RÉFÉRENCES BIBLIOGRAPHIQUES

ARGYRIS C. (1995), *Savoir pour Agir*, Inter Éditions, Paris.

BADEN-FULLER C. *et alii* (2000), « Outsourcing to outmanoeuvre », *Long Range Planning*, vol. 18, n° 3, p. 285-295.

BARREYRE P.-Y. (1968), *L'Impartition. Politique pour une entreprise compétitive*, Hachette, Paris.

BARREYRE P.-Y., BOUCHE M. (1982), « Pour une meilleure compétitivité fondée sur la solidarité interentreprises : les politiques d'impartition », *Revue Française de Gestion*, n° 37, p. 8-17.

BARREYRE P.-Y. (1991), *La Sous-traitance à l'heure des nouvelles politiques d'impartition*, Encyclopédie du Management, Vuibert, tome II, p. 759-772.

BARREYRE P.-Y. (1997), *Achat industriel*, Encyclopédie de Gestion, Economica, 2e édition, p. 1-15.

CASTELLS M. (1998), *La Société en Réseaux*, tome I, « L'ère de l'information », Fayard, Paris (traduit de l'américain).

CHANDLER A. (1977), *The Visible Hand. The Managerial Revolution in American Business*, Belknap Press. Traduction française chez Economica.

DYER J. H. (1996), « How Chrysler created an American Keiretsu », *Harvard Business Review*, juillet-août, p. 42-56, cité par Nollet J. *et alii* (2000), « Impartition : stratégie ou tragédie concurrentielle ? », *Gestion*, vol. 24, n° 4, p. 40-47.

GEST (1986), *Grappes Technologiques. Les Nouvelles Stratégies d'entreprises*, Mc Graw Hill, Paris.

HAMEL G. (2000), *La Révolution en tête*, Village Mondial, Paris.

HAMEL G., PRAHALAD C. K. (1994), « Competing for the Future », *Harvard Business School Press*, traduction française, Inter Éditions, 1995.

HOSKIN H. (1990), *Using history to understand theory : a reconsideration of the historical genesis of strategy*, EIASM workshop, Venice, october 1990.

HUBBARD R. G., PALIA D. (1999), « A reexamination of the conglomerate merger wave in the 1960s: an internal capital market view », *Journal of Finance*, juin 1999.

KOENIG G. (1999) (coord.), *De Nouvelles Théories pour gérer l'entreprise au XXIe siècle*, Economica, Paris, ch.5.

LIEDTKA J. (1998), « Strategic thinking: can it be taught? », *Long Range Planning*, vol. 3, n° 1, p. 120-129.

LIEDTKA J. (2000), « In defense of strategy as design », *California Management Review*, n° 3, p. 8-30.

MARTINET A.-C. (1982), *Stratégie*, Vuibert, Paris.

MARTINET A.-C. (1988), *Diagnostic Stratégique*, Vuibert, Paris.

MARTINET A.-C. (1997), « Pensée stratégique et rationalités: un examen épistémologique », *Management International*, vol. 2, n° 1, p. 67-75.

MARTINET A.-C. (1998), « Les jeux du management stratégique: formes et figures élémentaires », in Thépot J. (coord.), *Gestion et théorie des jeux*, Vuibert.

MINTZBERG H., WATERS J. A. (1985), « Of strategies, deliberate and emergent », *Strategic Management Journal*, vol. 6, n° 3, p. 257-272.

NORMANN R., RAMIREZ R. (2000), *Constellations de Valeur*, Village Mondial, Paris.

PENROSE (1959), *The Theory of the Growth of the Firm*, Oxford University Press, traduction française, Hommes et Techniques.

PORTER M. E. (1980), *Competitive Strategy*, The Free Press, New York. Traduit en français, Economica, 1982.

PORTER M. E. (1992), *La Concurrence selon Porter*, Village Mondial, ch.13, « Désavantage capitalistique » (article initialement publié en 1992) (traduit de l'américain).

QUINN J. B. (1999), « Strategic outsourcing: leveraging knowledge capabilities », *Sloan Management Review*, summer, p. 9-21.

QUINN J. B. (2000), « Outsourcing innovations: the new engine of growth », *Sloan Management Review*, vol. 41, n° 4, p. 13-28.

RIFKIN J. (2000), *L'Âge de l'accès. La Révolution de la Nouvelle Économie*, La Découverte, Paris (traduit de l'américain).

ROBERT M., DEVAUX M. (1994), *Penser Stratégie*, Dunod, Paris.

ROSA J.-J. (2000), *Le Second XXe siècle. Déclin des hiérarchies et avenir des Nations*, Grasset.

TEECE D. J. (1997) *et alii*, « Dynamic capabilities and strategic management », *Strategic Management Journal*, vol. 18, n° 7/1997, p. 509-533.

TYWONIAK S.A. (1998), « Le modèle des ressources et des compétences: un nouveau paradigme pour le management stratégique? », in LAROCHE H., NIOCHE J.-P., *Repenser la stratégie*, Vuibert, Paris.

Chapitre 2

Théories contractuelles de la firme et fonction achats

Jean-Claude Castagnos
Chargé de recherche au CNRS
Centre d'études et de recherches appliquées à la gestion
Université Pierre Mendès France (Grenoble)

L'ouvrage de P.-Y. Barreyre, intitulé *L'impartition*, a plus de trente ans. Si la science doit une part de ses progrès aux esprits visionnaires, force est d'observer que cet auteur s'est avéré bien perspicace en défendant une attitude prospective favorable au faire faire en des temps où la pratique quotidienne des affaires privilégiait les formules d'intégration. À cette époque, le développement à peine embryonnaire, en France, des enseignements et de la recherche en gestion ainsi que la rareté des producteurs indépendants de fournitures (contexte impropre aux analyses statistiques), exposaient ce croisé de la coopération interentreprises au risque de transcender une pensée plus laudative que démonstrative. Sans doute l'ouvrage rappelait-il, en contrepoint des fusions et autres formes de concentration, les analyses qui, d'Adam Smith à Alfred Marshall, vantaient les avantages de la division du travail et de la spécialisation des entreprises. Mais, le caractère rudimentaire de ces renvois théoriques amplifié par le nombre limité des estampilles de terrain pouvait, à l'époque, laisser entrevoir son ouvrage comme un plaidoyer partisan en faveur de la cotraitance.

Il reste que l'examen rétrospectif de l'ouvrage de P.-Y. Barreyre est saisissant. Nul ne peut contester le caractère avant-gardiste de ses apports sémantiques et typologiques. Il a su clarifier les idées, préciser le vocabulaire, concevoir des classifications. On lui doit la description méthodique des modalités essentielles présidant aux rapports entre la firme impartitrice et l'entreprise partenaire. Il a également pressenti les avantages économiques qui peuvent être retirés d'un remodelage des structures d'organisation. Au surplus, ses anticipations sur le développement de la fonction achats ont été grandement confirmées par les faits : il y a trente ans, pour 100 F de chiffre d'affaires réalisé par les entreprises françaises, environ 35 F provenaient des achats de biens intermédiaires et 65 F étaient engendrés par les opérations de transformations directement contrôlées par les firmes. De nos jours, les proportions sont presque inversées.

Mais l'aspect le plus intéressant des travaux de P.-Y. Barreyre transparaît après coup. Il tient à la confirmation, par les apports contemporains dominants sur la nature de la firme, de ses convictions à propos de la nécessité de décloisonner les entreprises. L'objet de ce chapitre est, tout d'abord, de retracer les apports dominants qui contribuent, depuis une vingtaine d'années, à une meilleure compréhension du fonctionnement de la firme. Ces réflexions sont regroupées sous la dénomination de *théories contractuelles des organisations*. Celles-ci constituent un édifice conceptuel qui clarifie les ressorts de l'action et repère les sources d'efficience supérieure. Dans une deuxième partie, il apparaîtra, d'une part, que les mutations de l'environnement ont engendré une meilleure efficacité du marché favorable aux désintégrations de structures internes d'entreprises et par conséquent à la fonction achats, d'autre part, que les progrès du management ont également impulsé une coordination administrative de la firme plus performante, avec retentissement favorable sur le métier d'acheteur. Par conséquent, l'efficience obtenue, de nos jours, aussi bien par le marché que par la hiérarchie abonnit la profitabilité des entreprises. L'évolution va donc au-delà des anticipations les plus optimistes de P.-Y. Barreyre. Toutefois, il apparaîtra, en conclusion de ce chapitre, que l'exploitation des opportunités de profit s'est plus opérée en faveur de la sous-traitance que de l'impartition.

1. L'édifice conceptuel

Il est d'usage de regrouper un ensemble d'apports d'auteurs relativement cohérents sous la désignation d'une école ou d'un réseau théorique (Boissin, Castagnos, Guieu, 1999). Les *théories contractuelles des organisations* (Charreaux, 1999) englobent la théorie des coûts de transaction, la théorie des droits de propriété et ses prolongements dans la relation d'agence, ainsi qu'un ensemble hétérodoxe de propositions tendant à démontrer que la conciliation des intérêts individuels discordants passe par des quêtes de rationalité procédurale[1] afin de réduire les coûts de fonctionnement du système économique (Arrow, 1969).

La capacité des théoriciens à expliquer le fonctionnement de la firme a sensiblement progressé avec l'abandon raisonné d'une double fiction simplificatrice, à savoir l'existence :

- d'entreprises développant un processus technique d'adaptation complètement maîtrisé, excluant toute initiative et autres dynamiques innovatrices ;
- de marchés parfaitement concurrentiels sur lesquels il est possible de se procurer des inputs et de vendre des outputs au juste prix (neutralité du marché).

Une représentation réaliste du fonctionnement de la firme suppose donc la prise en compte de la complexité des processus organisationnels et des marchés.

1. Le rattachement de ces apports disparates aux conceptions contractuelles de la firme se justifie en raison d'une problématique de base similaire aux deux grands courants cités. Cette problématique se résume ainsi : l'activité économique impose aux individus l'obligation de coopérer car aucun agent ne possède l'ensemble des moyens de production (travail, capital). Le problème est donc de rendre compatible des intérêts particuliers en sorte de limiter le coût du nécessaire face à face des agents économiques. Ainsi, est affirmée l'importance de l'apprentissage et de la routine (Nelson, Winter, 1982), du choix des structures d'organisation et du mode de coordination des tâches (Chandler, 1990), des systèmes de stimulation au travail (Aoki, 1990).

Les corpus théoriques évoqués plus haut fournissent, depuis une vingtaine d'années, des avancées fructueuses dans cette voie. Dans le prolongement des approches néoclassiques[2], ces analyses articulées sur l'individu comportent trois soubassements communs aux relations interindividuelles et de groupes (rationalité limitée, quête de satisfaction, besoin de liberté). Ces déterminants des comportements humains sont d'abord analysés. Dans un second temps, nous verrons que les théories contractuelles de la firme s'appuient aussi sur des structures d'encadrement de l'initiative individuelle.

1.1. Les ressorts du comportement humain

Ils sont au nombre de trois.

Le premier tient aux limites de la pensée humaine. La capacité cognitive des individus, le caractère imparfait de l'information, la plus ou moins grande complexité de l'environnement, propagent des processus de décision et d'interaction entre agents qui sont générateurs de rationalité limitée. Ce premier soubassement possède un statut de contrainte dans lequel s'insère l'action humaine.

Le deuxième soubassement concerne les mobiles agissants ou buts poursuivis par l'individu. Son comportement intentionnel est au service de sa propre satisfaction. Si bien que la nécessaire coopération entre parties prenantes provoque des conflits d'intérêts, source d'une moindre efficience plus ou moins accentuée selon le jeu complexe des convergences et oppositions entre les parties en présence.

Le troisième soubassement aux relations interindividuelles et de groupes est présenté comme un moyen de concilier efficacement les intérêts particuliers. Il s'agit d'instaurer un ordre économique et social fondé sur la liberté avec, pour corollaire, une structure de droit de propriété favorable à l'initiative individuelle, en sorte de rétablir l'efficacité collective malmenée par les deux attributs précédents de la condition humaine.

---

2. On pense essentiellement aux apports :
   – de Smith (1776) pour qui le travail et la division des tâches sont la source principale de la valeur créée ;
   – de Ricardo (1817) qui a mis en lumière les avantages du libre échange et de la division internationale du travail en termes de coûts comparatifs ;
   – de Marshall (1900) qui, via le calcul à la marge, a réconcilié les thèses de la valeur-travail et de la valeur-utilité ;
   – de Knight (1921) qui a souligné le contexte d'incertitude et de risques non prévisibles dans lequel l'entrepreneur arrête ses décisions ;
   – de Chamberlin (1933) et de Schumpeter (1934) à propos de la fonction innovatrice assumée par l'entrepreneur ;
   – de Hayek (1945) pour qui l'entrepreneur remplit une mission d'acquisition et d'exploitation des informations.

   L'ensemble de ces contributions constitue les prémisses encore floues de l'idée selon laquelle l'élargissement des marchés et le calcul économique plaident en faveur de la spécialisation de l'entreprise et, par conséquent, s'avèrent propices au développement de la fonction achats.

Ces trois grands fondements vont être brièvement précisés.

1.1.1. La rationalité limitée comme contrainte de l'action

L'action humaine repose sur des rapports interindividuels et développe une rationalité limitée (Simon, 1947 ; March, 1955). Plusieurs motifs sont à l'origine de cette situation. Il s'agit tout d'abord d'entraves neurophysiologiques et linguistiques consubstantielles à la nature humaines (les capacités cognitives sont bornées). L'individu éprouve des difficultés pour stocker et traiter sans erreur l'ensemble des informations à la source des choix offerts. Ensuite, le milieu organisationnel et social dans lequel s'insère la personne prédétermine les options qu'elle prendra en considération et celles qu'elle négligera (March, Simon, 1958). Enfin, les décisions prises au sein d'une organisation ne sont pas élaborées par un seul individu car celui-ci ne peut pas appréhender dans toute son étendue la réalité complexe. Ces décisions sont le fruit d'un processus résolutoire caractérisé par une « départementalisation » des problèmes à résoudre. Cette fragmentation du réel fournit une synthèse de la situation intelligible pour l'esprit humain. Mais un schéma simplifié engendre des choix satisfaisants et non pas une solution optimale. Deux facteurs renforcent le caractère limité de la rationalité. Le premier est d'ordre tautologique : plus l'environnement est turbulent, plus les possibilités de prévoir les états futurs sont difficiles et onéreuses. Dans cette configuration, l'impossibilité de prédire avec confiance l'impact des signaux précurseurs a été démontrée (Ansoff, Donnell, 1990). Le deuxième obstacle est bien connu : les conduites volontaires laissent une grande place à la ruse, à la mauvaise foi (non-respect des engagements pris), à l'opportunisme (filtrage ou altération de l'information) et autres comportements d'à-propos individuels ou de groupes (ex : défense d'intérêts catégoriels, quête de pouvoir ou de prestige, sinécure). Force est d'envisager en permanence des distorsions génératrices de résultats sous-optimaux. Le caractère limité de la rationalité constitue, en quelque sorte, une contrainte radicale, universelle, puisqu'il s'impose quel que soit l'état donné du savoir technique et des connaissances scientifiques. De surcroît, il s'agit d'une contrainte absolue car tout se modifie, tout évolue. La répercussion est claire : nombreuses incertitudes maintenues en dépit de l'activation des traditions et des routines, incapacité à anticiper sûrement les conséquences de l'action des uns et des autres, le fonctionnement de la société développe des surcoûts et des manques à gagner. En d'autres mots, la recherche d'efficacité économique passe pour H. A. Simon par la mise en œuvre d'une rationalité procédurale, c'est-à-dire un mode calculatoire dans lequel l'objectif à atteindre et les moyens à mettre en œuvre ne constituent pas les données du problème à résoudre. Autrement dit, la réflexion portera sur le choix des processus techniques et de la procédure de décision afin de trouver une solution acceptable (un compromis) en tant que le résultat de l'action développe un niveau minimal de satisfaction.

1.1.2. La satisfaction de l'individu comme but de l'action

Si le comportement de l'individu et le résultat de son action ne sont que rationnellement limités pour les raisons évoquées précédemment, ils restent mus par un raisonnement calculateur, une fonction d'évaluation qui permet de déterminer parmi des solutions alternatives définies sous contraintes (niveau de formation, renseignements disponibles, etc.), celle qui recueille la préférence. La quête de l'intérêt personnel[3] est à l'origine de cette conduite délibérée. Cette expression doit être entendue comme un comportement raisonnable de l'individu en tant qu'il l'incite à rechercher ce qui lui procure du bien, c'est-à-dire de la satisfaction (source d'utilité), et à éviter le mal, disons ici l'effort (propagateur de désutilité). À l'instar d'une loi naturelle, cet ordre est réputé immuable puisque les désirs humains sont illimités. Un des mérites de la théorie économique contemporaine est d'avoir réintroduit à une plus juste place, la complexité des mobiles humains. En effet, pourchasser une théorisation de la firme représentative de la réalité impose la prise en compte de l'homme concret et non pas d'une abstraction. Celui-ci n'est pas exclusivement enclin à traquer une satisfaction matérielle, à savoir des utilités mesurables en monnaie acquises en contrepartie de son action. Des économistes l'ont compris très tôt. Par exemple, Stuart Mill inclut dans l'intérêt personnel la satisfaction qui peut être retirée du plaisir procuré à autrui[4] (actes charitables, etc.). Selon lui, il n'existe pas dans la vie d'un homme une seule action exempte d'impulsions additionnelles au désir de gain monétaire. Mais ces prémisses étaient ensuite bien vite oubliées dans le corps de l'analyse des économistes avec pour justification la commodité ou la rigueur scientifique (difficulté de mesurer des mobiles d'action tels que le sentiment de devoir, le sens de l'intérêt général ou toute autre considération morale).

Le fait que les agents, au sein d'une organisation, ne cherchent pas uniquement à maximiser des utilités pécuniaires est, de nos jours, couramment reconnu (Demsetz, 1966). La quête de tranquillité, de sécurité, de temps de loisir, de prestige, et autres attentes psychosociologiques expliquent, pour partie, les agissements individuels. Il a même été démontré (Alchian, Demsetz, 1972 ; Jensen, Meckling, 1976) que des valeurs telles que la position sociale, les relations personnelles, l'ambiance de travail, sont spécifiques à chaque emploi et ne trouvent pas de substituts à l'extérieur de l'entreprise. La fonction d'utilités de l'individu traduit de façon indissociable des préoccupations pécuniaires et non pécuniaires.

Les artisans des théories contractuelles de la firme reconnaissent donc l'existence d'une bipolarité comportementale mais se partagent, ensuite, en deux courants de pensée.

– Le premier, avec O. E. Williamson pour chef de file, se situe notamment dans la continuité de M. Wagner pour considérer que parmi les divers mobiles qui

3. Adam Smith parlait, plus précisément, de « l'effort naturel de chaque homme pour améliorer sa condition », *cf. Recherche sur la nature et les causes de la richesse des nations*, tome II, p. 172.

4. Mill S., *Système de Logique*, 1843, tome II, p. 408-409.

poussent l'homme à agir, l'égoïsme constitue la seule disposition vraiment constante et permanente. Conséquemment, la quête de l'intérêt personnel provoquerait des comportements volontairement opportunistes tels que le non-respect de la parole donnée, la mauvaise foi, la ruse ; autant de traits vecteurs de surcoûts pour la firme. Il s'ensuivrait la nécessité de faire la chasse aux coûts cachés qui concerne aussi bien les processus de coordination internes de la firme (ceux engendrés par les actes de production) que le manque d'efficacité du marché (coûts liés aux échanges entre organisations), si bien qu'à l'instar de H. A. Simon la définition des objectifs de l'entreprise et des moyens de les atteindre ne constituerait pas des éléments intangibles. Ce contexte d'action impliquerait la mise en place de systèmes d'incitation et de contrôle, ce qui suppose une focalisation de la recherche sur l'étude des processus de décision et d'élaboration des règles (mise en œuvre d'une rationalité procédurale).

– Le second courant de pensée est plus modéré que le précédent. Dans la lignée de Charles Knies, les comportements d'agents sont entrevus comme un jeu complexe de convergences et de divergences d'intérêts. L'antagonisme entre agents, nuisible à l'efficacité des organisations (Fama, 1980), représente une des manifestations du registre des comportements et non pas une règle de conduite. En temps ordinaire, les interactions entre individus reposent essentiellement sur un cadre social générateur de comportements loyaux, de sens du devoir, ne serait-ce qu'en raison des principes gouvernant les communautés humaines, principes plus propices aux prescriptions et aux arrangements qu'aux débordements factieux (Jensen, 1994). Le renvoi, la mise à l'index, le changement de partenaire, font partie des rétroactions par lesquelles le corps social sanctionne les agissements par trop opportunistes. Dans ces conditions, l'achoppement des intérêts individuels dans la chasse aux satisfactions, s'assimile à une recherche d'équilibre optimal en vue de tempérer les effets économiques néfastes de ces confrontations coopérantes. En effet, les interactions entre individus vont engendrer des externalités positives et négatives, si bien que chacun ne se borne pas à subir les coûts de ses actions et à retirer les bénéfices de celles-ci. Dans un contexte où la mesure des productivités marginales n'est pas réalisée en raison de son coût prohibitif, des avantages vont être confisqués par certains (loi du moindre effort) et, symétriquement, des inconvénients (externalités négatives) vont être subis par d'autres sans y avoir consenti. Il s'agirait donc de pourchasser sinon l'élimination du moins l'atténuation des externalités en sorte que chacun et, par ricochet, le système économique dans son ensemble, améliore son efficience. Ce courant de pensée (notamment) postule alors, via la mise au point de normes et le choix d'un cadre institutionnel pertinent, la possibilité de contraindre les objectifs et, par conséquent, d'obtenir des résultats reflétant une collaboration sociale optimale (North, 1990 ; Jensen, Meckling, 1994). Partant, il existe une hypothèse de rationalité substantive considérant que l'objectif à atteindre (les préférences) et les moyens mis en œuvre (état des connaissances) constituent les données du problème car, finalement, ce n'est plus l'individu mais le cadre social qui norme les comportements individuels ou de groupes.

Paradoxalement, ces deux courants de pensée se rapprochent dans les faits car, pour être acceptées, les règles et institutions qu'ils préconisent, doivent tempérer les rapports de pouvoir et de domination afin de réduire les sources de conflits (Brickley *et alii*, 1997). Aussi, le deuxième courant de pensée, obligé d'intégrer cette contrainte de société, s'avère finalement moins pourfendeur d'une rationalité optimale que ne le laisse accroire l'opposition traditionnelle entre les disciples de la rationalité procédurale et ceux de la rationalité substantive.

Cette vision pessimiste de l'agent économique, calculateur et sournois, agissant au seul service de sa satisfaction égoïste, ou bien celle d'un individualisme tempéré par des comportements qui laissent de la place à la sympathie et à l'altruisme, se rejoignent, toutefois, pour exalter l'existence d'opposition entre les intérêts individuels. En effet, les conflits qu'elle suscite sont réputés conformes aux intérêts généraux du corps social et source de progrès pour peu que la société humaine aménage des conditions favorables à leur manifestation. D'où l'intérêt d'examiner le troisième point d'articulation des prolongements contemporains de la théorie néoclassique de la firme.

1.1.3. La liberté au service de l'action

Nous l'avons vu : pour satisfaire ses besoins, l'individu, non titulaire par définition de l'ensemble des ressources nécessaires à la production, doit collaborer avec ses congénères pour transformer la nature et en extraire des ressources. Or, cette chasse aux moyens et aux fins s'opère entre acteurs insatiables qui vont doser leur action en fonction des gains et des coûts espérés ou subis. Par conséquent, le bien-être commun est d'essence fragile. Comment organiser la paix sociale sans stériliser l'humain ? Comment discipliner l'homme sans tarir la source et la finalité du progrès ?

Traditionnellement, la solution préconisée repose sur une spéculation d'ordre éthique selon laquelle la liberté individuelle constitue la meilleure substance de tout dispositif économique, juridique et social (Castagnos, 1987). En effet, l'homme jouit d'une autonomie de la volonté, c'est-à-dire de la capacité de se déterminer sur des principes et des valeurs qui orientent ses efforts. Il est donc mieux placé que quiconque pour penser et agir en son nom. Comme l'individu n'existe qu'en tant que composante de groupes plus ou moins importants, force est de définir les prérogatives et les obligations qui échoient pareillement aux membres d'une communauté. L'ajustement individuel à l'environnement est donc indissociable de la théorie d'un droit prenant sa source non dans l'individu mais dans la société et dont la vocation est d'établir les principes directeurs autour desquels va s'organiser la coexistence entre hommes libres.

La vie économique et sociale s'enchâsse toujours dans une structure de droits de propriété qui façonne les motivations et les comportements (Castagnos, 1985). Par exemple, l'efficacité supérieure des entreprises privées par rapport aux entreprises publiques (Crain, Zaardkoohi, 1978), les échecs de l'Union Soviétique

(Winiecki, 1990), ont été expliqués par la teneur des contraintes légales en matière de droits de propriété. L'expression « structure de droits de propriété » désigne le degré de liberté, légalement stipulé, en ce qui concerne la détention et l'usage d'un bien économique[5]. Comme P. Milgrom et J. Roberts (1992) le notent, tout droit de propriété sur un actif est défini par trois attributs : le droit d'utiliser cet actif, le droit d'en tirer un revenu, le droit de le céder à un tiers. Par exemple, le propriétaire d'un bien immobilier a le choix entre l'occuper personnellement, le louer ou le prêter, le transmettre définitivement à un tiers à titre onéreux ou gratuit, les prérogatives et obligations s'attachant à chacune de ces solutions étant plus ou moins bornées par la loi ou par des dispositions contractuelles convenues entre les parties en présence.

Pour les théoriciens néoclassiques contemporains, les droits de propriété définis et garantis par les institutions (*cf. infra*, subdivision 1.2) sont le meilleur moyen de résoudre les conflits individuels dans un sens conforme à l'intérêt général. Ainsi, dans la continuité d'Adam Smith, d'Herbert Spencer, des auteurs tels que Cheung (1969) et North (1981) considèrent que le système légal doit aménager des modalités qui, d'une part, n'entravent pas les droits de propriété, d'autre part, n'engendrent pas de résistance au changement (ex : évolution technologique, ouverture des frontières) en sorte qu'elles suscitent la croissance économique. En effet, un système de droit de propriété aménageant des relations contractuelles libres est réputé instaurer l'harmonie et le progrès, car il dirige les ressources vers les acteurs économiques aptes à en tirer le meilleur usage. La préférence pour la liberté contractuelle est donc raisonnée. Elle s'inscrit dans une conception du monde qui distingue dans l'initiative et la responsabilité privées les moteurs économiques les plus puissants de l'esprit d'entreprise, de l'habilité à accroître les rendements et, de façon plus générale, de l'aptitude humaine à saisir les relations entre tous les éléments et à conduire des actions conformes à la logique des processus de décision. L'individualisme, c'est-à-dire l'autonomie reconnue par les droits de propriété, est assimilé à l'efficacité. Il est aussi perçu comme une source de liberté. Celle-ci repose, dans un contexte d'interdépendance des agents économiques, sur le droit d'essayer de tirer profit de ses talents ou de ne pas s'impliquer[6]. L'autonomie de l'individu s'exprime par le droit de

5. Un bien est dit économique dès lors qu'il suscite une demande (sous-entendue solvable) qui s'exprime soit individuellement (via un marché), soit collectivement (via les administrations publiques ou privées). Naturellement, les facteurs de la production (terre, travail, capital) ne sont que des biens particuliers (car, à l'origine de la production) qui entrent aussi dans la catégorisation générique.

6. Comme chacun le sait, il existe différents statuts de droit de propriété plus ou moins restrictifs sur l'usage légal des trois attributs cités plus haut (utilisation, location, cession d'un actif). De multiples études ont été publiées sur les différentes formes d'organisation (entreprises privées, entreprises publiques, administrations, mutuelles, etc.) afin d'apprécier leur efficacité respective à la vue des limitations de la liberté individuelle. Par exemple, les problèmes d'efficience des administrations publiques tiendraient à l'absence de droit individuel exclusif sur les actifs. Faute de possibilité d'appropriation individuelle du reliquat, les mécanismes d'incitation et de contrôle sont estimés inopérants. Aussi, la traque des coûts de transaction et de coordination est généralement vaine (nul n'a intérêt à les réduire). Comme le souligne B. Amann (1999, p. 41), la plupart de ces travaux « valident la supériorité de l'efficacité de droits de propriété correctement spécifiés et garantis ».

faire ou de ne pas faire. Il s'agit de la liberté d'entreprendre, d'innover, de tenter d'obtenir un avantage de ses actions à condition d'être prêt à en assumer les risques. Il s'agit aussi de la latitude de doser ses efforts à son gré, ce qui exclut toute obligation morale de maximiser un résultat. Celui-ci ne s'apprécie qu'en comparaison des performances effectivement accomplies par d'autres étant entendu que les négligences éventuelles exposent naturellement son auteur au danger d'être surclassé par des comportements plus dynamiques. Dans cette perspective, la vie économique et plus particulièrement le fonctionnement de toute firme, se ramène à un jeu de relations, à des éléments rendus logiquement solidaires par la passation de contrats. Par exemple, un contrat de travail s'appréhende comme un échange volontaire de consentement, une entente sur les caractéristiques d'une prestation de travail qui fait naître une contre-prestation monétaire (le salaire). En quelque sorte, les parties en présence échangent des droits d'usage sur des utilités (ou des moyens de produire des utilités) qu'ils possèdent. Le salarié choisit de subordonner une fraction de son temps au service d'une organisation moyennant quoi l'employeur lui alloue, dans le cadre des règles fixées par la loi, une portion de droits (une rétribution) attachée au revenu né de la combinaison productive de divers actifs (physiques et humains). Comme :

– d'une part, toutes les parties en présence (y compris le propriétaire de la firme) sont réputées servir leurs seuls intérêts (cynisme, tendance à se reposer sur le groupe, manquement aux engagements pris, etc.) alors que l'évaluation de la productivité marginale de chacun s'avère le plus souvent irréalisable ;

– d'autre part, les conditions d'incertitude et de complexité confèrent généralement aux contrats des effets insuffisamment sériés (incomplétude des contrats), la collaboration entre individus développe des externalités et des coûts de transaction, c'est-à-dire de l'inefficacité économique.

Pour y remédier, les théoriciens néoclassiques rétablissent donc la cohérence en préconisant (Furubotn, Pejovich, 1972) une structure de droits de propriété la plus exclusive et transférable possible en sorte que l'employeur (le propriétaire ou le dirigeant[7] de la firme), motivé par la réalisation d'un profit, mette en œuvre

---

7. Chacun sait que la complexité croissante de la vie économique a engendré de nombreuses formes de propriété privées. De nos jours, rares sont les cas où une seule personne est propriétaire de l'ensemble des actifs physiques de l'entreprise. De plus en plus fréquemment, le pouvoir est confié à un dirigeant alors que la propriété des actifs de la firme est diluée entre un nombre important de petits actionnaires. Le risque est alors de rétablir l'inefficacité, le dirigeant pouvant être enclin à poursuivre des objectifs personnels (augmentation de sa rétribution, dépenses discrétionnaires, etc.) au détriment des actionnaires mal informés (y compris sur ses compétences réelles et ses objectifs personnels). C'est pourquoi, dans le prolongement de la théorie des droits de propriété s'est développée une théorie dite de l'agence, expression qui désigne les relations contractuelles entre le principal (les actionnaires) qui recrute un agent (le dirigeant) mandaté pour prendre des décisions en lieu et place des propriétaires. Les implications pécuniaires de la dissociation par délégation entre les droits de propriété et le pouvoir décisionnel sont alors analysées (Jensen, Meckling, 1976 ; Fama, Jensen, 1983). Ce corps théorique s'efforce de démontrer que les conflits d'intérêt entre actionnaires et dirigeant sont résolus par une coopération qui débouche sur une valorisation maximale de la valeur créée. Pour une excellente synthèse de ces recherches, se référer à G. Charreaux (1999).

des systèmes d'incitation et de contrôle propres à rétablir l'efficacité économique. Pour réduire les externalités, l'entrepreneur doit donc détenir divers droits (Alchian, Demsetz, 1972), à savoir: décider, dans le cadre des contraintes légales et conventionnelles, des recrutements et licenciements, de la constitution et des modifications d'équipe, de la négociation et de la révision des contrats, de la nature des mécanismes d'incitation et de contrôle, de l'utilisation du profit et de l'éventuelle cession de tout ou partie de la firme. D'où émane cet environnement favorable ? Existe-t-il d'autres facteurs explicatifs de la performance économique ? Ces deux points vont être tour à tour étudiés.

1.2. Les régulateurs de comportements efficients

La figure I visualise les relations entre les trois soubassements de l'action individuelle (rationalité limitée, quête de satisfactions, liberté). L'intelligibilité de la construction est indissociable de deux régulateurs d'ajustements entre acteurs économiques.

Figure I

Les paramètres de conception des théories contractuelles de la firme

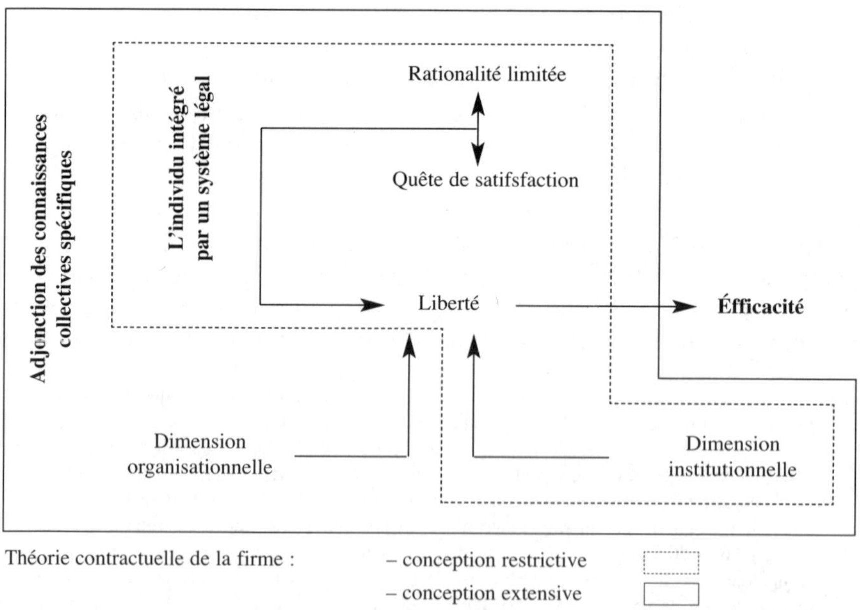

Le premier, unanimement reconnu, concerne le rôle des institutions. Si des différences de points de vue existent, c'est pour s'interroger sur les relations causales entre la firme et les institutions. Qui interfère sur l'autre pour conditionner l'efficacité ?

Le second régulateur, qui a pour origine les discours sur la notion même de firme, émane de divers horizons. Ces apports multiformes atténuent le rôle des oppositions d'intérêts comme mobile explicatif d'une société progressiste. Ils affirment l'existence de mécanismes spécifiques de groupe comme déterminant de l'efficacité économique.

1.2.1. L'aspect institutionnel

On l'aura compris : la liberté est supposée insuffler l'efficacité (un niveau optimal) au regard de contraintes imposées par un cadre institutionnel, c'est-à-dire un système légal. En effet, le mot institutions désigne l'ensemble des règles du jeu, formelles et informelles (lois, us et coutumes, traités internationaux, etc.) et les dispositifs (police, justice, banques, assurances, etc.) propres à les faire respecter (North, 1990). Un rôle central leur est accordé. Il leur revient, pour un état donné des connaissances scientifiques et techniques, de promouvoir les règles et normes sociales protectrices des droits de propriété en sorte que le corps social soit doté des structures de production les plus efficaces possibles. Sécurité et liberté des échanges minimisent alors les coûts de transaction. Dans cette optique, l'encadrement institutionnel, protégé et garanti par l'État, possède un simple statut adaptatif. La puissance publique est une simple courroie de transmission. Elle doit prendre acte des évolutions de savoir, de technologies, impulsées par le jeu des interactions individuelles, les traduire dans la réglementation en sorte d'inciter les agents économiques à innover, à réduire les coûts, à augmenter leur efficience (Alchian, Demsetz, 1972 ; Williamson, 1985). Autonomie des individus et libre concurrence sont donc préconisées en tant que catalyseur de comportements efficaces. En résumé, les institutions doivent nourrir le contexte de rivalité, rompre la routine, déstabiliser les positions acquises. Innovation, gains de productivité, propagation du progrès technique, individualisme et liberté, satisfaction des consommateurs, sont des inflorescences supposées alors éclore d'un aménagement subordonné du système légal.

Cette perception purement adaptative des structures et des normes institutionnelles n'emporte pas l'unanimité. Elle est entachée d'irréalisme. Les institutions sont marquées par des singularités culturelles, religieuses et sociales, résultats d'un développement historique. Les textes législatifs et réglementaires sont également l'expression des règles démocratiques. Le modèle intégrateur peut être plus ou moins tourné vers les valeurs de réussite personnelle ou bien vers des préoccupations de protection et d'intégration sociales. Dans la pratique et quel que soit le lieu, les mesures institutionnelles peuvent être entrevues comme des altérations plus ou moins considérables, plus ou moins rampantes, de la théorie des droits de propriété. S'il existe bien des interactions continues entre les changements institutionnels et l'efficacité de l'allocation des ressources, c'est sous la pression d'injonctions motivées par des considérations variées (notamment la paix sociale) que s'opèrent en réalité les évolutions spécifiées du droit. Comme B. Coriat et O. Weinstein le notent, les institutions s'insèrent dans un processus évolutif et leur impact sur la création collective de valeur constitue le reflet de la « possibilité d'équilibres multiples »[8].

1.2.2. L'aspect organisationnel

Ce ne sont pas seulement les conditions contractuelles et institutionnelles de mise en concurrence des intérêts particuliers qui déterminent une situation d'optimum. Elle est également le fruit d'une dynamique organisationnelle due à l'acquisition et l'exploitation de connaissances collectives spécifiques. Dès les premières tentatives de renouvellement de la théorie de la firme, ce principe fut clairement posé par R. H. Coase (1937). Selon lui, la firme se distingue du marché en tant que la coordination entre agents économiques s'y opère dans le cadre de relations d'autorité dévolue à l'entrepreneur vis-à-vis des différents apporteurs de facteurs de la production alors que sur le marché la coopération est réalisée par le mécanisme des prix. Cette perception sera malmenée par O. E. Williamson (1990, 1991) qui abandonne l'idée de rapports hiérarchiques spécifiques à la firme au profit de modalités d'adaptation négociées entre partenaires égaux. Autrement dit, il n'existerait pas de différence de nature entre les modes de coordination entre agents internes à la firme et ceux déployés par collaborations externes (via le marché). Dans les deux cas, les transactions reposeraient sur des échanges de consentement entre individus libres et formalisés par des contrats (par exemple, pas de différence de nature entre un contrat de travail et d'achat ou de vente d'un bien quelconque). Dans tous les cas de figure, on est en présence de parties prenantes qui négocient, acceptent des contraintes, s'entendent sur un prix et fixent, plus ou moins, les conditions de révision de leurs engagements. Il serait sinon vain du moins accessoire de vouloir situer les frontières de la firme. Cette dernière se ramène à un nœud de contrats générateur d'un avantage comparatif, traduction de la capacité de l'entrepreneur de créer un arrangement organisationnel spécifique (une combinaison de facteurs de la production) et efficient.

Cette construction théorique qui ramène l'ensemble de l'économie, y compris la coordination interne à la firme, à une sorte de marché (Alchian, Demsetz, 1972) appelle des critiques. Par exemple, il a été démontré (Liebenstein, 1987) que deux entreprises dotées de combinaisons productives strictement similaires obtenaient des résultats fortement inégaux du point de vue de la productivité et de la qualité des outputs produits. Il existerait donc bien une variable « organisation » qui contribue à l'efficience de la firme.

En outre, affirmer l'existence de relations contractuelles parfaitement libres pour réfuter l'idée de hiérarchie et éluder les rapports de pouvoir, n'est-ce pas faire preuve d'un individualisme méthodologique si déconnecté de la réalité qu'il amoindrit la rigueur scientifique de l'ensemble ? Asymétrie d'informations entre tous les agents, fréquentes divergences d'intérêts entre les personnes qui sont

8. B. Coriat, O. Weinstein, *op. cit.*, p. 106.

essentiellement propriétaires de leur capacité de travail (les salariés) et les détenteurs de capitaux, latitude inégale de négociation entre parties prenantes, sont quelques-unes des simplifications qui altèrent cette vision de relations purement bilatérales. D'ailleurs, postuler à l'instar de O. E. Williamson (1991) la matérialité d'un mode d'adaptation coopératif assimilable aux mécanismes de marché et par lequel l'entrepreneur est à la fois partie prenante et titulaire de sa propre cour d'appel[9], représente une imagerie pour le moins ambiguë.

En réaction, de nombreux auteurs[10] ont réintroduit la dimension organisationnelle comme élément supplémentaire de mise en cohérence des intérêts particuliers et comme structure de résolution de problèmes créatrice de valeur. C'est pourquoi la figure I (*supra*) intègre dans un ensemble plus vaste que celui délimité par des pointillés la dimension organisationnelle. Elle constitue l'une des articulations constitutive d'une théorie contractuelle de la firme.

En bref, dans la course aux innovations, l'entreprise développe des connaissances techniques et, par le jeu d'apprentissages itératifs, accumule une expérience, à savoir des routines qui lui sont propres. Ces dernières constituent un actif spécifique, c'est-à-dire non transférable. Par conséquent, la firme possède une existence autonome.

Dans la même lignée, des auteurs tels que A. D. Chandler et M. Aoki entrevoient l'entreprise comme une entité indivisible qui, par expérimentations successives et en tenant compte des contraintes sociales, élabore des modes évolutifs de division et de coordination du travail. Les structures d'organisation rejaillissent de manière différenciée sur l'efficience (économie d'échelle, comportement des salariés, flexibilité, etc.) et représentent donc un autre actif spécifique fondamental.

Le rapprochement des différents apports précédemment décrits fournit un cadre de pensée relativement cohérent. Il permet notamment d'expliquer les grands modes de développement de la fonction achats.

2. Une assise bipolaire pour la fonction achats

Les développements qui vont suivre concernent peu ou prou l'ensemble des activités de la firme. Ici, l'investigation sera essentiellement conduite dans la perspective restrictive de la fonction achats et/ou dans celle des sous activités déployées sous son égide. Deux grandes questions sont tour à tour examinées.

---

9. Les conflits liés aux relations de marché se règlent devant des juridictions indépendantes des plaideurs.

10. Citons, notamment, Nelson et Winter (1982), Dosi (1984, 1988), Winter (1984), Teece (1988), Dosi, Teece et Winter (1990) pour leurs travaux sur la contribution de l'entreprise au processus d'accumulation des connaissances scientifiques et techniques, mais aussi Chandler (1992), Aoki (1990) pour leurs démonstrations sur le rôle des innovations d'ordre organisationnel. L'ensemble de ces apports montre que la firme est dotée de compétences spécifiques qui interfèrent sur l'efficacité.

– Quelles sont les sources de distorsions de la fonction de rentabilité instillées par les incertitudes comportementales et le contexte de rationalité limitée ?

– Quelles variables président au choix d'internaliser ou d'externaliser des transactions ? Quelles formes sont-elles susceptibles de revêtir ?

2.1. Modes des transactions et équilibres multiples

En raison des divergences d'intérêts entre individus ou entre organisations, les rapports de coopération inhérents à la vie économique risquent de provoquer des diminutions de recettes ou des accroissements de coûts plus ou moins importants. Puisque les transactions[11] entre agents reposent sur des relations contractuelles, il convient de s'assurer qu'aussi bien le recours au marché que l'internalisation des actes de production n'altèrent pas la compétitivité de la firme. L'entreprise qui néglige ces problèmes d'allocation des ressources en regard de la latitude consentie par le cadre institutionnel, se voit sanctionnée par une profitabilité inférieure à celle de ses concurrents et, à plus ou moins long terme, s'expose à la faillite. L'asymétrie d'information entre parties prenantes à la vie économique, la pugnacité des individus et l'incomplétude des contrats (impossibilité d'anticiper l'ensemble des évolutions possibles et, par conséquent, de s'en prémunir), constituent des incertitudes génératrices de surcoûts. Par exemple, une entreprise en quête d'un nouveau sous-traitant supportera des coûts d'information et de négociation pour trouver un fournisseur susceptible de lui offrir le bien recherché à un prix pertinent. De même, le service achats qui s'adresse au bureau d'études de sa firme pour la fourniture d'une prestation inhabituelle et non-répétitive, mobilise des compétences internes au prix d'incidences économiques vraisemblablement sous-optimales. Ces débours qui, dans le premier cas, s'ajoutent au prix du marché, dans le second cas, grèvent les prix de revient, représentent des coûts cachés. Ceux-ci affectent les coûts comptables et, donc, l'efficacité de l'organisation. Ils sont usuellement qualifiés de coûts de transaction marchands (CTM) lorsqu'ils émanent d'échanges négociés sur le marché, et de coûts de coordination internes (CCI) quand ils sont induits par la complexité des actes de production mis en œuvre au sein de la firme. Les grandes composantes de ces surcoûts sont répertoriées au tableau II. Le risque de supporter des coûts additionnels concerne aussi bien les phases pré que postdécisionnelles. Plus la spécificité des actifs de la firme est forte[12], plus le risque de supporter un coût indépendant du système de prix est élevé.

---

11. Le mot transaction désigne les transferts de droits de propriété réalisés sur les marchés (achats-ventes) mais aussi toutes les opérations liées à la coordination administrative interne à la firme entendue au sens large (entreprise intra-muros, filiales, etc.). Compte tenu de l'incomplétude des contrats, des comportements assujettis à une rationalité limitée, et de la poursuite par chacun de ses propres intérêts, tous les rapports de travail sont concernés.

12. L'expression *spécificité des actifs* renvoie au degré de liberté dont dispose l'entreprise pour réaffecter ses avoirs physiques et humains à d'autres utilisations ou à d'autres utilisateurs sans essuyer de pertes de valeur. La marque, les salariés, les investissements dédiés, le site d'implantation, de faibles fréquences (ou volumes) d'échanges avec les clients sont autant de sources de coûts de transaction ou de coordination élevés.

Tableau II

Origine des coûts de transaction et de coordination

	RISQUES EX ANTE	RISQUES EX POST
COÛTS INTERORGANISATIONNELS	– Recherche d'informations, en amont, sur les principaux fournisseurs de technologies, de matières premières, de produits semi-finis et, en aval, sur les distributeurs – Rédaction du contrat et mise en place de dispositifs de sécurité pour son exécution	– Vérification de la qualité, éventuels marchandages pour corriger les divergences contractuelles, résolution des conflits – Opérations d'ajustement liées à des changements dans la spécification des produits achetés ou dans les volumes d'approvisionnement
COÛTS INTRAORGANISATIONNELS	– La propension à faire plutôt qu'à faire faire (conservatisme, stratégies d'acteurs, etc.) – Les compromis entre le souci de performance économique et la préoccupation de paix sociale	– Circulation lente et caractère imparfait de l'information – Phénomènes bureaucratiques réfrénant l'exercice du pouvoir d'autorité – Mécanismes de légitimation des erreurs managériales

Se souvenant, qu'en toute conjoncture, la rationalité limitée et l'opportunisme des acteurs amènent un fonctionnement de la firme caractérisé par des possibilités d'équilibre multiples, la qualité de la gestion efficiente réside dans l'art de tirer un avantage compétitif de processus d'internalisation et d'externalisation en tenant compte de la donne institutionnelle et du savoir évolutif du management en matière de division et de coordination des tâches productives.

2.2. L'arbitrage marché/hiérarchie

Le schéma III fournit une vision statique de l'alternative offerte aux décideurs. Sachant que toute activité supporte une adjonction de coût en raison du manque d'efficacité tant du marché que de la coordination interne de la firme, le choix de produire ou de faire faire résulte de la confrontation de deux coûts totaux[13].

13. Comme chacun le sait, la plupart des firmes déploient une activité multiproduit. Déterminer, en pratique, le coût total par type d'outputs n'est pas une tâche aisée. Mais les difficultés théoriques et méthodologiques dépassent ici le cadre de la comptabilité analytique. Autant les deux grandes composantes du coût total inhérentes à l'externalisation d'une production (PM + CTM) sont à peu près claires pour les théoriciens et praticiens, autant les deux éléments constitutifs du pendant internalisé (CO + CCI) sont délicats à caractériser et, surtout, à placer en vis-à-vis du débours alternatif. La remarque est particulièrement vraie pour l'opposition entre les coûts opératoires (coûts de production ?) et le prix du marché. Tout coût de production est indissociable d'un coût de structure. C'est pourquoi la présentation symétrique proposée au schéma III est plus illustratrice d'une théorisation qu'aisément applicable.

Schéma III

Coûts d'activités internalisées et externalisées

	Activités internalisées		Activités externalisées
	Coûts Opératoires (CO)		Prix du marché (PM)
	Coûts de Coordination Internes (CCI)		Coûts de Transaction Marchands (CTM)
Coût Total	CO + CCI	↔	PM + CTM

Si pour un état d'exploitation optimal des données résultant de l'environnement institutionnel et du savoir scientifique et technique (y compris les connaissances en matière de différences d'efficacité des structures organisationnelles) CO + CCI s'avèrent supérieurs à PM + CTM, les gains de l'intégration sont réputés épuisés. La firme en quête d'efficience doit alors externaliser l'activité considérée. Dans le cas inverse (CO + CCI < PM + CTM), il est dans l'intérêt de l'entreprise de substituer le pouvoir discrétionnaire de la hiérarchie (exploitation du registre des économies d'échelle, des coûts de variété, etc.) au recours au marché. Rappelons qu'une telle confrontation peut être opérée au niveau de chaque fonction de la firme mais aussi à celui des différentes missions assumées au sein d'une fonction (Calvi, 1999). Dans ce dernier cas, il s'agit de focaliser l'observation sur les actifs non ou peu spécifiques (ex: les achats répétitifs de faible valeur) afin d'améliorer, par l'externalisation et sans s'exposer au risque de confidentialité, la maîtrise des coûts relatifs.

Dans l'esprit des principaux promoteurs de l'analyse des types de transaction (Coase, Williamson), il s'agit de montrer qu'en termes de coûts, l'intégration verticale s'avère plus efficiente que le recours au marché jusqu'au seuil de rendement décroissant de la fonction entrepreneuriale (conséquence de la complexité découlant du gigantisme de certaines structures de production).

Si l'on restitue, maintenant, les interactions de comportements dans une perspective dynamique, il semble légitime d'affirmer que les possibilités d'arbitrage des conflits d'intérêts entre agents sont plus ouvertes que ne le laisse accroire la référence primordiale à un différentiel de coûts de contrôle interne/externe (fonction décroissante du degré de spécificité des actifs), conduisant quasi systématiquement à soutenir la supériorité sur le marché des processus de décisions internes. En réalité, de multiples facteurs évolutionnistes interfèrent sur les composantes des coûts mentionnées au schéma III. Des changements continus proviennent du cadre institutionnel, des innovations technologiques, et des progrès du management. Ces mutations bénéficient parfois à la coordination par la hiérarchie, parfois à la coordination par le marché et, souvent aux deux simultanément. Aussi bien la formule de la « gouvernance » par la production que par l'échange s'inscrit dans des systèmes dynamiques d'efficience.

Ainsi, de nombreuses modifications institutionnelles et technologiques ont réduit les incertitudes liées à la coordination marchande. On sait que les coûts de transaction sont d'autant plus faibles qu'un système économique se dote de règles et d'injonctions clairement définies. De multiples solutions volontaristes et coercitives atténuant les asymétries d'information sont régulièrement adoptées au niveau national et mondial. Citons l'existence dans la plupart des pays de codes qui définissent clairement les droits et obligations des parties en présence (droit commercial, droit des sociétés, etc.), la création de zones monétaires supra-nationales (ex : l'euro) qui suppriment les frais de conversion entre monnaies, l'existence auprès des ambassades d'observatoires économiques, l'Organisation mondiale du commerce (OMC) et les organismes d'assurance qui sécurisent les échanges à travers le temps et l'espace (ex : la COFACE), etc. De même, l'évolution des technologies de l'information (fax, e-mail, vidéo conférence, banques de données, etc.) facilite la recherche des meilleurs prix avant de réaliser une opération commerciale. L'ensemble de ces mutations contribue à une meilleure transparence au stade de la recherche d'information et à celui de la négociation. Les coûts de transaction marchands diminuent donc régulièrement.

Dans le même temps, les évolutions institutionnelles et technologiques ont renforcé le pouvoir de manipulation discrétionnaire des managers en sorte que les coûts opératoires et de coordination interne s'en trouvent également affaiblis. Par exemple, la libre circulation des capitaux au sein d'une zone mondiale de plus en plus vaste, la multiplication des codes d'investissements qui réduisent les incertitudes d'ordre politique, une protection de plus en plus internationale des droits de propriété, la baisse des droits de douane et du coût du fret maritime et aérien, offrent de nombreuses opportunités stratégiques. Ainsi, les abandons d'activités sur un territoire national au bénéfice d'une implantation dans un autre État représentent une réserve d'efficience bien connue. Il peut s'agir de la création de toutes pièces d'une entreprise à l'étranger (manœuvre stratégique dite de croissance interne au niveau international), de l'acquisition d'une organisation déjà en fonctionnement (croissance externe sur le plan international) ou bien d'une simple prise de participation dans le capital d'une firme locale (stratégie de croissance conjointe lorsque l'investissement mobilise des partenaires) en vue de transférer l'exécution de certains travaux dans une autre partie du monde ou bien de mener une stratégie de conquête d'un marché extérieur. Là encore, les progrès des technologies de l'information exercent un rôle décisif. Ils permettent une coordination dans l'espace quasiment en temps réel. Les informations nécessaires à la coordination des unités ou des fonctions d'une firme sont échangées rapidement. Force est donc d'observer que l'évolution des données institutionnelles et technologiques[14] s'avère pour longtemps favorable aux processus de baisse des coûts de production.

À la mise en concurrence mondiale des actifs humains, aux mutations technologiques fortement réductrices des besoins en main-d'œuvre (machines à commande numérique, automates programmables, conception assistée par ordinateur, etc.), s'ajoutent les innovations organisationnelles (Castagnos, 1994, 1995). En effet, le marché stimule le progrès par la rivalité entre les firmes. Mais cette faculté n'est pas une propriété exclusive de la sphère de l'échange. Les mécanismes d'incitation du marché sont partiellement reproductibles au sein de l'entreprise. Par exemple, il a été démontré (Chandler, 1990) qu'au fil de l'évolution technologique, la firme se voit offrir des possibilités de mutations structurelles profitables. Le passage d'une configuration fonctionnelle centralisée à un agencement par divisions (structure matricielle) propice à la diversification de la production et à l'implication des salariés, débouche généralement sur une meilleure valorisation des capacités de l'entreprise. Aoki (1990) associe également à ce même type de mutation des gains d'efficience car la structure d'échanges d'information au sein d'une organisation multidivisionnelle féconde l'autonomie de gestion, une organisation flexible du travail et un esprit de collaboration (les intérêts réciproques des actionnaires et des salariés sont mieux pris en compte par le dirigeant). Cette stimulation des énergies par implantation d'une structure décentralisée est particulièrement appropriée en contexte d'environnement turbulent. La spécificité des processus de décision internes découlant du choix de chaque forme organisationnelle élargit donc le registre des adaptations possibles.

La figure IV fournit une représentation de synthèse des grands moyens disponibles pour retirer simultanément un avantage d'un différentiel de coûts de production interne/externe et de coûts de transaction intra/inter entreprise(s). Confrontée à un besoin d'approvisionnement[15], la firme dispose de quatre grandes possibilités.

– Les deux premières, de type classique, consistent, soit à acheter le bien considéré sur le marché, soit en assurer dorénavant la production. Dans le second cas, différents modes de division et de coordination des tâches sont inégalement efficients selon la localisation mondiale de la firme, le secteur d'activité économique, les caractéristiques du marché. Ainsi, une intégration verticale d'activités d'amont peut s'avérer plus rentable que le recours au marché. En effet, l'intégration remontante présente de nombreux avantages : réalisation d'économies d'échelle, appropriation de la marge de l'ancien fournisseur, régularité quantitative et qualitative des approvisionnements, meilleure maîtrise des programmes de

14. La taille impartie à ce chapitre ne permet pas de traiter de l'ensemble des technologies nouvelles activées vers le début des années 1980 qui suscitent régulièrement des gains de productivité très importants dans le cadre de stratégies d'intégration. Sur ces questions, voir par exemple : Winter (1982), Teece (1986), Nelson (1987), Cohendet et Llerena (1987), Coriat (1990), Castagnos (1990, 1995).

15. Le raisonnement est identique dans le cas d'une recherche de débouchés.

production, etc. Ce type de structure se développe généralement dans le cadre d'un système de planification et de commandement à impulsion descendante. En règle générale, la validité d'une organisation centralisée trouve ses limites dans le gigantisme vecteur de multiplication des lignes hiérarchiques. Les comportements impersonnels finissent par engendrer des coûts de coordination internes qui annulent les bénéfices de l'automatisation, soit que les gains d'une structure centralisée aient été épuisés, soit que le secteur d'activité concerné se caractérise par une dilution des goûts des consommateurs.

Figure IV

La panoplie des structures de coordination par le marché et par la hiérarchie

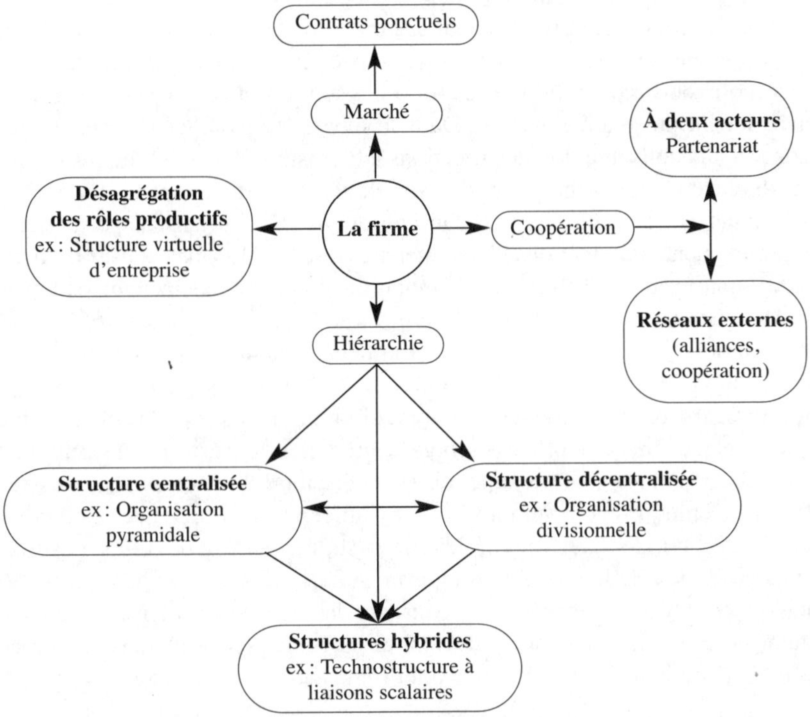

D'autres configurations organisationnelles peuvent encore s'avérer plus efficaces que le recours au marché. Tel est le cas des structures décentralisées particulièrement ad hoc pour jouer sur le registre des économies de variété (recherche de différenciation dans le cadre d'un processus d'intégration horizontale). Forte innovation, adaptabilité et motivation des personnels, rapidité de conception et de fabrication des produits, représentent les traits saillants de la coordination par objectif. Il s'ensuit, notamment, une bonne adéquation de la production aux besoins évolutifs de la clientèle, peu de rebuts, une rareté des pannes, peu de conflits du travail. Dans ce mode d'organisation, généralement de type divisionnaire, les décisions logistiques (arbitrage entre produire ou faire faire tel ou tel élément entrant dans la composition du produit final) restent des données d'arrière-plan tant que l'état du marché permet d'accorder la priorité aux caractéristiques des produits ou prestations fournies sur les prix de commercialisation. Mais dès lors que l'entreprise s'insère sur un marché ouvert à la concurrence internationale, la structure de type centralisé tend à disparaître au profit d'agencements mâtinés par des mécanismes de liaisons scalaires (Castagnos, 1994). On est alors en présence d'organisations multidivisionnelles qui recherchent un avantage concurrentiel par une forte coordination mondiale des activités (sensibilité des coûts à l'échelle) et par une perception élargie du marché. La coordination est amplifiée par le renforcement des liaisons verticales et horizontales entre les marchés. Par exemple, une division fabriquant des cartes mères les écoulera soit par le canal des distributeurs, soit par celui de la force de vente directe, celle-ci les cédant à une division montage d'unités centrales qui les incorpore dans ses produits et les fournit à son tour à la force de vente qui traite avec les intermédiaires marché. Dans le même temps, la chasse aux économies conduit à la consolidation des fonctions administratives et logistiques pour éviter les duplications de tâches au niveau des divisions. Par exemple, les progrès réalisés dans le domaine des technologies de l'information permettent des regroupements de fonction achats intersites industriels sans exposer les divisions à des ruptures de stock. Ce type de mutation allant généralement de pair avec une normalisation de la gamme de produits et un accroissement sensible de la standardisation des procédés, les retombées pécuniaires sont nombreuses : contraction des frais de fonctionnement et de structure, système d'évaluation des fournisseurs, réduction de leur nombre, diminution des coûts d'achats, représentent quelques-uns des effets les plus couramment observés. Une centralisation des achats vers les niveaux supérieurs de décision est donc envisageable dès lors que les techniques de communication maintiennent la fluidité de la coordination verticale et horizontale. Vouloir bénéficier simultanément des effets positifs de la standardisation de la production et des résultats, n'est évidemment pas une stratégie exempte de risques. C'est pourquoi la menace de transmuer en modèle autoritaire est souvent contrecarrée par des actions psychologiques et formatrices afin de maintenir l'esprit d'initiative et l'engagement personnel.

Les deux autres solutions offertes à l'alternative produire ou faire faire présentent un caractère hybride car elles allient simultanément des modes de coordination relevant de la hiérarchie et du marché. Ainsi en va-t-il des stratégies de désagrégation des rôles productifs. Cette terminologie désigne les entreprises qui transfèrent une part plus ou moins importante de leur chaîne de valeurs vers des organisations situées sur un même territoire ou bien à l'étranger. Autrement dit, on est en présence d'une logique d'exploitation au détriment d'une logique de patrimoine se traduisant par un démembrement partiel des éléments traditionnellement constitutifs de la structure d'une organisation à savoir des ressources humaines et matérielles ventilées selon les cas par départements, fonctions, services et réunies en un lieu principal. Dans son évolution la plus accomplie, ce processus de dématérialisation prive les nations industrielles d'une base économique primordiale (Dosi, Teece, Winter, 1990). On parle alors notamment d'entreprise creuse (Jones *et al.*, 1986) ou de structure virtuelle d'entreprise (Castagnos, 1995) pour désigner la situation extrême dans laquelle l'ensemble des missions requises pour la réalisation d'un projet est externalisé. La réalité tangible de l'entreprise se réduit alors à quelques mètres carrés de bureaux loués, voire à une simple boite aux lettres. Le dirigeant se borne à identifier un besoin et à concevoir une solution. Il recherche la combinaison d'acteurs et non plus de facteurs de la production qui optimisera le profit.

La quatrième solution propre à privilégier une dialectique du moindre risque consiste à se tourner vers des logiques de coopération. Comme cela apparaît à la figure IV, deux cas sont alors envisageables : la constitution de réseaux d'entreprises ou bien le développement de l'impartition. La première tendance peut donner lieu à un démembrement partiel de la firme classique. Cette dernière externalise ses activités périphériques et crée, dans sa mouvance, des organisations autonomes qu'elle inféode comme clients ou comme fournisseurs. Le phénomène a été vulgarisé sous le vocable d'essaimage. On parle aussi de processus de PMIsation (Nunès, 1991) lorsque la segmentation débouche sur la création de petites unités autonomes. L'hyper-spécialisation sous-jacente rétablit des conditions d'efficacité sans réduction significative de l'effectif employé mais, le plus souvent, avec un amoindrissement des avantages sociaux. Dans bien des cas, la PMIsation juridique constitue l'avant-goût d'un désengagement total à moyen terme au profit du métier d'origine. La formule organisationnelle est alors synonyme d'abandon d'activités non rentables, de dégraissage en douceur des effectifs en surnombre. La volonté de réduire les risques et incertitudes peut également revêtir la forme d'alliances ou de rapprochement d'entreprises. Les buts de ces associations sont multiples. Par exemple, la configuration réseau s'avère propice à une meilleure rationalisation des achats et à la conquête de nouveaux débouchés. Dans le premier cas, le pouvoir de négociation du groupement d'achats est sensiblement accru par rapport aux tractations conduites de façon séparée. Dans le second cas, la coopération est un moyen réciproque d'accéder à moindre difficulté aux zones respectivement investies par les firmes collaborationnistes ou bien encore de regrouper des forces pour s'attaquer en commun à de nouveaux marchés. Le glissement des stratégies d'affrontement vers des politiques de collaboration fait naître de nombreux avantages (Poulin *et al.*, 1994). Il pourra s'agir d'engendrer des économies d'échelle, de surmonter la complexité des processus et des marchés en mettant en commun des compétences, d'accélérer la capacité de réponse aux changements, de « flexibiliser » l'accès aux ressources et d'adapter les structures d'organisation aux particularités de l'environnement. Il sera encore question de mettre en commun des technologies, de partager des méthodes de gestion, de réduire les risques inhérents à tout projet, d'atténuer la dépendance vis-à-vis des sources traditionnelles d'accès au capital et au financement, de diminuer les frais de structure en évitant des duplications de fonctions, de conquérir de nouveaux marchés. Via les réseaux, les firmes sont en position de reproduire non seulement entre pays mais au sein de leur organisation, les principes de la théorie des coûts comparés qui postulent, dans la continuité ricardienne et néoclassique, le choix d'une division du travail qui tienne géographiquement compte des différences de prix relatifs des facteurs de la production après correction des effets de cours de change. Compte tenu de l'évolution du cadre institutionnel international et des progrès des technologies de l'information, le monde actuel s'appréhende pour les entreprises comme une somme d'opportunités. Il est possible de disjoindre totalement l'espace de la production de celui de son écoulement. Ces dissociations ou regroupements de séquences de création de valeur peuvent même concerner des entreprises concurrentes qui, au plan d'une ou de plusieurs fonctions, acceptent d'associer leurs compétences. Il s'avère donc possible de diminuer simultanément les coûts de coordination interne et les coûts de transaction marchands. La dernière formule de coopération consiste à privilégier une logique d'impartition, c'est-à-dire « à se procurer à l'extérieur de la firme des services et des biens matériels constitutifs d'un ensemble, au lieu de tout faire soi-même[16] ». L'alternative entre acheter ou produire trouve son origine dans la considération de bon sens selon laquelle l'entreprise ne peut prétendre tout admirablement réaliser, dans de bonnes conditions de rentabilité, surtout à une époque caractérisée par la complexité accrue des produits et des opérations aboutissant à l'approvisionnement des marchés. Par exemple, lorsque Samuelson évoque son avocat, en même temps excellent dactylographe, mais meilleur avocat que dactylographe, on devine qu'il engagera une dactylographe, bien qu'il soit plus habile que cette dernière. La firme traditionnelle est d'autant plus confrontée à des problèmes analogues que les évolutions institutionnelles et technologiques évoquées plus haut président à une diminution des coûts de transaction. Appréhendée comme un tout agrégeant de multiples fonctions[17], il est tout à fait invraisemblable que chacune de ces fonctions soit exécutée de façon optimale par la firme. En conséquence, il est dans l'intérêt de l'entreprise de recentrer ses activités sur ce qu'elle sait faire le mieux et de confier à des partenaires externes le soin de lui procurer à meilleur coût (avantage lié à la dimension critique, à la maîtrise d'un savoir spécifique) nombre de prestations ou de biens intermédiaires antérieurement produits par elle. Les relations traditionnelles d'impartition aménagent donc aussi des conditions limitatives de risques pour la firme donneuse d'ordres.

Les apports contemporains dominants sur la théorie de la firme ont sensiblement accru la capacité d'expliquer les formes concrètes de division et

16. Barreyre P.-Y. (1968), *L'Impartition : politique pour une entreprise compétitive*, Hachette, Paris, p. 23.

17. Recherche, fabrication de biens mobilisant des processus plus ou moins sophistiqués, études de marché, approvisionnements, comptabilité, règlement des contentieux, formation continue, entretien et surveillance des locaux et équipements, sélection des personnels, administration des réseaux de ventes, etc.

d'organisation du travail, y compris des agencements hybrides tirant conjointement partie de la coordination par le marché et par la hiérarchie. Est-on au demeurant en droit de conclure à l'existence d'un édifice théorique achevé ?

CONCLUSION

Si l'on intègre la dimension organisationnelle de la firme reconnue dès l'abord par R. H. Coase avant d'être éreintée par O. E. Williamson, les théories contractuelles représentent une construction d'ensemble extrêmement séduisante. En toute hypothèse, ce corps théorique diffuse une meilleure compréhension des déterminants de la coopération interfirmes et intrafirmes que les rudiments théoriques épars dont disposait P.-Y. Barreyre pour militer en faveur d'une efficience de la firme renforcée par recours à des partenaires extérieurs ou bien par transfert à des organes auxiliaires spécialisés (ex : création d'une filiale indépendante) de la responsabilité de gérer les activités périphériques de l'entreprise.

Toutefois, la cohérence de l'édifice conceptuel, sa validation empirique, conserve une fragilité en raison de l'occultation des problèmes de dépendance et de pouvoir. La production nécessite la réunion de ressources non détenues par une seule personne, ce qui justifie des collaborations entre acteurs de l'entreprise. D'un côté, cette coopération est analysée comme un échange volontaire de consentement entre partenaires égaux qui, par contrat, fixent leurs droits et obligations réciproques. Par exemple, le salarié obère une partie de son temps dans le but d'obtenir un revenu. De l'autre côté, le fait que les intérêts personnels des parties en présence ne coïncident pas nécessite la mise en place de systèmes d'incitation et de contrôle en sorte de veiller à la réalisation d'un gain résiduel. Or, le dumping social résultant de la mise en concurrence mondiale de la main-d'œuvre montre que l'essence de la coordination repose aussi sur des rapports de subordination salariale. Contenir ou comprimer le montant des salaires, est un des moyens d'accroître l'importance du gain résiduel.

La limite inhérente au postulat de relations contractuelles libres entre parties pareillement en situation de faire prévaloir leurs intérêts particuliers, affecte l'ensemble des relations contractuelles. Par exemple, les fréquentes directives d'entreprises imposant aux services achats de réduire annuellement les coûts d'approvisionnement de l'ordre de 10 %, placent les receveurs d'ordres en position de partenaires dominés soumis aux aléas des stratégies mondialistes des grandes firmes. De telles évolutions créent un décalage entre l'esprit collaborationniste dépeint par les théories contractuelles de la firme et l'économie réelle.

RÉFÉRENCES BIBLIOGRAPHIQUES

ALCHIAN A. A., DEMSETZ H. (1972), « Production, Information Cost and Economic Organization », *American Economic Review*, v. 62, n° 5, december, p. 777-795.

AMANN B. (1999), « La théorie des droits de propriété », *in De nouvelles théories pour gérer l'entreprise du XXIe siècle*, coordonné par G. Koenig, Economica, Paris, p. 13-60.

ANSOFF H. I., MC DONNELL E. (1990), *Implanting Strategic Management*, Prentice Hall, New York, second edition.

AOKI M. (1990), « Towards an Economic Theory of the Japanese Firm », *Journal of Economic Litterature*, v. 26, n° 1, march.

ARROW K. J. (1969), « The Organization of Economic Activity : Issues Pertinent to the Choice of Market Versus Nonmarket Allocation », *in The Analysis and Evaluation of Public Expenditure : The PPBS System*, Joint Economic Committee, v. 1, 91st Congress, First Session, Washington DC, US Government Printing Office, p. 59-73.

BARREYRE P.-Y. (1968), *L'Impartition : politique pour une entreprise compétitive*, Hachette, Paris.

BOISSIN J.-P., CASTAGNOS J.-C., GUIEU G. (1999), « La structuration de la recherche francophone en stratégie : une analyse bibliographique », *Revue Finance/Contrôle/Stratégie*, v. 2, n° 3, septembre, p. 63-85.

BRICKLEY J. A., SMITH C. W., ZIMMERMAN J. L. (1997), « Management Fads and Organizational Architecture », *Journal of Appied Corporate Finance*, v. 10, n° 2, summer, p. 24-39.

CALVI R. (1999), « L'externalisation des activités d'achat : l'apport du modèle contractualiste appliqué au processus d'achat », *Revue Finances/Contrôle/Stratégie*, v. 2, n° 1, mars, p. 27-47.

CASTAGNOS J.-C. (1985), *Exploration des structures d'organisation : la logique de choix des structures*, D.R.U.G. diffusion, Grenoble, décembre, 451 p.

CASTAGNOS J.-C. (1987), *L'État gestionnaire. Quelle légitimité ?*, Presses Universitaires de Grenoble, collection « Influences », 229 p.

CASTAGNOS J.-C. (1990), « Technologie et formation continue : l'amorce d'une relation stratégique », revue *Économies et Sociétés*, série Sciences de Gestion, n° 16, décembre, p. 7-36.

CASTAGNOS J.-C. (1994), *Comprendre l'innovation pour repenser l'emploi*, Éditions SEDIFOR, Grenoble, 224 p.

CASTAGNOS J.-C. (1995), « Les structures virtuelles d'entreprises. Une innovation menaçante pour l'emploi », *Revue de Gestion des ressources humaines*, n° 17, novembre, p. 37-53.

CHAMBERLIN E. H. (1933), *The theory of Monopolistic Competition*, Harvard.

CHANDLER A. D. (1990), *Scale and Scope: the Dynamics of Industrial Capitalism*, Harvard University Press, Cambridge.

CHANDLER A. D. (1992), « Organizational Capabilites and the Economic History of Industrial Industry », *Journal of Economic Perspectives*, v. 6, n° 3.

CHARREAUX G. (1999), « La théorie positive de l'agence : lecture et relecture, in G Koenig », *De nouvelles théories pour gérer l'entreprise du XXIe siècle*, Economica, Paris, p. 61-141.

CHEUNG S. (1969), « Transaction Costs, Risk Aversion and the Choice of Contractual Arrangements », *Journal of Law and Economics*, n° 12, p. 23-42.

COASE R. H. (1937), « The Nature of the Firm », *Economica*, « New Series », chap. 4, p. 386-405.

COHENDET P., LLERENA P. (1987), *Productique et nouvelle représentation du processus de production*, La productique : concepts et mise en œuvre, Economica, Paris.

CORIAT B. (1990), *L'Atelier et le robot*, Christian Bourgeois éditeur, Paris.

CORIAT B., WEINSTEIN O. (1995), *Les Nouvelles Théories de l'entreprise*, Le Livre de Poche, Paris, 218 p.

CRAIN W. M., ZAARDKOOHI H. (1978), « A Test of the Property Rights Theory of the Firm : Water Utilities in the United States », *Journal of Law and Economics*, october, p. 395-408.

DEMSETZ H. (1966), « Some Aspects of Property Rights », *Journal of Law and Economics*, n° 9, october, p. 61-70.

DOSI G. (1984), *Technical Change and Industrial Transformation*, Macmillan, London.

DOSI G. (1988), « The Nature of Innovative Process, in G. Dosi, C Freeman, R. Nelson, G. Silverberg, L. Soete », *Technical Change and Economic Theory*, Columbia University Press, New York, p. 228-229.

DOSI G., TEECE D., WINTER S. (1990), « Les frontières des entreprises : vers une théorie de la cohérence des grandes entreprises », *Revue d'Économie industrielle*, n° 51, p. 238-275.

FAMA E. F. (1980), « Agency Problems and the Theory of the Firm », *Journal of Political Economy*, v. 38, n° 2, april, p. 288-307.

FAMA E. F., JENSEN M. C. (1983), « Separation of Ownership and Control », *Journal of Law and Economics*, v. 26, june, p. 301-326.

FURUBOTN E., PEJOVICH S. (1972), « Property Rights and Economic Theory : A Survey of Recent Literature », *Journal of Economic Literature*, v. 10, n° 4, december, p. 1137-1161.

HAYEK F (1945), « The Use of Knowledge in Society », *American Economic Review*, v. 35, p. 519-530.

JENSEN M. C. (1994), « Self-Interest, Altruism, Incentives, and Agency Theory », *Journal of Applied Corporate Finance*, summer.

JENSEN M. C., MECKLING W. H. (1976), « Theory of the Firm : Managerial Behavior, Agency Cost and Ownership Structure », *Journal of Financial Economics*, v. 3, n° 4.

JENSEN M. C., MECKLING W. H. (1994), « The nature of Man », *Journal of Applied Corporate Finance*, summer.

JONES N. *et al.* (1986), « Hollow Corporation : Special Report », *Business Week*, 3 march.

KNIES C. (1883), *Die Politische Oekonomie von Standpunkte der geschichtlichen Methode*, Bernstein Ed, Berlin, 2e édition.

KNIGHT F. H. (1921), *Risk, Uncertainty and Profit*, Haughten Mifflin, Boston.

LIEBENSTEIN H. (1987), *Inside the Firm : the Efficiencies of Hierarchy*, Harvard University Press, Cambridge.

MARCH J. G. (1955), « An Introduction to the Theory and Measurement of Influence », *in American Political Science Reveiw*, p. 431-451.

MARCH J. G., SIMON H. A. (1958), *Organizations*, John Wiley, New York.

MARSHALL A. (1947), *Principles of Economics*, Mac Millan, London, (première édition en anglais en 1890).

MILGROM P., ROBERTS J. (1992), *Economics, Organization and Mangement*, Prentice Hall, London.

NELSON R. R., WINTER S. G. (1982), *An Evolutionary Theory of Economic Change*, Harvard University Press, Cambridge.

NORTH D. (1981), *Structure and Changes in Economic history*, W Norton and Company, New York-London.

NORTH D. (1990), *Institutions, Institutional Change, and Economic Performance*, Cambridge University Press.

NUNES P. (1991), *Les Opérations de PMI-sation : pratique ou stratégie ?*, thèse ès sciences de gestion, ESA, Grenoble, 314 p.

POULIN D., MONTREUIL B., GAUVIN S. (1994), *L'Entreprise réseau : bâtir aujourd'hui l'entreprise de demain*, Éditions Publi-Relais, Montréal.

RICARDO D. (1933), *Principes de l'économie politique et de l'impôt*, Alfred Costes Éditeur, Paris, 2 vol., 3e édition (première version en 1817).

SCHUMPETER J. A. (1934), *The Theory of Economic Development*, Harvard University Press, Cambridge, Massachussets.

SIMON H. A. (1947), *Administrative behavior*, Mac Millan, New York.

SMITH A. (1859), *Recherche sur la nature et les causes de la richesse des nations*, Guillaumin et Cie, Paris, nouvelle édition, 3 vol. (première édition en anglais 1776).

SPENCER H. (1893), *Justice*, Gide Éd, Paris, traduction française.

TEECE D. (1986), *Profiting from Technological Innovations*, Working paper, BBP n° 16, Berkeley, 6th SMS Conference, Singapour.

TEECE D. (1988), « Capturing Value from knowledge Assets : the New Economy, Market for Know-How, and Intangible Assets », *California Management Review*, v. 40, n° 3, spring, p. 55-79.

WAGNER A. (1904), *Les Fondements de l'économie politique*, traduction de L. Pollak, Éditions V Giard et E Brier, Paris.

WILLIAMSON O. E. (1967), *The Economics of Discretionary Behavior : Managerial Objectives in a Theory of the Firm*, Markham.

WILLIAMSON O. E. (1985), *The Economic Institutions of Capitalism*, Free Press, New York.

WILLIAMSON O. E. (1990), « The Firm as a Nexus of traities : an Introductio, in M. Aoki, B. Gustafsson, and O. E. Williamson », *The Firm as a Nexus of Traities*, Sage Publications, London.

WILLIAMSON O. E. (1991), « Comparative Economic Organization : the Analysis of Discrete Structural Alternatives », *Administrative Science Quarterly*, v. 36, p. 269-296.

WINIECKI J. (1990), « Why Economic Reforms Fail in the Soviet System ? À Property Rights Based Approach », *Economic Inquiry*, v. 28, n° 2, p. 195-221.

WINTER S. G. (1982), « An Essay on the Theory of production », in S. Humans ed, *Economics and the World around It*, University of Michigan Press.

WINTER S. G. (1987), « Knowledge and Competence as Strategic Assets », in D. J. Teece (ed), *The Competitive Challenge : Strategies for Industrial Innovation and Renewal*, Ballinger, Cambridge, p. 159-184.

WINTER S. G., ZOLLO M. (1987), *From Organizational Routines to Dynamic Capabilities*, INSEAD, Working Papers, n° 48/SM.

Chapitre 3

L'IMPARTITION : QUELS IMPACTS SUR LES RESSOURCES DE L'ENTREPRISE ?

Michel Albouy et Didier Retour
Professeurs des universités à l'École supérieure des affaires de Grenoble
Université Pierre Mendès France – Grenoble

Néologisme, le terme « impartition » a été conçu par Pierre-Yves Barreyre pour jouer un rôle de concept unificateur[1] caractérisant, dans son acceptation la plus large, le recours à la sous-traitance. Il évoque deux idées essentielles : celle de partage et celle de confiance. L'impartition consiste en effet à faire participer une autre entreprise à une œuvre d'ensemble en lui confiant la réalisation d'une partie de la production finale. Cette délégation qui pose naturellement un problème d'agence implique une confiance réciproque entre le donneur d'ouvrage et le sous-traitant. En pratique, l'impartition consiste donc à se procurer à l'extérieur des services ou des biens matériels constitutifs d'un ensemble au lieu de tout faire soi-même. Comme on peut le constater nous sommes ici très proche de ce qu'on appelle aujourd'hui l'« externalisation » ou l'*outsourcing,* puisque d'une façon très générale l'*outsourcing* peut-être défini comme le fait de confier une activité à un prestataire au lieu de la réaliser en interne.

Si le phénomène de la sous-traitance n'est pas nouveau, on constate aujourd'hui que non seulement les entreprises ont tendance à confier à d'autres une part de plus en plus importante de leur production mais également que des activités critiques pour leur développement font l'objet d'externalisation. C'est dire si l'analyse de Pierre-Yves Barreyre était en avance sur son temps. En effet, les raisons qui se trouvent à l'origine du développement de l'*outsourcing* sont les mêmes que celles que l'on trouve dans l'impartition : nécessité de réduire les coûts, recherche de flexibilité, besoins de spécialistes, etc. C'est ainsi qu'après la production et la maintenance, des activités essentielles comme la logistique, l'informatique et les télécommunications sont externalisées. À titre d'exemple, citons le cas d'IBM qui a externalisé l'ensemble de ses activités logistiques sur l'Europe à une société pour une durée de cinq ans et un montant de 1 milliard de francs. On pense également au cas du Crédit Lyonnais qui a confié l'ensemble de ses services de télécommunications à Global One (consortium associant France Télécom, Deutsche Telekom et Sprint) pour une durée de cinq ans et un montant

1. Pierre-Yves Barreyre, *L'Impartition : politique pour une entreprise compétitive*, Hachette, Paris, 1968.

de 3 milliards de francs[2]. Récemment, Alcatel décidait d'externaliser toute sa production de téléphones portables (voir l'encadré ci-dessous). Ce cas illustre parfaitement les avantages recherchés dans ces opérations. L'informatique, le recrutement et même les réorganisations internes, sont maintenant confiés à des sociétés de conseils externes. En d'autres termes, il semble que plus aucune activité de l'entreprise ne puisse échapper au célèbre choix : *faire ou faire faire ?*

Si l'actualité du thème de l'impartition n'est pas à démontrer, il nous semble important de dégager à la lumière des récents développements des sciences de gestion, l'impact de cette stratégie sur les ressources utilisées par l'entreprise. D'une façon un peu arbitraire, la réflexion est focalisée sur les deux ressources qui nous paraissent fondamentales pour toute entreprise à savoir : l'argent et les hommes.

Encadré I

Un exemple d'impartition : le cas d'Alcatel

C'est un virage stratégique pour Alcatel. L'équipementier de télécoms a annoncé qu'il se dégageait de la production de terminaux mobiles, actuellement réalisés dans deux usines. Le P.-D.G. du groupe a précisé que cette restructuration n'aurait aucune conséquence sur l'emploi. Alcatel se concentrera sur ce qu'il considère comme son cœur de métier : la recherche-développement, le marketing et la vente tout en restant dans le métier des téléphones portables. Toute la production sera désormais assurée sur un seul site qui sera vendu au Singaporien (à capitaux américains) Flextronics, numéro un mondial de la sous-traitance électronique, à qui Ericsson vient de confier la fabrication de ses terminaux mobiles. Flextronics compte tirer parti de son savoir-faire dans l'utilisation des outils de production. Il bénéficiera surtout de sa taille. Le Singapourien travaille déjà pour Nokia, Ericsson, Motorola et Siemens. Son chiffre d'affaires lui donne une force de négociation bien supérieure à celle d'un acteur moyen comme Alcatel vis-à-vis des fournisseurs de composants.

Source : *Les Échos*, 27-28 avril 2001.

1. Le regard du financier

Dans son ouvrage sur l'impartition (1968) Pierre-Yves Barreyre a bien montré, à partir des principaux concepts issus de l'analyse économique, ou de « la théorie de la firme appliquée à la pratique des affaires », les avantages économiques de l'impartition. C'est ainsi qu'il soulignait, à juste titre, l'impératif

2. Exemples repris de Jérôme Barthélemy, « Le métier au cœur de l'externalisation », *L'Expansion Management Review*, mars 2000.

économique de la spécialisation, les économies d'échelles liées à cette spécialisation, la nécessité d'atteindre une « taille critique » pour peser sur les marchés et les gains en termes de rentabilité que l'on peut escompter d'une telle politique. Pour l'essentiel, cette analyse est toujours d'actualité. Cependant, depuis la parution de cet ouvrage, la réflexion des financiers s'est enrichie de nouveaux concepts. L'objet de cette première partie est de montrer, à la lumière de ces concepts, ce que l'impartition peut apporter à l'entreprise d'un point de vue financier.

Comme chacun sait, l'analyse financière de l'entreprise est fortement influencée par sa représentation comptable. Si certains le regrettent, compte tenu du caractère conventionnel de l'information comptable, force est de constater que lorsqu'il est question de se pencher sur la performance financière, les documents de synthèse (bilan et compte de résultat) sont fortement sollicités. Parmi les postes du compte de résultat considérés comme importants figurent, outre le chiffre d'affaires et le bénéfice, la valeur ajoutée. Pour le personnel de l'entreprise, mais également pour certains observateurs de la vie économique, ce dernier indicateur serait le « bon » critère de gestion ; celui qui traduit le mieux la contribution de l'entreprise à la création de richesses. L'entreprise performante serait celle dont la valeur ajoutée augmente. Or, confier à d'autres certaines activités réalisées traditionnellement en interne, revient à diminuer le taux de valeur ajoutée dans la production de l'entreprise. Cela explique que certains esprits chagrins voient d'un mauvais œil le recours à la sous-traitance. Aussi, avant d'examiner l'impact d'une stratégie d'impartition sur les finances de l'entreprise il nous semble important de s'attarder sur cette question de la valeur ajoutée.

1.1. L'impact de l'impartition sur la valeur ajoutée

Impartir ou sous-traiter se traduit forcément par une baisse relative de la valeur ajoutée dans la production de l'entreprise. Or comme nous l'avons signalé, pour certains observateurs de la vie des entreprises, le ratio de la valeur ajoutée rapportée au chiffre d'affaires, voire au montant des capitaux investis, constituerait un indicateur de « bonne gestion ». Le dernier plan comptable général de 1982 avec ses soldes intermédiaires de gestion – dont la valeur ajoutée – est de nature à renforcer le suivi de ce ratio. Toute dégradation du taux de valeur ajoutée constituerait une baisse de création de valeur de la part de l'entreprise. Que faut-il penser d'une telle assertion ? Par ailleurs, certains économistes[3], considèrent que le ratio valeur ajoutée sur capital investi serait un critère de gestion susceptible de conduire les entreprises à de meilleurs résultats que celui du taux de rentabilité des fonds propres (généralement mesuré par le ratio bénéfice net sur capitaux propres).

3. Paul Boccara, « Pour de nouveaux critères de gestion : quelques pistes pour la recherche et l'expérimentation », *Issues*, n° 11, février 1982, p. 71-128.

La notion de valeur ajoutée a surtout été utilisée dans le cadre de la comptabilité nationale[4]. Plus récemment, la fiscalité l'a introduite dans la gestion courante de l'entreprise. Pour l'économiste, la valeur ajoutée caractérise – mieux que le chiffre d'affaires – le véritable poids économique d'une entreprise, c'est-à-dire sa contribution à la création de richesses. En effet, la valeur ajoutée est mesurée par la différence entre la production de l'exercice et les consommations externes, c'est-à-dire les achats de la période. L'entreprise impartitrice voit de ce fait sa valeur ajoutée diminuer relativement à son chiffre d'affaires. Mais qu'en pense le gestionnaire ?

Pour une entreprise industrielle ou commerciale, la production se compose du chiffre d'affaires, de la production stockée et de la production immobilisée. On peut relever ici le caractère hétérogène de l'évaluation de la production dans la mesure où la production vendue est valorisée au prix du marché, alors que les productions stockées et immobilisées le sont au coût de revient. Les consommations externes représentent les biens et services acquis à l'extérieur de l'entreprise. Le gestionnaire qui chercherait à optimiser le ratio valeur ajoutée sur capital investi (VA/CI) devrait donc maximiser la valeur ajoutée tout en diminuant le montant des capitaux employés. Notons que cela conduit, dans la répartition de la valeur ajoutée entre le travail et le capital, à favoriser le facteur travail au-delà de ce que les conditions du marché souhaiteraient et au détriment de l'investissement industriel.

Au niveau de l'entreprise, deux biais importants peuvent apparaître si le gestionnaire souhaite augmenter la valeur ajoutée. Tout d'abord il peut se lancer dans une politique de production déconnectée des exigences du marché. En effet, que ses produits trouvent preneurs ou pas, sa production sera toujours comptabilisée (au prix de revient) dans sa valeur ajoutée. Le risque est ainsi de voir grandir la valeur ajoutée, tant il est plus facile de produire que de vendre. Une autre possibilité pour le gestionnaire qui veut augmenter sa valeur ajoutée est de jouer sur les consommations externes. Il suffit en effet pour l'entreprise d'absorber ses sous-traitants, et sa valeur ajoutée augmentera, et cela même sans devoir forcément augmenter son capital s'il s'agit notamment de prestations de services : au lieu de faire appel à une entreprise de nettoyage ou de services informatiques, il suffit de recruter du personnel permanent et de ne pas renouveler le contrat avec le sous-traitant alors que celui-ci offrait pourtant une prestation moins coûteuse et plus flexible. En cherchant à augmenter à tout prix sa valeur ajoutée, l'entreprise risque en définitive de ne plus être compétitive et de disparaître à terme en ne profitant pas des économies d'échelle ou des avantages liés à la spécialisation du prestataire extérieur. Au total, la valeur ajoutée ou le ratio VA/CI ne sont pas des indicateurs pertinents pour évaluer la plus ou moins bonne gestion de l'entreprise.

4. Rappelons que le produit intérieur brut (PIB) n'est autre que la somme des valeurs ajoutées des entreprises.

Il est possible – mais cela n'est qu'une hypothèse – que l'accent mis par le nouveau plan comptable sur les « soldes intermédiaires de gestion[5] » (dont la valeur ajoutée) ait contribué à occulter les avantages que peut retirer l'entreprise impartitrice et à considérer qu'une firme dont la valeur ajoutée diminue soit moins « créatrice de richesse » que celle qui voit ce solde augmenter dans sa production. Or, pour un gestionnaire financier la création de richesse ne se mesure pas par la valeur ajoutée mais par l'augmentation de valeur de l'entreprise ; ce qui est fort différent. Créer de la valeur, passe souvent – comme nous allons le voir – par une stratégie d'approvisionnement proactive pour reprendre une expression de Pierre-Yves Barreyre. Pour cela, il faut bien comprendre qu'une entreprise créatrice de valeur pour ses actionnaires doit réunir certaines caractéristiques[6] :

– un équilibre financier solide ;
– la meilleure rentabilité possible ;
– des risques limités ;
– des perspectives de croissance forte.

1.2. L'impact de l'impartition sur l'équilibre financier de l'entreprise et sa croissance

L'équilibre financier de l'entreprise et sa croissance sont deux aspects essentiels d'une bonne gestion financière. Contrairement à ce que l'on pourrait croire, ces deux dimensions ne vont pas toujours de pair. C'est ainsi qu'une entreprise en forte croissance peut avoir un équilibre financier fragile et inversement, l'idéal étant bien entendu d'avoir à la fois un équilibre financier solide et de bonnes perspectives de croissance. Comme nous allons le voir, l'impartition a généralement un impact favorable sur ces deux aspects de la gestion de la firme.

1.2.1. L'équilibre financier

Pour montrer l'impact favorable d'une politique d'impartition sur l'équilibre financier de l'entreprise, il suffit de partir de l'équation de base de cet équilibre. Selon cette relation, la trésorerie nette (TRE) est égale à la différence entre le fonds de roulement net (FRN) et le besoin en fonds de roulement (BFR). Vraie à chaque instant, cette relation est également vérifiée à partir des variations (Δ) des grandeurs considérées c'est-à-dire des flux de fonds :

$$\Delta \text{TRE} = \Delta \text{FRN} - \Delta \text{BFR}$$

5. Il est intéressant de remarquer que les états financiers anglo-saxons ne font pas référence au solde quasi-mythique que représente la valeur ajoutée en France.

6. Michel Albouy, *Décisions financières et création de valeur*, Economica, Paris, 2000.

Cette équation signifie que toute augmentation du besoin en fonds de roulement se traduit par une baisse de la trésorerie nette si le fonds de roulement reste constant[7]. Un mauvais équilibre financier, c'est-à-dire une trésorerie nette fortement négative, peut ainsi provenir d'une insuffisance de FRN ou d'un excès de BFR.

Impartir une production ou une activité a des conséquences sur le montant du FRN dans la mesure où certains actifs immobilisés peuvent être cédés. En effet, de nombreuses opérations d'externalisation s'accompagnent d'un transfert d'équipements vers le prestataire, ce qui diminue d'autant le montant des actifs immobilisés. Par exemple, en confiant la gestion de sa flotte de véhicules à un spécialiste de la location, l'entreprise diminue le montant de ses immobilisations en matériel. Il en résulte une augmentation du fonds de roulement net.

Par ailleurs, le recours à la sous-traitance va diminuer le BFR puisque les stocks vont baisser alors que les comptes fournisseurs vont augmenter (les achats étant plus importants). Au total, la trésorerie va augmenter et la situation financière de l'entreprise en sera améliorée d'autant. Cette amélioration peut même constituer une véritable bouée de sauvetage pour une PME dont les ressources financières longues (fonds propres et dettes à long terme) sont limitées. En effet, sachant que le BFR est généralement lié à l'activité de l'entreprise, il n'est pas rare de voir des PME être confrontées à des problèmes de trésorerie du fait de leur forte croissance. La sous-traitance peut alors constituer un moyen de contourner ces difficultés.

1.2.2. La croissance

Comme le signalait déjà Pierre-Yves Barreyre en 1968 dans son ouvrage, une politique d'impartition est susceptible de favoriser la croissance de l'entreprise en lui permettant de se spécialiser verticalement. En effet, « la spécialisation verticale, qui est fondée en fait sur l'impartition, est un moyen de concilier les exigences de la production en série avec les avantages de la diversification ».

Par ailleurs, du fait que les ressources financières des entreprises sont limitées, les dirigeants doivent impérativement les affecter aux activités qui représentent leur « cœur de métier » sur lesquels reposent leurs avantages compétitifs. L'externalisation des activités périphériques permet ainsi de libérer des ressources financières pour les réinvestir dans les activités stratégiques et alimenter la croissance de l'entreprise. Au total, en concentrant ses ressources financières afin d'obtenir ou de renforcer son avantage concurrentiel, la firme impartitrice est susceptible de croître plus vite que celle qui cherche à tout faire par elle-même. Une telle politique repose fondamentalement sur une définition précise du « cœur de métier » de l'entreprise qui est alors obligée de se concentrer sur son véritable savoir-faire et ses compétences. Ces choix ne sont naturellement pas sans conséquences sur l'organisation interne de l'entreprise comme nous le verrons dans la deuxième partie.

---

7. Rappel : le FRN est égal à la différence entre les capitaux permanents et les actifs immobilisés nets. C'est une grandeur qui est moins réactive que le BFR aux variations d'activité.

1.3. L'impact de l'impartition sur le couple rentabilité/risque

Le risque est la matière première des financiers. Un des apports essentiels de la théorie financière moderne a été de mettre l'accent sur la nécessité de gérer au mieux le couple rentabilité/risque de l'entreprise pour créer de la valeur. L'idée principale de la théorie – qui rejoint d'une certaine façon le bon sens – est de dire qu'à espérance de rentabilité identique, c'est la firme la moins risquée qui aura le plus de valeur aux yeux des investisseurs. C'est ainsi que la rentabilité ne peut s'apprécier sans référence à un niveau de risque. Dans ces conditions, une des tâches du dirigeant qui souhaite créer de la valeur pour ses actionnaires est de réduire l'exposition aux risques de l'entreprise. Ces derniers sont nombreux et divers. Il peut s'agir du risque de non-recouvrement des créances clients, des risques de change ou de taux d'intérêt, des risques naturels, politiques, etc. D'une façon générale, le risque se traduit par l'incertitude des résultats futurs : plus ils sont aléatoires (ou volatiles) et plus l'entreprise est considérée comme risquée. L'objet de cette section est de montrer en quoi l'impartition est de nature à réduire le niveau de risque d'exploitation et financier de l'entreprise, tout en améliorant les perspectives de rentabilité.

1.3.1. La rentabilité financière

Par rentabilité financière, notée R_c, nous entendons la rentabilité des capitaux propres[8], c'est-à-dire le ratio bénéfice net (BN) sur fonds propres (FP). Il est d'usage de décomposer la rentabilité financière de la façon suivante :

$$R_c = \frac{BN}{FP} = \frac{BN}{CA} \times \frac{CA}{AE} \times \frac{AE}{FP}$$

Avec :

– CA : chiffre d'affaires,

– AE : montant des actifs économiques ou capitaux investis (dettes financières et fonds propres) = AI + BFR.

Les actifs économiques (AE) comprennent les actifs immobilisés (AI) et les besoins en fonds de roulement (BFR). Le montant du BFR dépend directement de la gestion des actifs et passifs circulants d'exploitation : essentiellement les stocks, les créances clients et les comptes fournisseurs.

L'équation de décomposition de la rentabilité financière en trois ratios distincts permet de voir concrètement comment une politique d'impartition peut permettre d'améliorer significativement R_c.

a) L'impact sur le taux de marge nette : BN/CA

De nombreux exemples montrent qu'il est souvent moins coûteux de faire faire que de faire. En sous-traitant, ou encore en externalisant des activités périphériques, l'entreprise impartitrice bénéficie des économies d'échelle et de

8. En anglais : *Return On Equity*, ROE.

l'expertise liée à la spécialisation du prestataire. Ce phénomène peut aussi bien concerner des activités de fabrication traditionnelles comme le décolletage de pièces mécaniques ou des services de haute technologie liés aux télécommunications et à l'informatique. Ainsi, dans la mesure où le prix d'achat des activités sous-traitées est inférieur à leur coût de revient en interne[9], le bénéfice net de l'entreprise impartitrice ne peut qu'augmenter ; d'où une amélioration du taux de marge nette : BN/CA. À noter que pour de nombreux dirigeants la réduction des coûts constitue le principal objectif poursuivi et cela explique en grande partie le recours à des prestataires extérieurs.

b) L'impact sur le coefficient de rotation des actifs économiques : CA/AE

Comme nous l'avons vu précédemment, impartir des activités a des conséquences sur le montant des actifs économiques utilisés par l'entreprise. C'est ainsi que le montant des actifs immobilisés (AI) peut être réduit à la suite d'un transfert d'équipements et que le BFR va diminuer puisque les stocks vont baisser alors que les comptes fournisseurs vont augmenter. Au total, le montant des actifs économiques engagés va diminuer et pour un même chiffre d'affaires, le coefficient de rotation des actifs économiques (CA/AE) va augmenter.

c) L'impact sur le levier financier : AE/FP

L'effet de l'impartition est ici indirect. On peut imaginer qu'à la suite d'une opération d'*outsourcing* entraînant un transfert d'équipements vers le prestataire, il en résulte un apport financier significatif. Grâce à cet apport de *cash*, il est alors possible de réduire l'endettement de l'entreprise externalisatrice. Dans ce cas, le levier financier (AE/FP) va diminuer, ce qui aura un impact négatif sur R_c, mais diminuera le risque financier comme nous le verrons plus loin. Il est également possible que cette rentrée de *cash* serve à investir dans de nouveaux projets, auquel cas le niveau d'endettement de la firme restera inchangé.

d) Impact global sur R_c

Au total, et si on met de côté l'impact indirect sur le levier financier, on constate que la firme impartitrice va voir sa rentabilité des capitaux propres R_c nettement améliorée du fait d'un taux de marge nette plus élevé et d'une rotation plus rapide de ses actifs économiques.

1.3.2. Le risque global

Il n'est pas dans notre propos de traiter ici de tous les risques auxquels l'entreprise est exposée, mais seulement de la volatilité de la rentabilité financière. En effet, pour un investisseur, c'est la plus ou moins grande instabilité du ratio R_c qui constitue le facteur de risque essentiel.

9. En réalité, l'évaluation des gains ne doit pas se faire sur la seule comparaison des coûts et prix de revient mais à partir d'une approche de type choix d'investissement. Pour cela, voir le cas « Faire faire ou fabriquer », *in* Michel Albouy, *Finance : investissement, financement, acquisitions*, 2e éd., Economica, Paris, 2000.

D'un point de vue formel, le risque peut se définir comme l'élasticité du bénéfice net (BN) par rapport à une variation du chiffre d'affaires (CA). Si par exemple, une variation de 10 % du CA entraîne une variation de 20 % du BN, cela signifie que les variations d'activité de l'entreprise sont multipliées par deux au niveau du résultat. L'équation ci-dessous permet de calculer le risque global, noté σ_g :

$$\sigma_g = \frac{\Delta BN/BN}{\Delta CA/CA}$$

On montre[10] que σ_g est le produit de deux risques : le risque d'exploitation (σ_e) et le risque financier (σ_f).

a) Impact sur le risque d'exploitation

Le risque d'exploitation naît de l'existence des coûts fixes. Plus une entreprise a un pourcentage de coûts fixes élevés dans son activité et plus son résultat sera sensible à une variation de son chiffre d'affaires. On montre ainsi que le risque d'exploitation (σ_e) est égal à :

$$\sigma_e = \frac{(1 - \alpha).CA}{BAII}$$

Avec :
- α : pourcentage de coûts variables d'exploitation dans le chiffre d'affaires,
- BAII : bénéfice avant intérêts et impôts,
- CA : chiffre d'affaires.

Cette équation montre que le risque d'exploitation est égal à la marge sur coûts variables de production, divisée par le bénéfice d'exploitation (BAII). Une entreprise qui n'aurait aucun coût fixe aurait un ratio σ_e égal à 1, c'est-à-dire qu'une variation de 1 % du CA entraîne, toutes choses étant égales par ailleurs, une augmentation de 1 % du BN. Si le ratio σ_e est égal par exemple à 5, cela signifie qu'une variation de 1 % du CA entraîne une variation de 5 % du résultat net.

Grâce à une politique d'impartition, il est donc possible de diminuer le risque d'exploitation σ_e en diminuant la proportion de coûts fixes dans la production de l'entreprise puisque la sous-traitance permet de transformer des coûts fixes en coûts variables.

b) Impact sur le risque financier

Le risque financier naît du recours à la dette pour financer la firme. En effet, l'existence de dettes financières se traduit par l'obligation de payer des charges financières fixes indépendantes du niveau d'activité. Que cette dernière soit forte ou insuffisante, il faut – sauf à se mettre en situation de cessation de paiements – honorer les engagements à l'égard des créanciers financiers.

---

10. Voir Michel Albouy, *Décisions financières et création de valeur*, Economica, Paris, 2000.

On montre que le risque financier (σ_f) est égal à :

$$\sigma_f = \frac{BAII}{BAII - FF}$$

Avec :

– FF : montant des frais financiers,

– BAII : bénéfice avant intérêts et impôts ou bénéfice d'exploitation.

Si les frais financiers sont nuls (cas de l'entreprise entièrement financée par fonds propres), on en déduit que le risque financier σ_f est égal à 1. Il n'y a donc pas dans ce cas d'augmentation de la volatilité du bénéfice d'exploitation sur le résultat net. Par contre, si les frais financiers représentent 50 % du BAII, le risque financier σ_f est égal à 2 ; c'est-à-dire qu'une variation de 1 % du BAII se traduira par une variation de 2 % du résultat net.

Grâce à une politique d'impartition, il est donc possible de diminuer le risque financier σ_f puisque l'externalisation permet, en cédant des actifs non stratégiques, de réduire éventuellement l'endettement de l'entreprise. Au total, avec la réduction conjointe des risques d'exploitation et financier, c'est le risque global de la firme – c'est-à-dire la volatilité de sa rentabilité des capitaux propres – qui va diminuer sous l'effet d'une telle politique.

1.4. Impact de l'impartition sur la valeur de l'entreprise

Les développements précédents montrent clairement les conséquences d'une politique d'impartition sur les quatre facteurs clés de la gestion financière de l'entreprise, à savoir l'équilibre financier, la croissance et le couple rentabilité/risque. Comme nous l'avons vu, le recours à la sous-traitance et à l'externalisation de certaines activités non stratégiques permettent d'améliorer significativement ces quatre dimensions : équilibre financier plus solide, croissance plus élevée, meilleure rentabilité et réduction du risque global. Les graphiques II et III permettent de visualiser comment la position de la firme évolue de A vers B, du fait du recours à une politique d'impartition proactive.

Il est bien connu que la valeur de l'entreprise n'est pas constituée seulement par ses actifs matériels (immobilisations et actifs d'exploitation) diminuée de celle de ses dettes, comme une lecture purement comptable nous y invite. Si cela était le cas, le cours de bourse des sociétés serait simplement égal à la valeur comptable des fonds propres divisée par le nombre d'actions. Or, l'observation du marché boursier nous montre bien qu'il n'en est rien. Le marché valorise donc bien d'autres facteurs qui ne figurent pas directement au bilan comme le risque et les perspectives de croissance futures. Ainsi, la qualité de son organisation, son potentiel d'innovation, son savoir-faire, la qualité de ses produits et leur adéquation à la demande de ses clients vont se retrouver dans l'appréciation que les investisseurs portent sur elle.

Graphique II

Impact de l'impartition sur la croissance et l'équilibre financier de l'entreprise

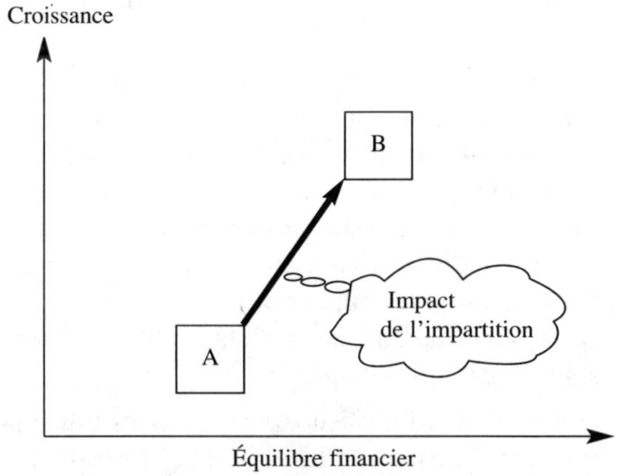

Graphique III

Impact de l'impartition sur la rentabilité et le risque de l'entreprise

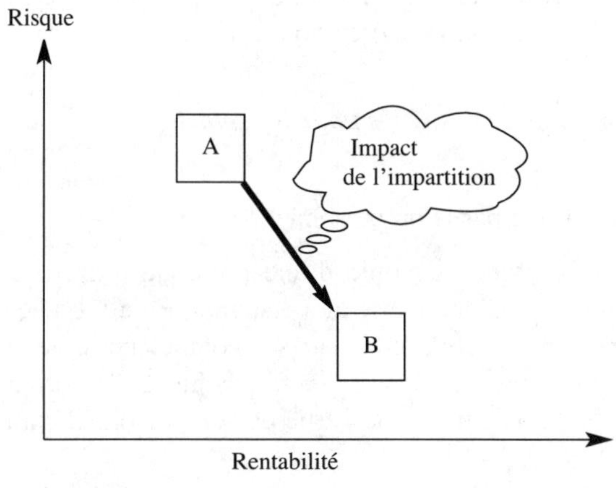

Au total, la firme impartitrice est susceptible de créer plus de valeur que celle qui ne recourt pas à cette politique. Ce n'est du reste pas un hasard si, pour créer de la valeur, les entreprises n'hésitent plus aujourd'hui à sous-traiter des activités de production et que de plus en plus d'activités, y compris celles que l'on peut considérer comme critiques, sont externalisées. Les avantages financiers de l'impartition existent bien, encore faut-il que l'arbitrage interne/externe soit bien maîtrisé.

2. Les conséquences sur la gestion des ressources humaines

Après avoir examiné l'impact de l'impartition sur la valeur ajoutée et l'équilibre financier de l'entreprise, analysons la situation sur le plan de la gestion des ressources humaines.

Un premier constat s'impose: à notre connaissance, très peu d'études ont été consacrées aux conséquences d'une politique d'externalisation sur le personnel de l'entreprise et sur la manière de gérer les ressources humaines dans une telle configuration. C'est un sujet peu traité dans les manuels universitaires français ou américains[11]. La consultation de systèmes documentaires informatisés conduit à la même conclusion. En réalité, les rares études disponibles traitent de l'externalisation de la fonction ressources humaines[12] ce qui est un sujet différent de celui que nous souhaitons aborder, même si quelques liens existent comme nous le verrons dans la suite du développement.

Nous aborderons tout d'abord plusieurs conséquences d'une politique d'externalisation qui touchent directement les individus formant le personnel de l'entreprise comme le départ d'une partie des salariés, les changements de rôles pour les individus chargés de gérer les contributions externes, les pertes potentielles de compétences. Les impacts plus globaux seront ensuite abordés tels les risques de perte de valeurs privilégiées par l'entreprise et les conséquences du recentrage sur les activités clés de l'entreprise à la suite d'une politique d'impartition. L'analyse se terminera par un examen du problème de l'allocation des ressources que pose toute politique d'externalisation.

2.1. Quelques conséquences directes pour les salariés

2.1.1. Le départ d'une partie du personnel

La première conséquence tangible d'une politique d'externalisation est le changement d'employeur d'une partie du personnel. En effet, une entreprise qui décide véritablement de se concentrer sur ses compétences clés aura, en toute logique, imparti un nombre significatif d'activités jugées plus secondaires. Dans ces conditions, il est probable qu'une partie de son personnel aura quitté juridi-

---

11. Deux exemples parmi tant d'autres: impartition, externalisation ou *outsourcing* ne font l'objet que d'une seule citation dans l'ouvrage de Cadin *et alii*, *Gestion des Ressources Humaines, Pratique et éléments de théorie*, Dunod, Paris, 1997. La même remarque s'applique pour le livre de Mathis et Jackson, *Human Resource Management*, 9e édition, South-Western College Publishing, Cincinnati, 1999.

12. Mary F. Cook, *Outsourcing Human Resources Function: Strategies for Providing Enhanced HR Services at Lower Cost*, AMACOM, New York, 1999. Voir aussi en anglais, Greer *et alii*, «Human Resource Management Outsourcing, the Make or Buy Decision», *Academy of Management Executive*, vol. 13, n° 3, 1999,, p. 85-96. En français, Menard A. et Saba T., *L'Impartition au sein de la fonction ressources humaines: activités visées, déterminants et efficacité*, actes du 10e congrès de l'AGRH, Lyon, 1999, p. 739-749.

quement celle-ci et sera désormais en contrat de travail avec une autre entreprise. Dans les faits, en lieu et place d'une homogénéité de prestations ou de compléments sociaux attachés à une même convention collective, il est très vraisemblable que l'on constate une disparité de traitements entre des salariés travaillant physiquement dans la même entreprise. L'éclatement de la communauté de travail peut conduire à une perte de cohésion et de solidarité dans les actions. Dans d'autres cas, ils auront déménagé pour travailler désormais dans les locaux de la société prestataire de services, avec un certain nombre d'avantages et d'inconvénients. Ainsi, dans cette société leader français de l'externalisation de la paie, 100 gestionnaires de paie travaillent pour le compte de 200 entreprises clientes. Certains sont d'anciens salariés des nouveaux donneurs d'ordres. Ils ont perdu le contact avec le métier de l'entreprise. C'est un changement vécu douloureusement par les 19 comptables et chargés de paie *outsourcés* par un groupe français, aujourd'hui salariés d'une autre société spécialisée dans l'externalisation de la comptabilité et de la paie. « Ils ont eu du mal à tourner la page, même s'ils étaient un peu considérés comme la cinquième roue du carrosse[13]. » D'autres illustrations peuvent être données qui montrent que l'émiettement du personnel est source de problèmes. Ainsi, cette entreprise de la région grenobloise travaillant dans le secteur de la haute technologie, a décidé d'externaliser à une autre société sa fonction standard téléphonique après 17 h 30. L'auteur de ces lignes a pu constater que la moindre recherche d'informations un peu fine mettait en difficulté les représentants de cette société chargée en fin d'après-midi d'assurer la prestation à distance. Cela peut être très gênant lorsqu'il s'agit d'une demande émanant d'un client ou d'un partenaire important.

Dans les faits aussi, la dispersion du personnel placé sous des statutsdifférents et salariés d'entreprises diverses peut entraîner la décroissance du contrôle managérial sur certains aspects du travail. En faisant appel à des fournisseurs qui échappent à son contrôle direct, l'organisation s'expose au risque de voir ces derniers ne pas respecter leurs engagements. En effet, les fournisseurs peuvent ne pas satisfaire aux exigences comme omettre de maintenir actualisées les connaissances de leurs collaborateurs[14].

Une politique d'externalisation ne touche pas uniquement les salariés qui partent. Elle a aussi des conséquences pour les salariés qui restent.

---

13. RH : un choix très politique, *Liaisons Sociales*, novembre 2000, p. 96-97. Il est vrai que « contrairement aux sociétés dans lesquelles ils étaient auparavant employés, la paie constitue le cœur de métier. Les gestionnaires de paie y gagnent en reconnaissance et en formation continue », déclaration de C. Pouyat, responsable du pôle externalisation d'ADP-GSI dans le même article. On pourra consulter avec profit sur cette question générique des attitudes des employés « outsourcés » le document de I. Kessler *et alii*, « Outsourcing and the Employee Perspective », *Human Resource Management Journal*, vol. 9, n° 2, 1999, p. 5-20.

14. A. Menard et T. Saba, *op. cit.*

2.1.2. Conséquences pour les salariés qui restent

La plus importante est sans doute d'ordre psychologique. En effet, le personnel sait désormais que l'entreprise n'hésitera pas à confier à d'autres sociétés des activités qui ne rentrent pas ou plus, selon ses dirigeants, dans son cœur de métier (*cf. infra*). Or, dans le contexte actuel de mutation permanente des entreprises et de leur environnement, les positionnements stratégiques peuvent rapidement évoluer. Telle activité assurée aujourd'hui par une entreprise le sera-t-elle encore demain ? Il est difficile en ce moment d'avoir des certitudes en la matière. Dans ces conditions, le personnel de l'entreprise est en quelque sorte sous une pression permanente en vue d'abord de dégager une productivité maximum tout en ayant à l'esprit que les fonctions et les actions qu'il exerce maintenant seront peut-être confiées à d'autres dans un plus ou moins bref avenir. On comprend mieux dès lors que les invitations ou les injonctions à développer l'employabilité soient chaque jour davantage prises au sérieux par le personnel. Les salariés d'une entreprise doivent se prendre en charge de plus en plus. Ils sont d'ailleurs nombreux à élaborer très sérieusement leur projet professionnel personnel. Les textes législatifs sur le bilan de compétences et le congé individuel de formation (CIF) les aident dans cette perspective.

Il n'est pas étonnant non plus que de nombreuses études indiquent que le lien social des salariés avec leur entreprise se distend progressivement. L'implication, c'est-à-dire l'attachement des individus à l'égard de leur entreprise[15], est de plus en plus délicat à obtenir dans des démarches d'externalisation croissante. C'est la raison pour laquelle ces décisions doivent être idéalement accompagnées d'une action de communication à l'égard des salariés qui restent[16]. Il serait intéressant de connaître en ce moment l'avis des salariés d'Alcatel sur le sujet[17] ! On notera incidemment qu'une entreprise qui annonce qu'elle se sépare d'un nombre significatif de ses collaborateurs ne bénéficie pas de la meilleure image sociale qui soit. Elle risque ultérieurement de rencontrer des difficultés pour attirer de nouveaux talents lorsqu'elle cherchera à recruter.

Au-delà des conséquences présentées ci-dessus, une politique d'externalisation conduit à une modification de rôles pour un certain nombre de salariés. En effet, les contrats de sous-traitance doivent être gérés et des spécialistes du management des achats formés, ce qu'avait si bien compris, il y a plus de 25 ans

15. M. Thevenet, *Impliquer les personnes dans l'entreprise*, Éditions Liaisons, Paris, 1992.

16. A. M. Susskind *et alii*, *Downsizing and Structural Holes*, Communication Research, 1998, 25, p. 30-65. R. Folger et D. P. Skarlicki, « When Tough Times Make Tough Bosses : Managerial Distancing as a Function of Layoff Blame », *Academy of Management Journal*, 1998, 41, p. 79-87.

17. Au moment où nous rédigeons, les dirigeants d'Alcatel viennent de publier les résultats semestriels. Pour la première fois, l'entreprise a chiffré l'ensemble des mesures engagées en 2001 et relatives au personnel. On apprend ainsi que les projets d'externalisation devraient concerner 2000 personnes. Cette politique d'externalisation s'est d'ailleurs illustrée récemment par la cession de l'usine de Laval (Mayenne) au Singapourien Flextronics et devrait se poursuivre. *Le Monde*, vendredi 27 juillet, p. 14

maintenant, notre collègue Pierre-Yves Barreyre en créant en 1975 une des premières formations françaises dans le domaine. Les personnes au sein d'une entreprise en charge des actions d'*outsourcing* doivent désormais être en mesure de formaliser leurs besoins, de rédiger un cahier des charges, de repérer des prestataires potentiels, de négocier les conditions de prix, de qualité, de délai, de suivre la progression de la commande, etc. Selon la nature de la prestation impartie, ils doivent également être en mesure de bien faire comprendre les valeurs essentielles sur lesquelles se déploient le management et le fonctionnement de l'entreprise. Que l'on songe, par exemple, à l'externalisation de la fonction recrutement. Il est indispensable que les prestataires extérieurs, d'une manière ou d'une autre, aient pu s'imprégner des références culturelles privilégiées par l'entreprise, les indentifier et les intégrer, afin de proposer des candidatures à l'entreprise, qui auront le profil requis pour mettre en œuvre, sans heurt majeur, les actions attendues. Le rôle des acheteurs est ici fondamental. Ces derniers devront accepter, dans la plupart des cas, d'être dans une position de généraliste vis-à-vis de prestataires spécialisés à l'instar du mouvement observé en médecine. Ce rôle d'interface est délicat à jouer car, idéalement, il s'agit de toujours pouvoir contrôler des représentants de sociétés externes spécialistes de leur champ d'action. Dans l'analyse des relations entre donneur d'ordre et prestataire externe, tous les développements de la théorie de l'agence peuvent ici être convoqués[18].

L'impartition d'activités présente d'autres dangers en ce qui concerne les salariés d'une entreprise. Il y a un risque de perte de savoir-faire lorsqu'un domaine d'action jusqu'à présent conduit en interne est confié à des sous-traitants. Les illustrations sont nombreuses d'entreprises qui ont décidé de confier par exemple la gestion de leur informatique ou la maintenance de leurs équipements et outils de production à des sociétés externes. Pour les salariés qui conduisaient jusqu'à présent ces actions, le fait de ne plus les réaliser eux-mêmes conduit très souvent à une perte progressive de compétence car le savoir-faire opérationnel, au-delà du savoir – c'est-à-dire des connaissances scientifiques et techniques – joue un rôle essentiel. L'absence de pratique se révèle en effet dans certains champs très préjudiciable. On retrouve ici une problématique déjà analysée lors de la mise en œuvre des premiers systèmes experts. Le risque est accentué quand le domaine concerné est soumis à des évolutions, voire des révolutions technologiques. La possibilité pour un salarié ou un groupe de salariés de pouvoir être de nouveau opérationnels est sans doute définitivement exclue. Dans ces conditions, l'entreprise qui sous-traite ce type d'activités se retrouve totalement ou en grande partie dépendante des ressources externes. De plus, celles-ci peuvent être sollicitées au même moment ou à la même période par plusieurs clients. Pour s'assurer que la prestation attendue peut être réellement conduite, l'entreprise exige des délais d'intervention parfois très brefs car le moindre arrêt

---

18. P.Y. Gomez, La théorie de l'agence, la discipline de la transparence in *Le Gouvernement de l'entreprise. Modèles économiques de l'entreprise et pratiques de gestion*, Inter Éditions, Paris, 1996. Voir aussi la contribution dans cet ouvrage de J.-C. Castagnos (*cf. supra*, chapitre 2).

de process peut représenter un manque à gagner conséquent. Ce sont alors les salariés de la société externe qui se trouvent soumis à des astreintes particulièrement sévères.

La question représente un véritable dilemme pour les dirigeants d'une entreprise car s'ils ont bien conscience de perdre progressivement un savoir-faire détenu en interne, ils attendent par ailleurs des prestataires externes un gain en termes de professionnalisme. En effet, la complexité des dossiers est telle parfois que cela incite les responsables d'entreprise à s'appuyer sur des spécialistes pointus qui ne sont pas toujours disponibles en interne ou dont le recrutement ne se justifie pas sur le plan économique. Pour étayer notre propos, nous prendrons l'exemple des opérations relatives à l'établissement des paies dans une société : « calcul savant des charges sociales patronales, incidence des 35 heures avec annualisation du temps de travail et repos compensateur à la clé, horaires variables et flux d'effectifs temporaires constituent un véritable casse-tête pour l'établissement des salaires[19] ». De la même manière, en référence à une action de formation, l'entreprise ne possède pas toujours la personne capable de détenir et de diffuser les connaissances spécialisées dans tel ou tel domaine. Le recours à des formateurs ou à des conférenciers non-membres de l'entreprise s'impose alors. Cela peut être illustré par le cas d'une entreprise qui souhaiterait investir un nouveau marché par exemple en Chine ou au Brésil et qui aura tout intérêt, avant de développer sa propre expertise, de s'appuyer sur des spécialistes de ces régions avant d'engager la moindre action significative ou d'initier une négociation. En recourant à des spécialistes externes, ces derniers peuvent apporter à l'entreprise contractante un regard à la fois plus distancié et plus ouvert sur les *best practices* managériales. Dans ce type de situation, l'entreprise devra déterminer si elle souhaite durablement s'appuyer sur des compétences externes ou considérer que le recours à l'externalisation n'est qu'une étape avant l'acquisition de compétences propres. Selon la réponse apportée, cela changera la nature de la relation avec le prestataire extérieur et les actions menées.

Au-delà des conséquences directes et indirectes sur le personnel d'une entreprise qui choisit une politique d'externalisation, d'autres effets plus globaux doivent être pris en compte car ils peuvent impacter les performances de l'entreprise et conduire les dirigeants à revenir sur leurs choix initiaux en matière de gestion des ressources humaines comme nous allons le démontrer dans le paragraphe suivant.

2.2. Les conséquences plus globales

2.2.1. Impartition et perte des valeurs véhiculées par le personnel de l'entreprise

L'externalisation de telle ou telle fonction de l'entreprise entraîne parfois des conséquences très fâcheuses pour l'entreprise, non anticipées par celle-ci et qui

19. *Liaisons sociales*, *op. cit.*

concernent la mise en œuvre des valeurs privilégiées par les dirigeants. Deux exemples tangibles permettront d'illustrer notre propos.

Le premier concerne une société d'un grand groupe hôtelier français qui avait décidé, il y a quelques années, de sous-traiter ses activités de ménage et de nettoyage. Les salariés de ce prestataire réalisaient leurs activités en se concentrant uniquement sur les opérations de nettoyage proprement dites, sans s'attarder ou prendre en considération particulière les clients qu'ils pouvaient croiser, privilégiant à juste titre dans leur esprit, les exigences de productivité de leurs dirigeants. Au fil du temps, les commentaires et les réactions de la clientèle indiquaient clairement qu'elle était indisposée par la « froideur » et la « distance » du personnel de nettoyage. L'économie de coûts sans doute réalisée dans ce cas l'a été au détriment de la qualité du service. Cette situation a conduit le groupe hôtelier à réintégrer parmi son personnel cette catégorie de personnel en lui demandant d'avoir un comportement attentif à la clientèle, conforme aux valeurs de l'entreprise.

Le deuxième exemple se rapporte aux actions de formation d'une entreprise. À la suite de la fameuse « loi Jacques Delors » relative à la formation professionnelle et dont on fête cette année le 30e anniversaire, les entreprises françaises ont énormément développé leurs actions pédagogiques en allant même désormais au-delà des strictes obligations légales en terme de budget. Dans cette dynamique, beaucoup de sociétés ont fait appel soit à des organismes extérieurs pour conduire des actions en « intra[20] », soit ont inscrit leurs salariés dans des formations en « inter » organisées par des sociétés spécialisées ou des structures universitaires. Cependant, le mode de fonctionnement des entreprises a énormément évolué depuis 1971. Sous les contraintes de leur environnement, notamment d'une concurrence accrue et d'une clientèle chaque jour davantage exigeante, les dirigeants ont accordé volontairement ou non, de plus en plus de délégation[21] à leurs collaborateurs qui sont en outre souvent disséminés géographiquement dans le monde entier, mondialisation oblige. Dans ce contexte, les membres de la hiérarchie veulent s'assurer que leurs collaborateurs ont bien intégré les valeurs essentielles privilégiées par leur entreprise afin qu'ils prennent les « bonnes » décisions le moment venu. Dans ces conditions, toutes les formations imparties représentent un risque ou en tout cas peuvent ne pas correspondre aux objectifs culturels prioritairement visés. C'est la raison pour laquelle le nombre d'« universités d'entreprise » tend à se développer de même que les formations « intra » placées sous le contrôle direct de l'entreprise. Par ailleurs, en multipliant les intervenants extérieurs, l'entreprise se place en situation plus délicate en vue de capitaliser ses expériences et risque de perdre ainsi la mémoire d'un certain

20. Pour mémoire, le qualificatif d'intra signifie que les participants d'une formation appartiennent à la même entreprise. Une formation intra peut être animée par un membre de l'entreprise ou par un formateur externe. Une formation inter indique que les participants appartiennent à des entreprises différentes.

21. T. Picq et D. Retour, « La délégation managériale, levier de la responsabilisation croissante », *Gestion – Revue Internationale de gestion*, vol. 25, n° 4, hiver 2001, p. 27-37.

nombre de faits ou d'actions conduites par d'autres personnes. L'histoire de l'entreprise avec tout ce que cela véhicule comme repères au fil des années sera plus difficile à conserver.

2.2.2. Impartition et effet du recentrage sur les activités clés

En confiant à des partenaires extérieurs le soin de réaliser des actions dans des domaines jugés périphériques au cœur du métier de l'entreprise, les dirigeants de celle-ci ont à l'esprit de concentrer et d'allouer leurs ressources, notamment humaines, sur ce qui fonde la position stratégique de l'entreprise sur ses marchés, c'est-à-dire ses compétences clés. En effet, la stratégie doit veiller à bâtir une compétitivité de long terme, définie comme la capacité de l'entreprise à « construire, à un coût plus faible et plus rapidement que la concurrence, les compétences qui donneront naissance à des produits non anticipés[22] ». S'appuyant sur les travaux pionniers de E. Penrose[23] et de B. Wenerfelt[24], la théorie « basée sur les ressources » (*resource based strategy*) insiste sur l'influence cruciale des ressources de l'entreprise sur ses performances. Parmi ces ressources, certaines sont essentielles et constituent le support d'un avantage concurrentiel durable[25]. Dans ces conditions, la formulation de la stratégie repose sur une évaluation de ses ressources essentielles et de celles qui méritent d'être imparties. Il s'agit en d'autres termes de répondre à la question suivante : avec les salariés que j'ai et que j'aurai – donc, avec leurs compétences et leurs insuffisances actuelles et potentielles – quelles activités pourrais-je développer[26] ?

La fonction ressources humaines joue à ce stade un rôle fondamental en aidant les dirigeants à réaliser la partition entre compétences clés et activités secondaires. Sa contribution peut s'analyser à différents niveaux parmi lesquels :

– participation au processus de construction de l'architecture stratégique de l'entreprise (identification des compétences clés à développer et des technologies correspondantes) en proposant notamment aux décideurs des outils d'aide à l'identification des savoir-faire collectifs qui caractérisent l'entreprise[27] ;

---

22. C. K. Hamel et G. Prahalad, « Les grands groupes ne connaissent pas leur métier », *Harvard/L'Expansion*, hiver 1990.

23. E. Penrose, *Facteurs, conditions et mécanismes de la croissance d'une entreprise*, Hommes et Techniques, Paris, 1963.

24. B. Wenerfelt, « A resource Based View of the Firm », *Strategic Management Journal*, vol. 5, n° 2, 1984, p. 171-181.

25. Pour Orstman, il s'agit d'un véritable renversement des priorités stratégiques de l'entreprise. En effet, l'analyse stratégique classique s'appuie sur la priorité accordée à la variable marchés-produits, dans la mesure où c'est elle qui est déterminante pour le long terme de l'entreprise dans un contexte de relative stabilité. Le personnel, à l'inverse, constitue une variable d'ajustement. La situation actuelle demande un renversement complet de perspective : la stratégie à long terme de l'entreprise, c'est d'abord sa politique de personnel.

26. D. Thierry, « La place réelle des ressources humaines dans les stratégies d'entreprise », *Revue Française de Gestion*, n° 55, janvier-février 1986, p. 7-11.

27. M. Javidan, « Core Competence : What Does it Mean in Practice ? », *Long Range Planning*, vol. 31, n° 1, 1998, p. 60-71.

– proposition et mise en œuvre des moyens nécessaires à l'acquisition (recrutement), au développement (gestion de la mobilité, gestion de la formation) et la stimulation (définition d'une politique salariale et de promotion adaptée,…) des porteurs de compétences stratégiques ;

– contribution à la mise en place d'organisation du travail optimisant la synergie entre les différentes compétences contributives à un même enjeu, création d'un contexte favorable à l'apprentissage collectif.

Ses acteurs et en premier lieu, les directeurs des ressources humaines (DRH) seront conduits à évoluer comme le suggère J. Igalens : « Les grands DRH qui sont des spécialistes éprouvés des techniques et des politiques de gestion des ressources humaines (GRH) devraient perdre de l'influence par rapport aux spécialistes de l'activité capables de traduire les compétences stratégiques de l'entreprise, ses facteurs clés de succès en orientations ressources humaines[28]. » Le directeur général de l'Institut entreprise et personnel, dans un récent entretien, abonde dans ce sens : « Aujourd'hui, ce que l'on demande aux DRH c'est, avant tout, de partager la mission d'une direction générale, c'est-à-dire la définition de la stratégie, son implémentation et ensuite, seulement, d'apporter leur contribution et leurs expertises ressources humaines (…). Nous cherchons avant tout des *business partners*, capables de partager les préoccupations stratégiques, de conduire le changement avec l'ensemble des opérationnels et d'être ainsi reconnus comme membres à part entière des comités de direction des unités dans lesquels ils sont[29]. » Tous les développements des politiques d'impartition au sein d'une entreprise renforceront la mutation engagée et ses conséquences analysées ci-dessus.

En réalité, l'évolution des pratiques de fonctionnement des entreprises conduit sans doute les dirigeants des ressources humaines à un double mouvement d'impartition. Le premier qui vient d'être évoqué, se rapporte au fait que l'entreprise, se centrant davantage sur ses compétences clés, confie un nombre croissant d'activités et d'actions à des prestataires extérieurs à l'entreprise. Le second mouvement a trait à ce que l'on pourrait qualifier d'« impartition interne », conséquence d'une autonomie et d'une décentralisation accrues de la GRH[30], symboles d'une fonction ressources humaines (RH) de plus en plus partagée entre les spécialistes du domaine et les membres de la hiérarchie. Renault illustre parfaitement cette évolution. Le constructeur automobile français a en effet confié aux managers opérationnels du groupe la responsabilité de la

---

28. J. Igalens, « *Reengineering* des ressources humaines : la GRH et la performance globale », *Personnel*, n° 409, mai 2000, p. 61-69.

29. Être DRH demain… À titre de repère sur ce point, selon le président de l'ANDCP, interrogé par un journaliste en 1995, seulement 5 % des DRH avaient la capacité de peser sur le politique de leur entreprise. *Cf.* note de notre communication « Les modes de GRH : de la compulsion à la stratégie », rédigée avec E. Vatteville et présentée à Damas, juillet 2001, *Colloque GRH : stratégie et pratiques*.

30. D. Retour, « Autonomie et décentralisation de la GRH », *in Encyclopédie de GRH*, Economica, 2001, à paraître.

fonction ressources humaines pour les salariés dont ils ont la charge : « Jusqu'à présent, les opérationnels se reposaient uniquement sur les RH pour les questions humaines. Désormais, ce sont eux qui fixeront les rémunérations, décideront de la formation de leurs salariés, s'occuperont des relations avec les syndicats... Les managers seront encadrés par des généralistes et des conseillers en RH qui les épauleront pour toutes les questions sociales[31]. »

Au terme de cette brève analyse de l'impact de l'impartition sur la gestion des ressources humaines, il est frappant de constater que tous les acteurs de l'entreprise sont concernés : les dirigeants, le DRH, la hiérarchie, les salariés de l'entreprise, les membres du personnel de l'entreprise sous-traitante. Changement de rôle, nouvelles pressions, gestion des ressources humaines différente sont quelques-unes des conséquences que les dirigeants d'entreprise doivent avoir à l'esprit au moment de considérer les choix d'impartition dans leur volet humain. Les impacts et les conséquences pour les salariés et l'entreprise peuvent être antinomiques. Dans ces conditions, il revient aux responsables de l'entreprise de bien définir les enjeux sous-jacents à leur choix en clarifiant notamment l'horizon temporel privilégié. Ce qui apparaît intéressant à court terme (économie de coûts) se révèle dommageable à moyen et long terme (perte de savoir-faire). Ce qui semble anodin en première analyse (impartir une activité jugée secondaire) s'avère indirectement pénalisant pour la performance de l'entreprise (mécontentement des clients et baisse du chiffre d'affaires). Au fond, et de la même manière que pour la gestion financière, une analyse en termes de risques et de rentabilité doit être menée.

CONCLUSION

L'évolution actuelle des entreprises qui, après un grand mouvement de diversification, recentrent de plus en plus leurs activités en adoptant des stratégies basées sur les compétences clés, renforce l'intérêt d'une réflexion en matière d'impartition. Si les dirigeants de l'entreprise veulent en faire un véritable effet de levier, toutes les conséquences d'un tel choix doivent être étudiées.

Comme nous l'avons montré dans cet article, sur le plan financier, les avantages de l'impartition sont clairs : amélioration du couple rentabilité/risque, équilibre financier plus solide et marges accrues pour la croissance future. Au total, il apparaît que la firme impartitrice est susceptible de créer davantage de valeur que celle qui renonce à cette stratégie. Ce n'est du reste pas par hasard que, sous la pression des marchés, de nombreuses entreprises se sont mises à externaliser de nombreuses activités. Encore faut-il que les conséquences d'une telle stratégie soient bien maîtrisées, notamment en matière de ressources humaines.

31. A. Kocinski, « Renault remanie sa DRH... de fond en comble », *Liaisons Sociales*, Le mensuel, décembre 1997, p. 28-31.

Globalement, les impacts sur les ressources financières et humaines de l'entreprise d'une politique d'impartition apparaissent très contrastés. Si la première partie du chapitre a permis de mettre en évidence de nombreux avantages sur le plan financier, la seconde partie consacrée à la gestion des ressources humaines montre clairement les nombreux problèmes posés pour les salariés et les risques pris par l'entreprise.

Les dirigeants sont donc invités une nouvelle fois à adopter une approche systémique avant d'arrêter définitivement une position en la matière. La décision à prendre mobilise de très nombreux paramètres comme ce chapitre a tenté de le démontrer, en ayant de plus à l'esprit que seules plusieurs considérations financières et humaines ont été ici appréhendées. Les facteurs à considérer s'avèrent multiples. Ils vont bien au-delà de l'interrogation apparemment binaire : faire ou faire faire.

Chapitre 4

Le management des achats et de la chaîne intégrée clients-fournisseurs : le rôle clé du système d'information

Bernard Ballaz

Professeur à l'université Pierre Mendès France de Grenoble

Parmi ses nombreux effets, la mondialisation a permis aux grandes entreprises industrielles de prendre conscience – et pour les plus avancées d'entre elles de confirmer – le rôle stratégique de la fonction achats. L'augmentation de la pression concurrentielle induite par l'ouverture des marchés commerciaux a renforcé la nécessité d'améliorer la compétitivité des entreprises qui généralement vont rechercher des solutions les conduisant à se recentrer sur leurs métiers de base. Elles ont donc mis en œuvre des politiques d'externalisation de leurs activités non stratégiques et ont entrepris un effort considérable de restructuration de leur chaîne de la valeur. Ces orientations ont eu un impact considérable sur le rôle de la fonction achats qui s'est trouvée fortement impliquée dans leur mise en œuvre.

D'une part, pour réduire le poids des coûts d'achats dans le prix de revient des produits, – qui par ailleurs augmentait considérablement du fait du développement des politiques d'externalisation, – la fonction achats a agi sur tous les leviers permettant d'obtenir à court terme des réductions des coûts d'achat qui ont un impact direct sur la formation des marges : utilisation de la puissance d'achat par la globalisation des besoins, mise en place du juste à temps pour la réduction des stocks qui va de pair avec l'amélioration de la qualité et la réduction des coûts de transaction, etc.

D'autre part, la fonction achats s'est engagée dans des actions à moyen terme en développant des stratégies de *sourcing*[1] reposant sur :

- la réduction de son portefeuille de fournisseurs, conséquence logique directe pour une utilisation efficace des leviers d'achat précédemment évoqués ;
- l'élargissement de sa base géographique pour rechercher les fournisseurs les plus compétitifs, pour profiter elle aussi du courant porteur de la mondialisation ;

1. On utilisera le mot *sourcing* pour définir l'ensemble des actions de recherche de fournisseurs et d'évaluation de leur capacité à répondre aux besoins de l'entreprise à court et à moyen terme.

– une plus grande implication dans la chaîne de la valeur interne, en recherchant les fournisseurs capables de contribuer de façon déterminante à la réduction du coût des processus et à l'amélioration de la valeur perçue des produits/services vendus par l'entreprise ;

– le développement d'accords de partenariat avec les fournisseurs stratégiques, capables de l'accompagner dans ses efforts d'innovation indispensables pour l'obtention d'avantages concurrentiels.

La logique de cette évolution, qui s'articule sur la chaîne de la valeur étendue des fournisseurs aux clients, a abouti à la nécessaire émergence d'une fonction de coordination globale, permettant d'optimiser la réponse au besoin du client par la recherche de la meilleure adéquation entre le système de production, les moyens logistiques de distribution et d'approvisionnement, et les potentialités du marché fournisseur. Cette fonction – le management de la *supply chain* –, du fait de sa caractéristique transversale, va croiser avec des risques de conflits élevés le domaine fonctionnel des achats. Les résultats d'une étude récente (Spalanzani, Ballaz, 2000), montrent la nécessité, pour les directions générales, d'aborder la définition des champs d'action respectifs de ces deux fonctions avec beaucoup d'attention. La tentation est grande de voir apparaître des structures dans lesquelles la direction des achats serait rattachée hiérarchiquement à une direction de la *supply chain*. Les achats pourraient ainsi perdre les bénéfices d'une émancipation difficilement acquise : l'autonomie de la direction des achats, garantie par son rattachement à la direction générale, est une condition importante pour qu'elle puisse pleinement jouer son rôle stratégique. Sous l'autorité d'un manager de *supply chain*, assailli par les problèmes quotidiens posés par la programmation des activités logistiques et la gestion optimale des flux, la fonction achats se réduirait rapidement aux seules tâches de l'approvisionnement, perdant ainsi sa capacité de force stratégique de proposition que lui donne sa connaissance des marchés en amont.

Ces changements structurels induits par le phénomène de la mondialisation des activités économiques ont été possibles grâce à deux conditions essentielles :

– d'une part, le développement des technologies de l'information et de la communication a permis la conception et la mise en place de système d'information intra et interorganisationnel nécessaires au pilotage de ces structures complexes, géographiquement dispersées, fonctionnant en réseau d'entreprises virtuellement intégrées ;

– d'autre part, confirmant les prédictions de P. Drucker, la prise de conscience de la part des entreprises de l'importance stratégique de la ressource en capital immatériel que représentent les hommes qui animent ses structures et de la nécessité d'un management des compétences basé sur le constant développement du capital des connaissances organisationnelles (Drucker, 1996). L'objectif de ce chapitre est de proposer un cadre conceptuel permettant de concevoir le développement des stratégies d'achat dans une perspective de *supply chain management,* en utilisant au mieux les leviers fournis par le système d'information et le management des connaissances.

1. Le modèle de l'alignement stratégique

1.1. Le modèle incrémental de Monczka

Le modèle proposé par Monczka *et al.* (Monczka, 1995) a pour objectif de décrire les fondements du développement des stratégies d'achat qui va permettre à l'entreprise d'obtenir des avantages concurrentiels durables. Il repose sur la métaphore du marchepied : chacune de ses marches correspond à un niveau de développement de la stratégie d'achat défini par différents domaines d'action stratégique de la fonction achats. Le passage à la marche supérieure est possible dès que l'ensemble des domaines d'action d'un même niveau sont maîtrisés. De marche en marche, selon un cycle d'apprentissage organisationnel qui pourrait s'inspirer du modèle de Lewin-Schein : *unfreezing – moving – refreezing*, (Schein, 1961), l'entreprise améliore sa performance stratégique et atteint le dernier niveau qui va lui permettre d'obtenir des avantages concurrentiels. Cette progression est essentielle. Elle explique la différence entre les entreprises qui développent des stratégies de base facilement imitables, qui ne leur permettent que d'éviter un « désavantage concurrentiel » ; et les entreprises qui vont pouvoir apporter à leur client final une valeur perçue supérieure, permettant d'asseoir durablement des avantages concurrentiels.

La progression sur le « marchepied » stratégique est soutenue par quatre facteurs clés de réussite : la structure d'organisation de la fonction achats, le système d'information intra et interorganisationnel, le système de mesure de la performance et le management des compétences. L'environnement de développement des stratégies joue également un rôle important, il se caractérisera par deux variables de contexte : la pression concurrentielle sur le marché aval et le degré de complexité des produits vendus.

Après avoir caractérisé chacun des quatre niveaux du « marchepied stratégique », nous examinerons l'influence des différents facteurs clés sur le degré de développement des stratégies d'achat, que l'on pourra caractériser par un indice de niveau sur le marchepied (de 1 à 4), ainsi que le rôle joué par les deux variables de contexte.

1.2. Les quatre niveaux de développement incrémental

• Le premier niveau :

Il se caractérise par l'attention que l'entreprise va porter à sa base de fournisseurs dans les trois domaines suivants :
– l'amélioration de la qualité du fournisseur,
– l'amélioration de la compétitivité du fournisseur,
– la rationalisation du portefeuille fournisseurs.

La qualité, c'est-à-dire la conformité du produit livré aux spécifications de client a été le principal facteur clé du succès de la mise en place des flux tendus et de la réduction massive des stocks. Elle a ainsi été la source directe de considérables économies de coûts. Mais au-delà de cet effet mécanique, l'entreprise qui doit en permanence améliorer la qualité de ses propres produits sous la pression de son marché aval, doit savoir entraîner ses fournisseurs dans un processus d'amélioration continue de leur qualité de sorte qu'il puisse la suivre dans ses exigences croissantes. Il en va de même pour les autres paramètres de la compétitivité. La réduction des coûts du fournisseur s'impose comme une nécessité dans un contexte où l'on observe que les coûts d'achats représentent une part régulièrement croissante du prix de revient d'un produit. Il en va de même pour le délai du fait de la réduction des temps de cycle de fabrication et de distribution sous la pression du client final.

La conséquence logique de ces constats a été la réduction massive du nombre de fournisseurs. Les exigences de performance qualité, coût, délai et leur amélioration continue nécessitent un management de la relation fournisseur qui n'est possible qu'avec un nombre plus réduit de fournisseurs. L'entreprise va donc rationaliser son portefeuille de fournisseurs pour ne conserver que ceux qui seront capables, soit :

– de progresser avec elle dans une politique de coopération en ce qui concerne le segment stratégique des produits achetés ;

– d'améliorer leur qualité et de réduire leurs coûts grâce à l'effet de volume en ce qui concerne les autres produits.

• Le deuxième niveau :

Au deuxième niveau du « marchepied » stratégique, la fonction achats va principalement faire porter son effort sur la réduction des coûts et la mise en place des moyens organisationnels nécessaires pour obtenir des résultats tangibles à partir des potentialités détectées dans la phase précédente et qui avaient piloté la rationalisation du portefeuille des fournisseurs. L'entreprise développe des accords à long terme afin d'assurer aux fournisseurs qui font, à sa demande, des investissements importants de capacité et de productivité, une garantie minimale de leur rentabilisation. L'entreprise met en place les procédures de suivi et d'évaluation des résultats attendus et veille à ce que le processus de réduction des fournisseurs ne conduise pas certains d'entre eux à des positions dominantes. À cette fin, elle développe une politique de *sourcing* au niveau mondial afin de connaître l'ensemble de l'offre et éventuellement travailler avec les meilleurs fournisseurs. Dans la perspective de management des coûts, la fonction achats s'engage, en interne, dans :

– les projets d'amélioration des produits et des procédés ;

– le processus de conception de nouveau produit, afin de faire partager par les différents acteurs concernés, sa connaissance des potentialités offertes par le marché fournisseur.

Les principaux domaines de l'action stratégique des achats qui vont constituer ce deuxième niveau sont donc :

– la recherche d'effet de levier par le volume acheté ;
– les accords d'engagement à plus long terme ;
– le *sourcing* à l'échelle mondiale ;
– le management stratégique des coûts.

• Le troisième niveau :

Il se caractérise par la recherche de bénéfices obtenus résultant d'une coopération étroite avec les fournisseurs stratégiques grâce à la négociation d'accords d'alliances et de partenariats. Les fournisseurs clés participent aux groupes d'analyse de la valeur. Ils sont étroitement associés et le plus tôt possible, au développement des nouveaux produits ou procédés. L'entreprise soutient techniquement, et si nécessaire financièrement, les efforts faits par les fournisseurs stratégiques pour mieux répondre à ses besoins.

La fonction achats développe une approche de type *supply chain* en remontant vers l'amont l'intégration de la chaîne de la valeur par l'implication des fournisseurs de deuxième et troisième rangs, les fournisseurs des fournisseurs.

Les avantages concurrentiels obtenus par l'entreprise grâce à la mise en œuvre de ces politiques deviennent difficiles à imiter par ses concurrents.

Ce troisième niveau se caractérise par :

– le développement de relations d'intégration virtuelle avec les fournisseurs stratégiques ;
– l'implication au plus tôt des fournisseurs dans les développements de nouveaux produits ;
– les actions communes d'analyse de la valeur et de *value engineering* ;
– le développement de la *supply chain* amont.

• Le quatrième niveau :

Ce niveau est celui de l'intégration des stratégies de *sourcing* dans le management de la *supply chain* dans son acception la plus complète, depuis les fournisseurs des fournisseurs jusqu'aux clients des clients. À ce stade de développement, la « compétition au sein d'une industrie, ne se fait plus entre firmes mais entre *supply chains* » (Monczka, 1995, p. 712). Ces entreprises ont un réseau de fournisseurs de classe mondiale, avec lesquels elles sont étroitement engagées. Les décisions sont prises sur la base du coût global et leur impact sur la valeur perçue par le client final, réalisant l'optimisation globale de la chaîne intégrée clients-fournisseurs.

Les entreprises performantes qui ont pu atteindre le troisième et plus encore le quatrième niveau, n'ont pu le faire que par la maîtrise des facteurs de réussite que nous allons examiner, en évaluant pour chacun d'eux sa capacité à contribuer à la progression de l'entreprise sur le « marchepied » stratégique conduisant à l'obtention d'avantages concurrentiels durables.

Figure I

Le « marchepied » stratégique vers l'avantage concurrentiel

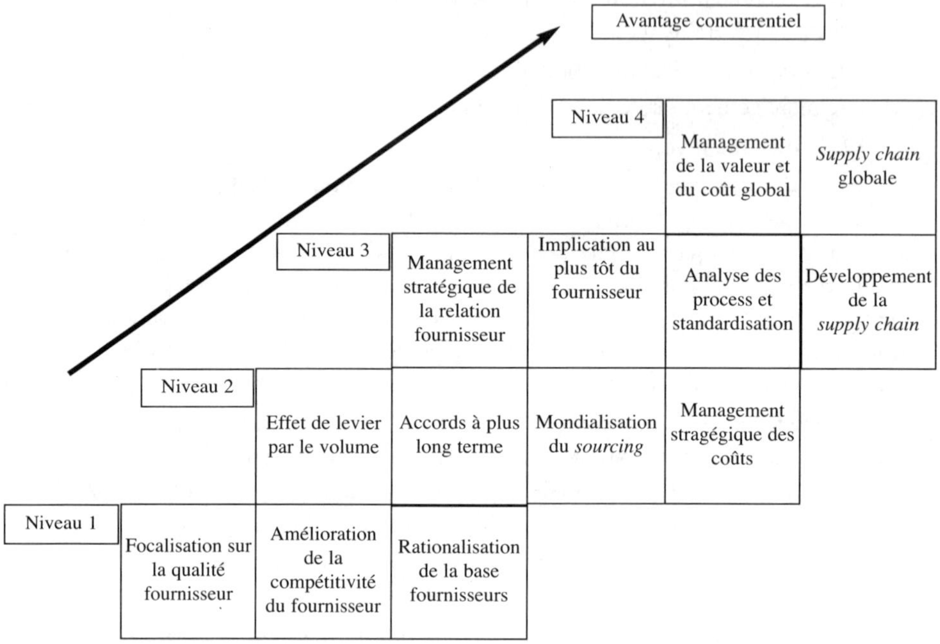

Source : Monczka, 1995, p. 709.

2. Les facteurs de réussite, moteurs du développement stratégique

2.1. Le système d'information

La capacité de l'entreprise à développer et mettre en œuvre un système d'information performant, utilisant toutes les ressources des récents développements des technologies de l'information et de la communication, va être un facteur déterminant de la progression vers le niveau 4.

On examinera le système d'information, d'une part, à travers ce que devraient être ses caractéristiques idéales – la dimension ontologique – et, d'autre part, sous l'angle du modèle d'alignement : Stratégie ⇔ Organisation ⇔ Système d'information, qui traduit la capacité de l'entreprise à valoriser le levier que représentent les technologies actuelles de l'information et de la communication (Scott-Morton *et al.*, 1991).

D'un point de vue ontologique, le système d'information se caractérise par trois dimensions essentielles : son degré d'intégration fonctionnelle, son degré d'intégration spatial et l'intégration des systèmes transactionnels/décisionnels (Keen, 1991).

2.1.1. La dimension ontologique du système d'information

• Le degré d'intégration fonctionnel

Il concerne l'étendue de la chaîne de la valeur couverte par le système d'information : depuis le client du client jusqu'au fournisseur du fournisseur, elle repose sur le réseau de communication interne (LAN) et externe, réseau étendu entre sites géographiques distants. Cette intégration fonctionnelle se caractérise par une architecture de système d'information qui permet une communication transactionnelle en temps réel entre les bases de données et les différents modules de traitement des informations générées par les différents processus opérationnels constituant la chaîne de la valeur : fluidité, rapidité, fiabilité en sont les caractéristiques principales. D'une façon générale, le développement spectaculaire des progiciels de gestion intégrée (PGI ou ERP pour *Enterprise Resources Planning*) – pour la chaîne de la valeur interne –, de l'échange de données informatisé (EDI) – pour ses liaisons externes – donnent des solutions théoriques satisfaisantes pour l'intégration fonctionnelle. Les informations traduisant l'expression du besoin du client final remontent par le système d'information commercial chargé de la gestion de la relation client (*Customer Relationship Management* : CRM), l'ERP globalise les besoins, planifie les ressources nécessaires et adresse les besoins d'approvisionnement via le système d'information chargé de la relation avec les fournisseurs et les sous-traitants (*Suppliers Chain management*, SCM). L'information est transmise automatiquement de système à système : c'est ce qui assure sa fiabilité et sa sécurité et sera un facteur essentiel de réduction des coûts de transaction.

Figure II

L'intégration fonctionnelle selon la chaîne de la valeur

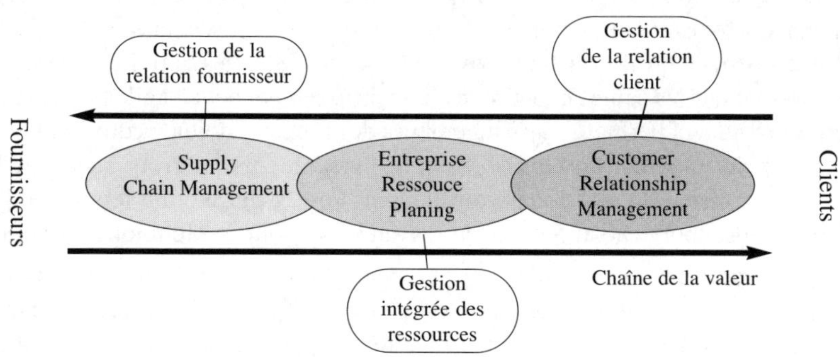

Source : l'auteur

• Le degré d'intégration spatial

Il désigne la capacité de mettre en relation électronique des sites géographiques distants, soit parce qu'ils appartiennent au même groupe industriel soit parce qu'ils constituent des partenaires: clients, fournisseurs, prestataires de service (banque, transport, etc.). Le développement de cet axe d'intégration a été le support essentiel de l'intégration fonctionnelle au sein d'un même groupe en favorisant, par exemple, l'émergence de réseau d'acheteurs afin de constituer ainsi des bases d'information partagées entre l'ensemble des acheteurs d'un même groupe. Entre partenaires, l'établissement de relations d'échanges d'informations par voie électronique, du plus simple fax, *e-mail* au plus complexe EDI, a permis des gains de temps et de coûts considérables et a été un des moyens indispensables à la mise en place des flux tendus. La montée en puissance de l'usage de l'Internet va profondément modifier les conditions économiques de développement de réseau d'entreprises. Jusque vers l'année 1998, seuls les grands groupes disposaient des moyens financiers nécessaires pour développer leur propre réseau de communication intégré soit en étant propriétaire de leurs lignes, soit en les louant. Par leur puissance d'achat, ils pouvaient aussi imposer à leurs principaux fournisseurs d'adopter l'EDI, comme l'ont fait par exemple les constructeurs automobiles avec les équipementiers. Mais malgré les efforts des organismes de standardisation, la multiplication des normes EDI a été un obstacle au développement des systèmes d'information interorganisationnels. À partir de la fin des années 1990, la montée en puissance du réseau Internet a mis à la disposition de tous les acteurs une norme unique de communication (le protocole TCP/IP, qui permet de communiquer n'importe où, n'importe quand, à l'échelle de la planète). A la seule condition de vouloir interfacer son système d'information avec un serveur Web, l'interconnexion de systèmes d'information ne pose plus de problèmes majeurs – tels que ceux qui pouvaient être induits par l'hétérogénéité des équipements informatiques – le développement de l'Internet rapide devant assurer la disponibilité du réseau et les hauts débits nécessaires. L'impact d'Internet va bien au-delà de la simple mise en connexion des systèmes d'information :

– il favorise leur interpénétration par le développement des extranets : le client peut mettre sur son serveur Web l'expression de ses besoins que peuvent venir consulter les fournisseurs autorisés, le fournisseur peut suivre chez son client le niveau des stocks qu'il doit réapprovisionner, etc. Mais les activités opérationnelles ne sont pas les seules concernées. L'accroissement de la bande passante sur l'Internet rapide va permettre aux ingénieurs des bureaux d'études du client et du fournisseur de travailler en équipe virtuelle intégrée : ils pourront échanger les dossiers de conception assistée par ordinateur, voir et discuter en temps réel les modifications apportées par les uns ou les autres au cours de réunions virtuelles ;

– il peut profondément bouleverser la chaîne de la valeur d'un secteur industriel. Ce qui est évident pour le commerce électronique *BtoC* (du producteur au consommateur final) (Magretta, 1998), se développe sur la chaîne de la valeur amont, *BtoB* (entre entreprises industrielles) et peut provoquer une « déconstruction» importante de la *supply chain* (Evans, Wurster, 2000). Le développement de place de marché virtuelle peut permettre à des regroupements de fournisseurs d'offrir un catalogue de produits extrêmement large sur l'ensemble de leur offre complémentaire, de proposer des moyens d'évaluation comparative des produits, de donner des informations riches (vidéo, fiches techniques, etc.) sur leur emploi, le tout à des coûts compétitifs. L'intégration de ces places de marché avec des services de e-logistique, point faible et enjeu déterminant du e-business, assurera le transport à l'échelle mondiale des marchandises et va permettre des gains considérables sur les coûts de transaction;

– il peut contribuer à «disséminer» la fonction achats dans l'entreprise, les clients internes pouvant, grâce à la disponibilité des catalogues électroniques des fournisseurs passer eux mêmes leurs commandes aux conditions négociées par le service achats, dont l'essentiel de l'activité se consacrera au *sourcing*, à la négociation d'accords cadres et au management des achats stratégiques.

• Le degré d'intégration transactionnel/décisionnel

La séparation entre le système d'information transactionnel dont l'objet est la gestion en temps réel des informations associées aux opérations courantes de l'entreprise, – par exemple le suivi de la commande achat –, et le système d'information décisionnel chargé du pilotage des opérations et de l'aide au management stratégique est une caractéristique essentielle de l'architecture des systèmes d'information tels qu'ils doivent être conçus aujourd'hui. Le système d'information décisionnel doit mettre à disposition des managers les informations dont la nature et la forme correspondent à leurs besoins décisionnels, qu'ils soient de niveau tactique: tableau de bord de suivi des performances des fournisseurs, outils de simulation pour le calcul des besoins nets en tenant compte des stocks et des capacités disponibles, etc., ou de niveau stratégique: prévision d'évolution de marché à moyen terme, aide au choix d'investissement, etc.

Le système transactionnel est conçu pour assurer la fiabilité des informations, leur sécurité, la performance des mises à jour et leur disponibilité immédiate aux requêtes des utilisateurs. En conséquence ses bases de données ne contiennent pas d'historiques d'informations, nécessaires à l'alimentation des outils de *reporting* ou des modèles d'aide à la décision simples (feuilles de tableur) ou complexes (*Executive Information System* (EIS), systèmes experts, outils de *datamining*.). Il s'agit d'éviter que les bases de données ne soient submergées par les besoins décisionnels qui ont comme caractéristique d'être erratiques en terme de fréquence et de volume d'information. Ils rendent difficile la maîtrise du trafic dans les réseaux transactionnels et posent des problèmes de sûreté de leur fonctionnement. En conséquence le système d'information décisionnel est construit sur de grandes bases de données – infocentre devenu entrepôt d'information (*datawarehouse*) dont la grande capacité (plusieurs *terabytes:* 10^12) permet de conserver des historiques importants. Ces informations sont quotidiennement mises à jour à partir des informations du système transactionnel.

Cette dimension concerne également tous les outils facilitant la communication transversale pour les besoins en informations nécessaires à la coordination et au pilotage des processus et impliquant les différents acteurs le long de la chaîne de la valeur: en interne (e-mail, gestion électronique des documents et *workflow*/intranet, etc.) comme en externe (outils CAO communs entre clients et fournisseurs, extranet, etc.).

Rappelons, enfin qu'à l'interface de l'entreprise et de son environnement la fonction achats occupe un poste de vigie particulièrement bien placé pour participer au processus de veille stratégique globale, pour le compte de toute l'entreprise (Lesca, 1994). Il est donc indispensable que son système d'information soit le plus ouvert possible et permette l'accès en ligne aux grandes bases de données économiques, scientifiques et techniques des organismes spécialisés (Ballaz, 1993).

Figure III

L'intégration des systèmes transactionnel et décisionnel

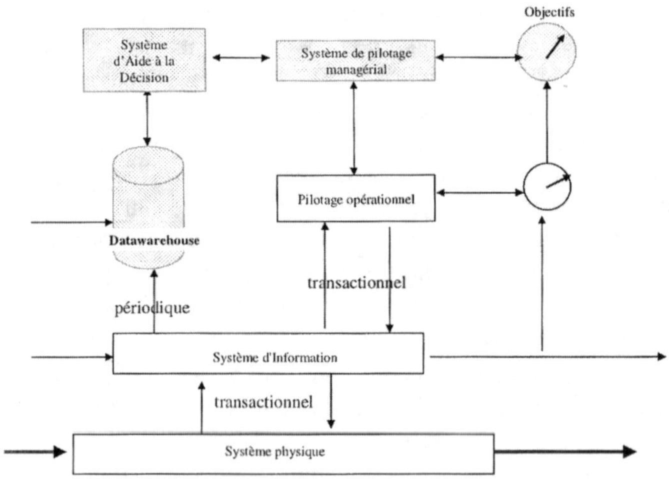

Source: l'auteur.

2.1.2. Le modèle d'alignement stratégie/organisation/système d'information

L'année 1991, marquée par la publication des premiers résultats du programme de recherche en système d'information de la Sloan School of Management du MIT lancé en 1984 (Scott-Morton *et al.*, 1991) est une date décisive pour mieux comprendre l'impact des technologies de l'information sur l'entreprise et les évolutions que l'on pourra constater dans les années post 1990. L'enjeu essentiel est de mieux valoriser le levier que représentent les nouvelles technologies pour développer des stratégies permettant d'obtenir des avantages concurrentiels durables.

Dans les années 1980, le système d'information de l'entreprise se construisait dans la logique d'alignement suivante :

Stratégie ⇨ Structure d'organisation fonctionnelle ⇨
Système d'information non intégré

Cela pouvait conduire à des solutions parfois efficientes mais souvent obérées par des inconvénients majeurs :

– fragilité de systèmes hétérogènes, mal communicants, empilés en couches successives, au gré des innovations technologiques et/ou des modes de solutions « sur-vendues » par le marketing agressif des constructeurs informatiques et des éditeurs de logiciels ;

– mécontentement des dirigeants à la recherche de la rentabilité de leurs investissements en TI ;

– difficultés pour des utilisateurs régulièrement déçus dans leurs attentes ;

– sous-utilisation dramatique des potentialités que représentent les nouvelles TIC.

C'est fondamentalement à partir de ce dernier point et en cherchant à répondre à la question de savoir « comment une entreprise peut obtenir des avantages concurrentiels décisifs et durables par la mise en œuvre des TIC » qu'une nouvelle problématique d'alignement s'est imposée.

Figure IV

Le modèle d'alignement stratégique

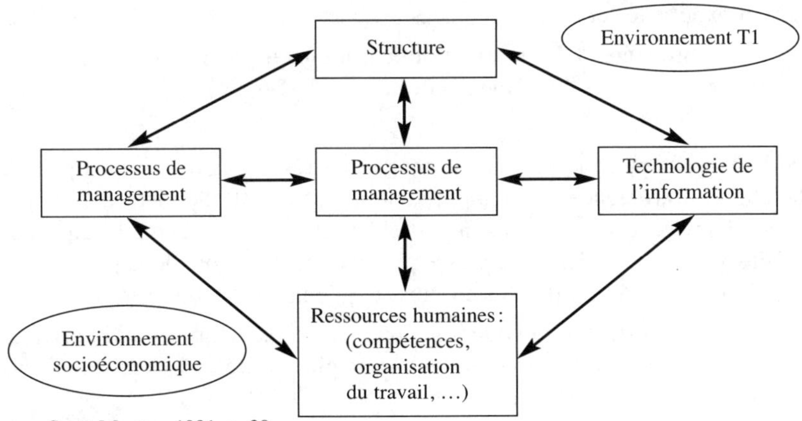

Source : Scott-Morton, 1991, p. 20.

L'objectif est d'essayer de comprendre comment les TI peuvent créer de nouvelles opportunités d'affaires et de concevoir des structures d'organisation qui valorisent le levier que ces technologies représentent, en évaluant leur impact sur l'ensemble de la chaîne de la valeur d'un secteur industriel, des fournisseurs (voire des fournisseurs des fournisseurs) jusqu'au client final (Millar, Porter, 1984).

Chaque maillon de la chaîne est examiné afin d'évaluer son apport à la valeur perçue par le client, les TI sont mises en œuvre pour réduire le coût du processus ou améliorer la valeur perçue : qualité, délai, flexibilité, valeur d'usage, services complémentaires, etc.

La contribution la plus tangible de cette approche a été apportée par le large mouvement de reconfiguration des entreprises (*Business Process Re-engineering*), basé sur l'identification des processus clés structurant la chaîne de valeur. Cette reconfiguration s'est appuyée sur les potentialités offertes par les TIC : émergence massive des ERP, plate-forme intégrée à base d'architecture clients/serveurs, développement de l'EDI, du *workflow*, etc. Elle a permis d'obtenir des gains importants : aplatissement des structures hiérarchiques, suppression des fonctions qui ne sont que des relais d'information, productivité administrative et réduction des coûts de transaction.

Stratégie ⇨ Structure d'organisation par processus ⇨
Système d'information intégré

Dans cette approche l'entreprise définit sa stratégie d'affaires, en déduit une reconfiguration de ses processus et met en place le SI pour les soutenir.

La troisième approche correspond au cas où l'entreprise opérationnalise sa stratégie en intégrant dans ses processus, lors de la reconfiguration de son organisation, les potentialités des nouvelles technologies de l'information qu'elle a su détecter grâce à sa capacité à développer une approche stratégique de ces technologies : veille technologique, volonté d'innovation, actions de *benchmarking*, partage d'expérience et de compétences avec les fournisseurs ou les clients, etc.

Stratégie ⇨ Structure d'organisation par processus ⇔
Système d'information intégré

Si l'approche précédente pouvait donner des résultats satisfaisants quant à la recherche de l'efficience de la *supply chain*, seule cette dernière approche est porteuse d'amélioration radicale en particulier en ce qui concerne la capacité de réactivité de la *supply chain*. La presse professionnelle[2], comme la presse académique (Magr98) s'en fait de plus en plus fréquemment l'écho.

Pour être complet, nous évoquerons une quatrième approche qui correspond à l'ouverture de nouvelles opportunités stratégiques grâce à la mise en œuvre d'un système d'information avancé :

Stratégie ⇦ Système d'information intégré ⇔
Structure d'organisation par processus

Il est peu probable de rencontrer cette approche en ce qui concerne le système d'information achat, alors que les exemples de création de nouveaux domaines

2. Voir l'article *Usine Nouvelle* du 22/04/99, expliquant la nouvelle organisation de Renault.

d'activités stratégiques, grâce à la maîtrise acquise par une entreprise dans le développement d'une nouvelle technologie de l'information pour son propre besoin, sont nombreux : le système Catia de conception assistée par ordinateur pour Dassault, le système de réservation en temps réel d'American Airlines, Otis Line pour la télésurveillance d'ascenseurs, sont les plus fréquemment cités.

2.2. La structure d'organisation

La capacité de l'entreprise à concevoir la structure d'organisation à même de soutenir la progression du développement des stratégies d'achat vers l'intégration progressive des stratégies de *sourcing* global et du management de la *supply chain* est une des conditions essentielles du succès. Si l'évolution des structures doit tenir compte de l'histoire de l'entreprise, de son contexte socio-économique et culturel, il demeure qu'une énergie considérable devra être engagée pour que les changements nécessaires – parfois radicaux – puissent être réalisés. Ils ne seront possibles que si le rôle stratégique de la fonction achats est reconnu, ce qui nécessite son rattachement à la direction générale. L'orientation vers la *supply chain* doit structurer l'organisation le long de la chaîne de la valeur, ce qui suppose des choix d'organisation qui privilégient la coordination transversale des processus qui la composent, avec comme conséquence une forte réduction du nombre de niveaux hiérarchiques. Ce résultat a été constaté dans toutes les entreprises qui ont entrepris des actions de ré-engéniérie des processus, les postes dont la seule fonction était le relais d'information vers la hiérarchie devenant inutiles. L'autre conséquence est une décentralisation de la fonction achats/approvisionnements, afin d'intégrer ses processus aux établissements industriels qui se spécialisent par ligne de produits. Pour préserver la puissance d'achat et la connaissance du marché fournisseur, les entreprises ont mis en place des fonctions de coordination achats centralisées pour les achats communs et des réseaux d'acheteurs avec un pilote principal organisé par famille de produits à l'achat. Ces modes de fonctionnement nécessitent naturellement un système d'information *ad hoc*. Cette approche favorise la formation et le travail de groupes de projet transversaux, constitués des différents spécialistes de différentes fonctions et de différents sites géographiques. Ils participent à l'évaluation, à la sélection et à l'amélioration de la base fournisseurs. Ils permettent en particulier d'impliquer la fonction achats dès les premières phases des processus de conception des nouveaux produits. À cette nécessaire reconfiguration interne des structures doit s'ajouter les modifications des pratiques relationnelles avec les fournisseurs impliqués dans la chaîne de la valeur amont. On peut en distinguer deux types :

– les fournisseurs avec lesquels une alliance stratégique a été conclue : action de codéveloppement, coût très élevé d'équipements spécifiques nécessaires à la fabrication des produits achetés, etc. Ces fournisseurs sont en général en monosource et l'accord de partenariat va se traduire par une quasi-intégration verticale. Les systèmes d'information seront fortement couplés, du personnel peut-être échangé, le fournisseur participera aux groupes de projet interne. Il y aura un management et un mode d'organisation spécifique à ces relations ;

– les fournisseurs qui représentent une part importante du chiffre d'achats, pour des produits non stratégiques, mais pour lesquels l'intégration à la *supply chain* est nécessaire afin d'obtenir une optimisation de l'efficience et de la réactivité. Il n'y a pas d'accord de partenariat, mais un engagement contractuel sur des volumes annuels. Les résultats de recherches montrent qu'en général, ils sont en double source, avec une intégration virtuelle par les systèmes d'information : EDI, extranet, gestion en temps réel du stock client par le fournisseur, etc. (Demeter, 2000).

L'évolution vers ce type d'organisation présente un risque important déjà observé, celui de voir la fonction achats réduite à une composante d'une fonction *supply chain management* émergente et institutionnalisée. Il est en effet important de préserver pour la fonction achats une autonomie totale dans sa capacité de proposition et d'action pour tout ce qui concerne le domaine stratégique du *sourcing* global et de management de la relation avec les fournisseurs. La forte prégnance opérationnelle d'une fonction de management de la *supply chain* imposée par la résolution quotidienne des problèmes logistiques, d'ordonnancement, de gestion des flux dans une perspective d'efficience et de réactivité serait un obstacle à l'efficacité d'une fonction achats qui, contrainte par les problèmes du court terme, ne pourrait pas donner la pleine mesure de son rôle. Il semble préférable que le directeur des achats soit le coordinateur de la *supply chain*. Si l'entreprise doit créer une fonction de *supply chain management*, elle sera, comme la fonction achats, sous l'autorité commune de la direction générale qui devra résoudre les inévitables conflits nés des contradictions entre le long terme et le court terme. Si le système de mesure des performances, que nous allons aborder dans le point suivant, doit être conçu de façon à ne pas générer des conflits et à plutôt être une aide à leur résolution, la capacité de l'organisation à adopter une structure en « Web » (Mintzberg, 1999) sera déterminante pour atteindre le haut du marchepied stratégique.

Cette structure est constituée d'un ensemble de réseaux interconnectés. Les différents nœuds sont formés avec les principaux cadres de la fonction achats : acheteur pilote, responsable de famille de produit à l'achat et les responsables des différents maillons de la *supply chain*, dont le représentant des fournisseurs stratégiques. Ce réseau virtuel lutte contre le processus entropique à l'œuvre dans la structure hiérarchique et maintient un haut niveau de potentiel d'énergie global par la capacité d'animation de chaque acteur qui, de sa place, fait vivre les liens qui l'unissent aux autres acteurs du réseau. À nouveau, le système d'information doit jouer un rôle essentiel.

2.3. Le système de mesure des performances

Les spécialistes du management stratégique reconnaissent facilement les difficultés de traduire efficacement dans l'organisation et la conduite de la gestion opérationnelle les orientations stratégiques retenues. L'intégration des stratégies d'achat et du *supply chain management* est au cœur de ce problème, car la possibilité de concrétisation de nombreux avantages concurrentiels durables va tenir à la capacité de l'entreprise à maintenir pour ses fournisseurs et pour elle-même un haut niveau de performance: détenir des niveaux de stock bas sans risquer de détériorer le niveau de service, maintenir la qualité à un haut niveau, tenir les délais annoncés alors même que les délais demandés sont de plus en plus courts, organiser l'ensemble des maillons de la chaîne de façon à en améliorer la flexibilité et la réactivité, tout cela en recherchant une maîtrise constante des coûts et en fournissant au client final la meilleure valeur possible.

Les auteurs ont souvent constaté la difficulté de concilier l'ensemble de ces impératifs parfois contradictoires. Afin de résoudre ce problème, Fisher propose de différencier deux types de *supply chain* sur la base d'un critère essentiel, l'incertitude affectant la prévision de la demande commerciale finale (Fisher, 1994). Soit la *supply chain* approvisionne, fabrique et distribue un produit dit «fonctionnel» – standardisé, peu différencié, en phase de maturité dans un cycle de vie long, auquel cas la demande doit être plutôt prévisible et l'objectif recherché sera l'efficience (coût, qualité, délai). Soit le produit est dit «diversifié», en phase de développement dans un cycle de vie court, intégrant un haut niveau de services variés, utilisant des technologies nouvelles, auquel cas la demande est peu prévisible avec en conséquence les risques alternatifs de coûts de pénurie (en cas de sous-évaluation de la demande) ou de stocks d'invendus (en cas de surévaluation de la demande). L'objectif recherché sera alors la réactivité, ce qui sous-tend une conception modulaire du produit à partir de composants standards avec différenciation retardée, l'assemblage à la demande dans des ateliers situés dans les centres de distribution, les plates-formes logistiques ou sur les lieux de vente, le recours à des surcapacités et à la sous-traitance. Lorsque la prévision est difficile, la réactivité est obtenue par une conception du système achat/production/distribution mettant en œuvre les principes précédents. Les flux sont tirés par l'aval en recherchant la réduction systématique des constantes de temps par la mise en œuvre des technologies de l'information (Tarondeau, 1993). Pour Fisher, l'erreur essentielle trop souvent constatée, réside dans la recherche de l'efficience alors que l'on a affaire à une chaîne de valeurs pour un produit diversifié dont la caractéristique devrait être la réactivité. La réactivité se caractérisera par deux composantes: la capacité à répondre à des variations de volume importantes dans un délai court et l'aptitude à s'adapter rapidement aux spécificités de la demande d'un client.

Outre les paramètres d'efficience et de réactivité, l'entreprise de niveau 4 sur le «marchepied» stratégique doit focaliser son effort sur le coût global (Monczka *et al.*, 1998). Selon Anderson et Narus, pour persuader ses clients de se focaliser sur le coût total plutôt que sur le seul coût d'achat, l'entreprise doit avoir une vision claire de ce qui fait la valeur de son produit aux yeux du client (Anderson, Narus, 1998). Pour cela il doit concevoir un modèle de la valeur perçue par son client à partir de l'ensemble des informations représentant la valeur, mesurée en termes monétaires, de ce qu'il peut faire pour ses clients. Cette valeur est constituée des bénéfices techniques, économiques, sociaux, et de services que reçoit le client quand il paie pour une offre commerciale. Elle constitue le coût d'utilisation d'un bien intermédiaire ou la valeur d'usage pour le consommateur final. Toute la chaîne de la valeur doit contribuer à sa formation. Il est donc important que la fonction achat ne soit pas jugée sur sa seule capacité à obtenir des améliorations du coût d'achat stricto sensu, mais sur l'ensemble des réductions de coûts qu'elle permettra d'obtenir sur tous les processus avals qu'elle influence et sur tous les éléments de valeur qu'elle contribue à apporter au client final.

La capacité de l'entreprise à se doter d'un système de mesure de performance des maillons de la chaîne en terme de contribution à la performance globale de la chaîne intégrée, est caractéristique de la vision systémique nécessaire pour appréhender son efficience globale. L'optimisation locale d'un maillon peut être contre-productive par les effets pervers induits dans d'autres maillons du fait des interdépendances qui existent inévitablement entre les différents constituants de la chaîne de la valeur. Les théoriciens de l'achat, (Barreyre, 1968 ; Ammer, 1974 ; England, 1975) proposent depuis longtemps des concepts qui montrent comment la fonction achats contribue à la performance globale de la firme. Depuis plusieurs années, de nombreuses fonctions achats sont impliquées dans des organisations de type *Materials Management* qui, de l'achat à l'ordonnancement en production, donnent une bonne illustration des problématiques actuelles du management de la *supply chain*.

2.4. Le management des compétences

De l'ensemble des moteurs de la progression sur le « marchepied » stratégique proposé par Monczka, celui qu'il considère comme étant le plus important est le développement des ressources humaines à travers le management des compétences. Il rejoint les approches stratégiques actuelles du *resource based approach to competitive strategy* (Prahalad, Hamel, 1990) et (Stalk *et al.*, 1992). Ces auteurs considèrent que le management des connaissances organisationnelles est le fondement des compétences que l'entreprise doit en permanence mobiliser et développer de façon à soutenir les processus d'innovation continue et généralisée : produits, procédés, solution d'organisation. C'est la condition qui assure à l'entreprise des avantages concurrentiels durables. La fonction achat est doublement concernée : d'une part elle est impliquée, par les décisions produire ou acheter, dans la redéfinition du cœur de compétences autour duquel la plupart des grandes entreprises se sont restructurées, en confiant aux directions d'achats la gestion des ressources externalisées. D'autre part sa connaissance des marchés amont lui permet d'identifier les sources de connaissances qui caractériseront les fournisseurs stratégiques. Dans cette perspective nous retiendrons le modèle de Nonaka et Takeuchi qui fournit le cadre conceptuel le plus fréquemment utilisé dans le domaine du management des connaissances (Nonaka, Takeuchi, 1995).

2.4.1. Le processus de création de connaissance (Nonaka-Takeuchi)

Il se caractérise par deux dimensions : la dimension épistémologique et la dimension ontologique. La première repose sur la distinction, due à Polanyi (1966), entre connaissances tacites et connaissances explicites transmissibles dans un langage formel. La connaissance tacite acquise par l'expérience est la partie immergée de l'iceberg. Selon Polanyi, l'individu crée de la connaissance en s'impliquant dans l'objet de la perception, à la différence du principe cartésien de séparation du sujet et de l'objet, et en créant tacitement une représentation mentale par laquelle il va « incorporer » les caractéristiques de l'objet. L'essentiel de la connaissance tacite vient de notre engagement dans l'action et des comportements adoptés pour atteindre des objectifs inscrits dans notre relation avec le monde. Elle inclut des aspects cognitifs et techniques. Les éléments cognitifs sont centrés sur les modèles mentaux avec lesquels les individus créent leurs représentations du monde opérationnel en élaborant et manipulant des analogies entre schèmes, paradigmes, perspectives, croyances, visions des réalités et du futur. Les éléments techniques concernent l'acquisition de savoir-faire et d'habileté manuelle.

Partager des connaissances tacites entre individus par la communication est un processus analogique – ou d'imitation – qui nécessite un traitement simultané des complexités des situations partagées « ici et maintenant » par les personnes, la clé résidant dans la mobilisation et la conversion des connaissances tacites.

La deuxième dimension, dite ontologique, est définie par les quatre niveaux organisationnels de création de la connaissance : l'individu, le groupe, l'organisation et l'interorganisation. Stricto sensu la connaissance ne peut être créée que par des personnes. L'organisation fournit un contexte qui amplifie la création de connaissances et la cristallise dans un réseau. Ce processus se développe dans une communauté d'interactions qui traverse les frontières intra et interorganisationnelles. C'est à ce dernier niveau que la fonction achats va jouer un rôle privilégié de médiateur d'échange de connaissances entre l'entreprise et son réseau de fournisseurs.

Le modèle de création dynamique de connaissance est ancré à l'hypothèse selon laquelle la connaissance est créée et développée grâce à l'interaction sociale entre sa forme tacite et sa forme explicite au sein d'un groupe d'individus : c'est la conversion de la connaissance.

Selon Nonaka et Takeuchi, il existe quatre modes de conversion.

– Du tacite vers le tacite, qualifié de mode « socialisation ». C'est un processus de partage d'expérience qui crée de la connaissance tacite : modèles mentaux partagés, savoir-faire technique capitalisé. L'acquisition se fait par l'interaction sociale entre les membres d'un même groupe engagés dans des actions communes physiques ou cognitives, à partir des autres et par l'observation et l'imitation, relation de type maître-apprenti.

– Du tacite vers l'explicite ou mode « externalisation », il s'agit d'exprimer la connaissance tacite en connaissance explicite, à l'aide de métaphores, analogies, concepts, hypothèses ou modèles. C'est transformer une image mentale en une description formelle. La métaphore est un moyen efficace pour mettre en relation de nouveaux concepts et découvrir de nouvelles significations. Les contradictions inhérentes à la métaphore sont conciliées par l'analogie, plus rationnelle, focalisée sur les similarités structurelles ou fonctionnelles de deux objets. Elle permet de comprendre l'inconnu grâce au connu et construit un pont sur le fossé qui sépare l'image mentale du modèle logique. Lorsque les concepts explicites sont créés, la modélisation permet l'expression de la connaissance dans un langage formel, logiquement cohérent, stockable et transmissible par voie électronique (Ballaz, 1993).

– De l'explicite vers l'explicite ou le mode « combinaison » par lequel les échanges entre acteurs de différents corps de connaissances explicites stimulent des mécanismes de combinaisons de connaissances qui vont élargir le domaine couvert, mettre en relation des domaines séparés, améliorant ainsi la capacité d'intelligence de l'organisation. Les systèmes d'information jouent un rôle essentiel dans ce mécanisme : échange d'informations, réunion, téléphone, mail, gestion électronique de documents (GED), etc. L'usage innovant des réseaux électroniques de communication comme, par exemple, l'organisation hypertexte (Levy, 1996) et les *datawarehouses* favorisent ce mode de conversion.

– De l'explicite vers le tacite ou le mode « internalisation » qui correspond à appendre en faisant : *learning by doing*. L'internalisation de connaissances explicites peut se produire par l'écoute ou la lecture de description d'expériences passées. Si elle est convaincante par son réalisme, elle se transformera en un modèle mental tacite. Cette conversion implique l'acceptation et le développement de l'esprit d'expérimentation et la volonté d'agir en mobilisant les modèles cognitifs conceptuels et les savoir-faire pratiques, créés dans les étapes précédentes.

2.4.2. Le cycle SECI de conversion des connaissances

Les quatre phases identifiées par Nonaka et Takeuchi s'enchaînent en spirale :

Socialisation ⇨ Explicitation ⇨ Combinaison ⇨
Internalisation ⇨ Socialisation

Elles se développent entre les niveaux organisationnels de la dimension ontologique : individus, groupes, à l'intérieur de l'entreprise, entre l'entreprise et ses partenaires. Il sera utile d'examiner comment la fonction achats, soit en interne avec les différents maillons de la *supply chain*, soit en externe avec ses fournisseurs et sous-traitants, peut créer les occasions et événements organisationnels nécessaires à l'expression des différentes phases du cycle de conversion des connaissances : participation aux groupes d'analyse de la valeur, implication des fournisseurs dès la phase de conception des nouveaux produits, groupe de diagnostic et de résolution de problèmes, échanges de personnel.

Nonaka insiste sur le rôle moteur joué par le système d'information en tant que :

– moyen d'échange, de stockage, de recherche des informations relatives aux connaissances explicites,

– outil de recherche et de mobilisation des personnes qui détiennent les connaissances tacites non explicitées, en constituant ainsi des réseaux virtuels d'expertise d'un domaine scientifique, d'une technologie ou d'un marché donné.

Naturellement, les ressources des technologies de l'information ne seront que d'une faible utilité s'il n'existe pas dans l'organisation une volonté déterminée de mise en commun des connaissances qui, pour l'essentiel, sont inscrites dans la mémoire de chaque individu. Ceci peut être obtenu en interne grâce à la mise en place de mécanismes d'incitation qui :

– soit vont concerner les modes d'évaluation de la contribution individuelle de chacun au développement et à l'utilisation des connaissances organisationnelles avec une incidence sur la rémunération et l'évolution de carrière ;

– soit vont stimuler l'implication des personnes grâce à l'ambition des enjeux et à la responsabilisation collective dans une culture d'entreprise plus solidaire et misant sur les besoins d'estime et d'accomplissement.

En ce qui concerne la socialisation des connaissances partagées entre fournisseurs et clients, c'est à nouveau dans le cadre d'accords à long terme que les relations de confiance pourront s'établir. Si une telle collaboration s'avère impossible, ce qui reste selon les différentes études que nous avons pu faire le cas le plus fréquent, les relations devront s'inscrire dans le cadre proposé par la coopétition (Nalebuff, Brandenburger, 1996). Ce concept, élaboré sur la base d'un cadre théorique issu de la théorie des jeux, caractérise toute situation relationnelle durable entre acteurs économiques ; elle est examinée dans un référentiel à deux dimensions : la coopération et la compétition. Par un accord contractuel limité dans son objet et dans le temps, l'entreprise et son fournisseur coopèrent pour obtenir des avantages communs – dimension coopération – et définissent les règles du jeu de partage des gains dégagés – c'est la dimension compétition. Les risques de défection sont limités par la définition de sanctions intégrées au contrat et l'impact sur les autres entreprises concurrentes à l'achat est soigneusement évalué. Cette approche doit permettre de circonscrire les connaissances que l'on peut partager avec un fournisseur de celles qui constituent le socle de compétence stratégique de l'entreprise, dont il faudra assurer la sécurité.

3. Les variables de contexte et le modèle global

3.1. Les variables de contexte

La pertinence du modèle précédent en terme de capacité explicative comme en terme de recommandation pour l'action va dépendre de l'environnement économique dans lequel évolue l'entreprise qui cherche à s'orienter vers la mise en adéquation de ses stratégies d'achats avec le management de sa *supply chain*. Cette orientation va demander des efforts organisationnels et financiers considérables, en particulier dans l'investissement en technologie de l'information, qui ne se justifieront que si le contexte l'exige et permet le retour d'investissement. On peut oser la métaphore maritime : c'est par des conditions de mer difficiles que la mise en œuvre de moyens sophistiqués de navigation trouve son utilité. Monczka, comme Nonaka et Takeuchi, proposent de retenir principalement deux caractéristiques de contexte : la pression concurrentielle sur le marché aval et la complexité des produits vendus. La pression concurrentielle aval justifie la recherche de l'efficience de la *supply chain* intégrée du client final au fournisseur. Il s'agit de cumuler, en les conciliant, les avantages de la compétitivité par les coûts et ceux induits par les actions améliorant la valeur perçue par le client. La prise en compte de la complexité des produits vendus va se justifier par le fait :

– qu'elle va impliquer une plus grande complexité des produits achetés ;

– qu'il sera plus difficile pour l'entreprise de détenir l'ensemble des compétences nécessaires au développement, à l'industrialisation et à la distribution de ces produits. Elle devra donc être plus attentive à ce qu'elle doit externaliser, sous la responsabilité de la fonction achats.

Ces deux arguments convergent pour souligner l'importance, pour la fonction achats, de disposer du potentiel de connaissance nécessaire à la maîtrise de la complexité technique, soit en interne, soit par la capacité à mobiliser ses réseaux.

3.2. Le modèle global

L'ensemble des concepts que nous venons de présenter peuvent s'articuler dans la problématique générale suivante (figure V). Ce modèle global structure la recherche et analyse des informations relatives à l'observation de situations réelles. Cette grille de lecture permettra de comprendre comment une entreprise peut développer des stratégies d'achats et de construction d'une *supply chain* qui la positionne sur les plus hauts niveaux du « marchepied stratégique » afin de s'assurer des avantages concurrentiels durables. Ce positionnement dépend de la capacité de l'entreprise à mettre en œuvre les différents leviers que nous avons présentés, leviers dont l'effet devra être d'autant plus puissant que le contexte de l'action stratégique est plus difficile.

Figure V

Le modèle global

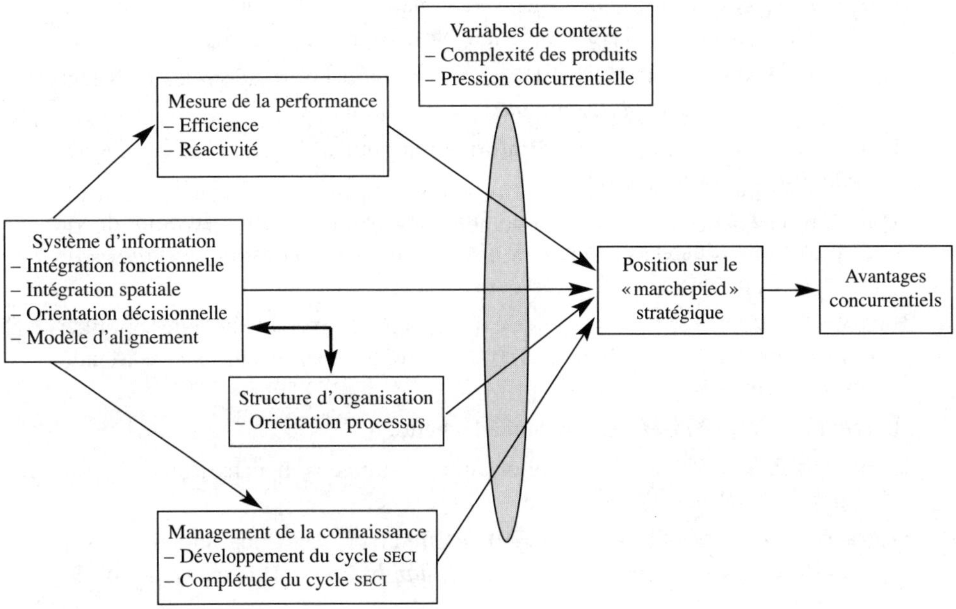

Source : l'auteur.

CONCLUSION

Le modèle général, que nous venons de proposer, résulte d'une construction élaborée à partir des briques élémentaires constituées par les apports d'auteurs reconnus dans les différents domaines du management stratégique des achats, du management de la *supply chain*, de l'architecture des systèmes d'information et du management des connaissances. Il pourrait constituer un cadre théorique de référence pour la réalisation de travaux de recherche académique sur le rôle des systèmes d'information dans le management des achats et de la *supply chain*, et leurs capacités à contribuer à l'obtention d'avantages concurrentiels durables pour l'entreprise.

RÉFÉRENCES BIBLIOGRAPHIQUES

AMMER D. S. (1974), *Materials Management*, Irwin.

ANDERSON J., NARUS J. (1998), « Business Marketing : Understand what customers value », *Harvard Business Review*, vol. 76, n° 6, p. 53-67.

BALLAZ B., BARREYRE P.-Y. (1981), « Le système d'information des dirigeants d'approvisionnement », *Informatique et Gestion*, n° 127.

BALLAZ B. (1983), « Le système d'information pour la fonction achats », *Revue Française de Gestion*, n° 43.

BALLAZ B. (1993), « Le processus de veille stratégique examiné du point de vue des directions d'achats », *Revue de l'Association française de gestion industrielle*, n° 3, p. 65-80.

BALLAZ B. (1990), « SAMAC : Système expert d'aide au management des aptitudes et des compétences », Cahier n° 9007, *Cerag*, ESA, Université Pierre Mendès France de Grenoble.

BARREYRE P.-Y. (1968), *L'Impartition*, Hachette.

BARREYRE P.-Y. (1976), « La fonction approvisionnement dans la stratégie de l'entreprise », *Revue Française de Gestion*, n° 6.

DEGGRAEVE Z., ROODHOOFT F. (1999), « Effectively selecting suppliers using total cost of ownership », *The Journal of Supply Chain Management*, vol. 35, n° 1, p. 5-10.

DEMETER K. (2000), « Buyer-Supplier Relations in Manufacturing », *Business Briefing, European Purchasing & Supply Chain Strategies*, World Markets Research Centre, p. 149-155.

DRUCKER P. (1996), *Structures et Changements*, Village Mondial.

ENGLAND W., LEENDERS M. (1975), *Purchasing and Materials Management*, Irwin.

EVANS P., WURSTER T. (2000), *Net Strategies*, Éditions d'Organisation.

FEITZINGER E., LEE H. (1997), « Mass customization at Hewlett-Packard : the power of Postponement », *Harvard Business Review*, vol. 75, n° 1, p. 116-123.

FISHER M. *et alii* (1994), « Making supply meet demand in an uncertain world », *Harvard Business Review*, vol. 72, n° 3, p. 83-94.

FISHER M. (1997), « What is the right *supply chain* for your product ? », *Harvard Business Review*, vol. 75, n° 2, p. 107-117.

KEEN P. G. W. (1991), *Shaping the future*, Harvard Business School Press.

LESCA H. (1994), *Veille stratégique*, ASTER, Villeurbanne.

LEVY P. (1993), *Les Technologies de l'intelligence*, « Points Sciences », Seuil.

MAGRETTA J. (1998), « The power of virtual integration : an interview with Dell Computer's Michael Dell », *Harvard Business Review*, vol. 76, n° 2, p. 72-85.

MILLAR V., PORTER M. (1986), « Pour battre vos concurrents, maîtrisez mieux l'information », *Harvard-L'expansion*, printemps.

MINTZBERG H.,VAN DER HEYDEN L. (1999), « Organigraphs : Drawing how Companies Really Work », *Harvard Business Review*, sept.-oct.

MONCZKA R. *et alii* (1998), *Purchasing and Supply Chain Management*, ITP.

NALEBUFF B., BRANDENBURGER A. (1996), *La Coopétition : concurrence et coopération*, Village Mondial.

NONAKA I., TAKEUCHI H. (1995), *The knowledge – creating company*, Oxford University Press.

PORTER M. (1985), *Competitive Advantage*, The Free Press.

PRAHALAD G., HAMEL C. (1994), « The core competence of the corporation », *Harvard Business Review*, may-june, p. 122-128.

REIX R. (1999), « Les technologies de l'information, facteurs de flexibilité ? », *Revue Française de Gestion*, n° 123, p. 111-119.

SCOTT-MORTON M. *et alii.* (1991), *The Corporation of the 1990's*, Oxford.

STALK *et alii* (1992), « Competing on capabilities : the new rules of corporate strategy », *Harvard Busines Review*, march-april.

SPALANZANI A., BALLAZ B. (2000), « The Supply Chain Management : practices analysis through some case studies », *Modelling, Measurement & Control*, Series D, vol. 21, n° 3,4, p. 36-46.

SCHEIN E. (1961), « Management Development as a Process of Influence », *Industrial Management Review*, vol. 2, n° 2, p. 59-77.

TARONDEAU J.-C. (1993), *Stratégie industrielle*, Vuibert.

VENKATRAMAN N., HENDERSON J. (1993), « Strategic Alignment : Leveraging Information Technology for Transforming Organizations », IBM *Systems Journal*, vol. 32, n° 1.

Chapitre 5

Évaluer la performance des *supply chains* : mise au point

Richard Lamming
Directeur du Centre de recherche en achat et approvisionnement stratégiques
Université de Bath, Royaume-Uni

Paul Cousins
Conférencier en management des opérations et de l'approvisionnement
Université de Bath, Royaume-Uni

Depuis son apparition au début des années 1980, l'expression *supply chain management* est de plus en plus populaire et largement utilisée[1]. Pour les cultures occidentales, obsédées par la notion de cause à effet, on trouve une attirance intuitive vers la métaphore de la « chaîne ». Nous l'utilisons dans différents contextes : réactions en chaîne, chaîne de commande, chaîne alimentaire, etc. Il n'est donc pas surprenant que l'expression *supply chain* ait été choisie par les managers puisqu'elle est une simplification qui reprend bien l'idée de prise de décision rationnelle.

En réalité, le système de fonctionnement multiorganisationnel que les *supply managers* cherchent à mettre en lumière, n'est pas aussi simple qu'une chaîne. Pour bien comprendre, sa complexité doit être entrevue comme un réseau ou, de manière plus réaliste, comme un désordre complexe, un enchevêtrement. Allant de la théorie mathématique complexe à la vision sociologique, une théorie existe pour aider à comprendre les réseaux. Mais pour appréhender le désordre, nous aurions besoin d'appliquer les théories du chaos et de la logique du flou, au-delà de la vision de la plupart des fins stratèges du moment en ce domaine. Harland (1996) a soigneusement résumé le développement de la perspective approvisionnement à partir des organisations des *supply chains*, à travers une relation dyadique reliant deux organisations (voir figure I).

1. Il s'agit d'une vision des chercheurs collectivement connus, comme le Groupe Marketing et Achat Industriel, cité fréquemment dans des ouvrages (voir Ford, 1990). Dernièrement, les auteurs ont cherché des manières pour gérer les réseaux d'approvisionnement de l'extérieur (Cox *et al.*, 2000) ou de l'intérieur (Lamming *et al.*, 2000).

Figure I

Niveaux de la complexité dans les perspectives du *Supply Management*

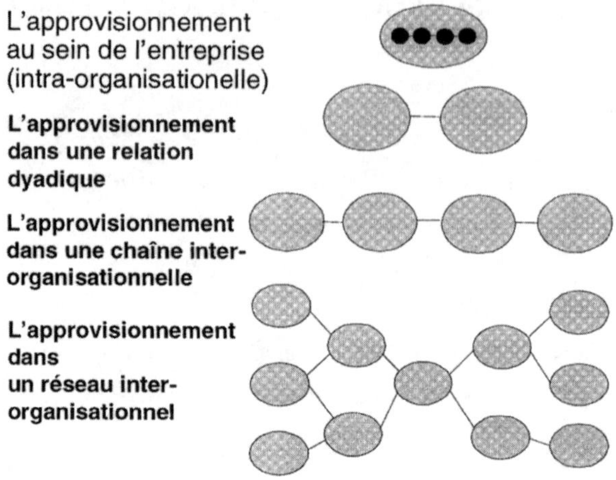

Adaptée de Harland C. M. (1996), « Supply Chain Management Relationships, Chains and Networks », *British Journal of Management*, vol 7, Special Issue, p. S63-S80.

Nous allons même plus loin pour représenter ce désordre complexe qui, pourtant, existe bien (voir figure II). Peut-être serait-il plus approprié de parler de système d'approvisionnement que de *supply chain*.

Figure II

Le Réseau approvisionnement est souvent, en réalité, un désordre

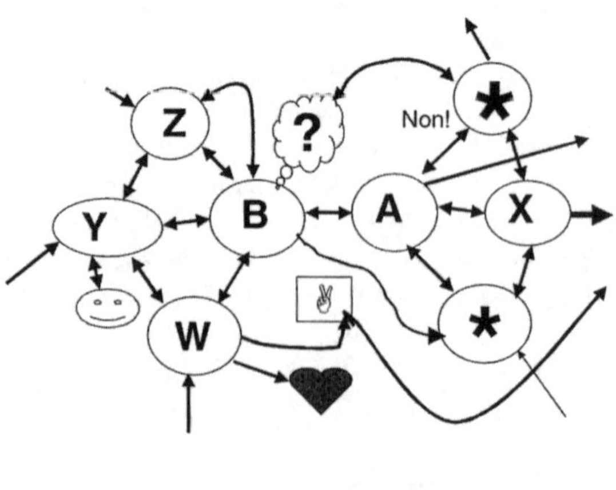

Le système contient (au moins): des zones impénétrables, des quantités inconnues, des boucles, des arrangements sentimentaux, de l'abus, de l'incompétence et des duplications.

À l'intérieur du système d'approvisionnement, il existe un élément qui peut être abordé par les professionnels : la relation entre le client et le fournisseur. Cet élément n'est pas indépendant. Il peut être fortement influencé par les relations que chaque acteur entretient avec d'autres organisations. On peut considérer qu'il s'agit d'un élément gérable d'une manière ou d'une autre, malgré le fait que certains aspects peuvent ne pas correspondre aux hypothèses traditionnelles du management. Le paradoxe qui en ressort est le suivant : la relation d'approvisionnement est gérable mais aucun des acteurs ne peut l'effectuer seul. Cette approche implique certains aspects quand la question de la performance survient.

1. La relation d'approvisionnement

La relation peut se gérer de la même manière qu'une entreprise est dirigée. Il s'agit d'un procédé pour faciliter les mécanismes de l'offre et de la demande. En d'autres termes, on peut apparenter la relation d'approvisionnement à l'huile qui va permettre à la machine de fonctionner. Si un stratège en approvisionnement tente de construire un type de relation incorrect pour la livraison de biens ou de services (par exemple, exercer une approche traditionnelle fondée sur la menace ou encore utiliser son pouvoir économique alors qu'une approche plus orientée vers une collaboration est appropriée), il y a de fortes chances que les résultats escomptés (augmentation de l'innovation, baisse des coûts globaux) ne soient pas atteints. Agir de la sorte reviendrait à mettre une mauvaise huile dans le moteur d'une voiture. Celle-ci finira par tomber en panne. Il est à l'évidence vital que les responsables en approvisionnement identifient les manières adéquates qui vont établir le type de relations désiré au final.

1.1. Performance et qualité

Depuis le développement, au début du XIXe siècle, d'un contrôle statistique de la qualité, les managers cherchent à mesurer tout ce qu'ils peuvent dans les systèmes de fonctionnement, répétant des phrases telles que « ce qui est mesuré est fait » et « ce qu'on ne peut pas mesurer n'existe pas ». Les besoins de fabrication de la seconde guerre mondiale ont alimenté ce développement, entraînant une utilisation largement répandue de systèmes de contrôle de la qualité fondés sur les statistiques en Amérique du Nord et en Europe, ainsi que l'influence de penseurs tels que Deming, Juran, Feiginbaum et Garvin au Japon. Le principe était un large contrôle de la qualité dans l'entreprise, un système qui allait jusqu'à retourner la moindre brique de l'usine pour promouvoir la qualité[2].

Dans les années 1960, l'attention des fabricants semble s'être tournée vers les éléments externes à leurs systèmes propres, vers les entreprises fabriquant des composants et des éléments qui entraient dans la conception des produits qu'ils

2. Le contrôle de qualité semble avoir été pris en compte en production, longtemps avant d'être appliqué aux services. Pour un bon débat, voir au chapitre 7 dans Brown *et al.*, 2000.

assemblaient. Naturellement, les méthodes statistiques, qui étaient devenues très sophistiquées dans le contrôle qualité au sein de l'entreprise, étaient utilisées pour juger les éléments à l'entrée des systèmes de fonctionnement des clients et s'étendaient également aux opérations des fournisseurs.

À ce niveau, on formulait différentes hypothèses implicites qui allaient devenir les bases, pendant quatre décennies, de ce qu'on a appelé la meilleure pratique de la gestion des approvisionnements. En bref :

– les niveaux de qualité des éléments fournis au fabricant par le fournisseur étaient du ressort du fournisseur (cela s'appliquait également à la performance en terme de facteurs tels que la livraison dans les délais impartis) ;

– le client était en mesure de juger de la performance de tous ses fournisseurs et, ainsi, pouvait les comparer les uns aux autres, ne tenant pas compte des conséquences de son propre comportement dans l'évaluation ;

– le client ne devait tenir compte des implications d'aucun autre schéma-client avec lequel le fournisseur est en affaires ;

– le fournisseur révélait des données de fonctionnement sensibles, en réponse à une enquête du client. Ces données étaient éloquentes et authentiques, en dépit du risque que le fournisseur interrogé prenait en révélant ces données.

Tout cela témoigne du pouvoir des consultants en management (qui entrevoyaient rapidement le profit à développer et à vendre de tels schémas) et l'arrogance des clients traditionnels qui ignoraient ou ne reconnaissaient pas les défauts évidents de ces hypothèses. Les schémas de l'évaluation du vendeur (comme ils ont été appelés)[3] ont fleuri et se sont étendus à tous les secteurs de l'industrie, devenant la norme dans des secteurs tels que l'automobile et l'aérospatial. Au Royaume-Uni, l'Institut britannique des normes a repris le thème, développant une norme de management connue sous le code BS 5750 au début des années 1980. Cette norme a été peu à peu reconnue au plan international, et reprise peu de temps plus tard sous l'appellation d'ISO 9000.

1.2. Remise en question des hypothèses

Les hypothèses sur lesquelles était basée l'évaluation du vendeur sont fondamentalement remises en question par les principes émanant du concept de *lean supply*, expliqué pour la première fois en 1993[4]. Un des principes du *lean supply* est que les pratiques traditionnelles de gestion des achats entre le client et le fournisseur tendent finalement plus à inhiber qu'à encourager un approvisionnement efficace, à moins que les deux parties s'investissent dans la relation, ou sous réserve que le client et le fournisseur soient d'accord pour prendre (et gérer) le risque éventuel dans le but d'améliorer le transfert de la valeur.

---

3. Les termes vendeur et fournisseur sont interchangeables en pratique. La subtile différence entre eux est rarement cause de confusion.

4. Lire Lamming, *Beyond Partnership : Strategies for Innovation and Lean Supply*, Prentice Hall, 1993.

De manière générale, l'évaluation du vendeur se base sur le client qui pose des obstacles que le fournisseur doit franchir (n'ayant droit qu'aux règles de jeu du client), et qui utilise les données de mesure obtenues comme un bâton pour battre le fournisseur pendant les négociations. En d'autres termes, les données sont utilisées pour montrer à quel point le fournisseur est mauvais, par exemple dans les délais de livraison, dans le but de l'affaiblir pendant les négociations commerciales lors de l'inévitable confrontation des prix. Par exemple, un client pourra dire à son fournisseur qu'il a été livré à temps dans 91 % des cas durant les trois derniers mois, pensant peut-être que cela va être perçu comme un encouragement. En pratique, puisque le seul niveau de performance acceptable est de 100 %, le fournisseur interprétera cette déclaration comme une faiblesse. On peut s'attendre à ce que le client exploite cette position dans les situations de négociation de prix. L'évaluation est en réalité interprétée comme un blâme.

Face à un blâme, il y a trois manières de se comporter : (a) rejeter la nécessité de blâmer, (b) capituler et accepter le blâme, (c) se venger, c'est-à-dire trouver des raisons de blâmer à son tour. La réponse (a) n'est pas possible en pratique. Une fois le blâme formulé, il est difficile d'imaginer qu'un simple rejet soit satisfaisant. La solution (b) n'est pas acceptable non plus. Un fournisseur qui est constamment pris en défaut et l'admet perdra toute confiance et ne sera plus une source acceptable. C'est ainsi que (c) devient l'unique réponse à long terme du fournisseur : se venger, soit de manière directe (pointer le doigt sur l'erreur du client) ou indirectement (en tolérant le blâme et en récupérant les coûts induits, en risques ou d'une autre manière).

En utilisant cette logique, les principes du *lean supply* révèlent que l'emploi du blâme dans les négociations, comme une réponse humaine naturelle aux difficultés, a comme résultat une perte en terme de coût dans la relation d'approvisionnement. C'est pour cela qu'il faudrait que le blâme soit abandonné mais cela sera évidemment difficile à mettre en pratique.

1.3. L'arrogance dans l'achat

Il est habituel pour les acheteurs de parler de gestion des fournisseurs, le plus souvent comme faisant partie d'une initiative plus globale de l'entreprise. Un tel principe se fonde sur les hypothèses précédemment discutées mais devient déloyal dans la situation pratique dans laquelle se trouve le fournisseur. Le paradoxe est que chaque entreprise doit se gérer, dans le but de convaincre ses actionnaires qu'elle contrôle son avenir et peut garantir un retour sur investissement. Si elle ne parvient pas à le faire, elle risque de perdre de l'investissement et finir par mettre la clé sous la porte. Si une entreprise cliente tente de faire usage d'un quelconque pouvoir politique ou économique pour gérer son fournisseur, ce dernier s'expose à un désastre commercial. En pratique, lorsqu'il fait face à un ultimatum, le fournisseur doit tricher pour survivre. Il n'y a rien de mal à tricher dans ce sens. Cela a constitué une pratique courante pendant une longue période. Certains diront qu'il s'agit d'un caractère immuable à la nature humaine. De toute manière, cela est coûteux et engendre un travail supplémentaire sans valeur ajoutée. La concurrence permet de moins en moins aux entreprises de poursuivre un tel travail fantôme.

Pendant plusieurs années, nous avons étudié les différentes manières dont les entreprises envisageaient les stratégies approvisionnement. Nous avons conclu que les acheteurs et les managers ont adopté le *mantra* instauré par le grand pionnier de la vente en détail, Gordon Selfridge[5]: le client a toujours raison. N'importe qui jouant un rôle commercial sait qu'il s'agit d'une supercherie. Le client n'a pas toujours raison. Au contraire, il a souvent tort. Mais les commerciaux retirent beaucoup de profit du fait que le client se trompe. Le fait que les professionnels de l'achat pensent aujourd'hui avoir constamment raison serait un problème relativement simple s'ils étaient limités par des actions personnelles d'autres acheteurs. Mais les *seniors managers* semblent formuler des stratégies d'approvisionnement comme s'ils avaient toujours raison. Ces illustrations incluent l'évaluation du fournisseur et des plans de développement. Elles sont conduites par les clients, comme s'ils connaissaient toujours la meilleure solution. Les acheteurs se sentent souvent dépendants, contrôlés par les *supply chains* à l'intérieur même du réseau pensant être, mieux que quiconque, les seuls à avoir une vision claire des choses. Cela sous-entend que les fournisseurs vont rester passifs à faire seulement ce qu'on leur demandera de faire[6].

C'est une règle connue dans le monde des affaires qu'une entreprise qui prend des risques sans se protéger aura sous peu de grosses difficultés. Si deux parties discutent d'une entente commerciale et que l'une dit à l'autre « vous assumez tous les risques et nous profiterons de tous les bénéfices », la proposition paraîtrait ridicule. Et pourtant, c'est tout à fait ce que les clients commerciaux et industriels proposent constamment à leurs fournisseurs lorsqu'ils entament ce qu'ils appellent une négociation à livre ouvert. Le fournisseur encourt le risque que son client abuse de sa confiance. Le client aura l'avantage de voir les prix à la baisse avec, pour conséquence, une réduction du *turnover* des ventes pour le fournisseur, ce que le client prétend ignorer. Le fournisseur ne peut pas raisonnablement prendre un tel risque sans se prémunir. Il se protège effectivement, en faussant leurs réponses à la demande. Les informations obtenues des fournisseurs sous la contrainte pendant la négociation à livre ouvert ne sont pas dignes de confiance. S'ils ne mentent pas, ils ne prennent pas pour autant des risques inconsidérés.

Les clients peuvent également tenter de déjouer les plans du fournisseur en ayant recours à des spécialistes pour enquêter sur la situation en sorte de vraiment savoir de quoi il retourne. Ironiquement, de telles personnes finissent en pratique

---

5. Gordon Selfridge était un Américain vivant en Angleterre au début du vingtième siècle. Sa marque est encore connue dans la vente aux particuliers, spécialement dans l'habillement féminin.

6. Nous avons étudié cette attitude en profondeur et l'avons appelée le *syndrome du point avantageux*. Lire Lamming, 1996.

par devenir les ennemis des acheteurs, utilisant des informations secrètes pour tester la compétence de l'acheteur pendant la négociation. Cela conduit à une troisième partie : qui triche ? Le problème le plus courant est que les acheteurs sont conscients que le fournisseur ment et acceptent les mensonges sachant qu'il serait ardu de lui faire dire la vérité. Les fausses informations sont professionnalisées, grâce à des rapports éloquents et formels. Elles sont transmises aux cadres dirigeants, qui les acceptent. Cela devient une information d'entreprise comme une autre.

Pour briser le cercle vicieux, le client doit prendre un risque. C'est quelque chose de relativement nouveau pour les responsables achat. Les acheteurs sont rarement autorisés à prendre des risques en affaires avec l'argent de l'entreprise et ne sont pas, pour la plupart, préparés à le faire. Cela fait d'eux des personnes complètement allergiques à la prise de risque.

Si le client ne prend pas de risque dans ce domaine, pourquoi le fournisseur devrait-il le faire ? Le client doit simplement établir les règles et montrer la mise en œuvre de l'arrangement. Le fournisseur doit accepter d'être constamment évalué, tandis que le client doit assumer son rôle de partenaire loyal et honnête. Il n'est pas surprenant que, lorsqu'ils font face à une telle situation, les fournisseurs ont tendance à tricher. Ils deviennent alors experts pour traiter un tel arrangement à sens unique. En plus de son arrangement avec le client, le fournisseur peut tirer profit de l'expérience qu'il aura su acquérir d'autres arrangements du même type (y compris ceux passés avec les concurrents du client). Les coûts à imputer à l'interface (prime de risque, maintien d'un certain ordre etc.) s'ajoutent au coût de transfert de la valeur du fournisseur au client (ou, sous un autre angle, le coût d'extraction d'une valeur de la transaction pour le fournisseur). Le résultat est que le produit final ou le service perd son attrait économique, du moins à long terme, si d'autres clients et fournisseurs perpétuent cette façon irrationnelle de travailler. Pour les besoins de l'argumentation, nous définissons la valeur comme étant le retour financier qui rend la transaction intéressante, pour le client et pour le fournisseur.

L'argument théorique du *lean supply* est, par conséquent, de réduire les coûts dans les relations d'approvisionnement, chaque partie devant respecter les risques de gestion de l'autre[7]. Il n'en va pas ainsi dans la traditionnelle évaluation du vendeur.

Cela ne signifie aucunement qu'une entreprise qui applique l'évaluation du vendeur fasse quoi que ce soit d'inapproprié ou de faux. Dans certains cas, les fournisseurs peuvent sincèrement tirer un profit de tels arrangements, tant qu'ils élèvent leur jeu pour correspondre aux exigences du client. Certaines entreprises exemplaires tiennent bon. Elles ont développé des programmes d'évaluation dans le respect de l'autre et dans une volonté sincère de l'aider. Dans certains cas, même les cérémonies pour désigner le fournisseur de l'année sont vécues très sérieusement.

---

7. Cela représente, évidemment, une grande connaissance de la littérature sur la gestion du risque partagé. Mais peu de pratiques observées s'appliquent aux relations fournisseurs.

En ce qui concerne certains arrangements, les clients mettent en place une évaluation à double sens bien que cela semble parfois se résumer de la manière suivante : « Je vais te blâmer pour tous les problèmes dans notre relation, tu me blâmes, et regardons alors lequel de nous deux sortira vainqueur[8] ! » Dans certains cas, une exploitation mutuelle, franche et sans hypocrisie est l'unique manière de travailler. Ce que la théorie suggère, c'est que la réduction de coût et l'apprentissage de l'amélioration des opportunités qui existent en *lean supply* ne peut voir le jour sous le régime traditionnel de l'évaluation des fournisseurs, qui est finalement un vestige de la pensée de la production de masse du dix-neuvième siècle.

Lorsque l'évaluation du fournisseur se transforme en développement du fournisseur, les choses se compliquent. Un client qui cherche à voir son fournisseur se développer recherche en réalité une seule chose : que celui-ci devienne une meilleure partie d'une seule *supply chain*, la sienne ! Pour un client, l'idéal serait que son fournisseur travaille excellemment pour lui et soit peu performant pour les autres. Cela ne peut évidemment exister dans la pratique. Le fournisseur ne le permettrait pas. Par conséquent, on ressent une certaine tension dans le développement du fournisseur, souvent atténuée par le fait que le fournisseur apprend ce qu'il peut grâce à différentes sources (clients). Aucun client ne peut contrôler ce procédé. C'est pour cette raison que pour mesurer la performance de la gestion de l'approvisionnement, il est primordial de prêter attention à la relation (l'élément à évaluer), plutôt qu'au client et/ou au fournisseur. Ce point de vue est rarement reconnu dans les pratiques commerciales fondées sur l'hypothèse arrogante selon laquelle le client a toujours raison.

Dans les premiers jours avec un nouveau fournisseur et pour les besoins d'une appréciation précontractuelle, le client devrait avoir recours à un arrangement d'évaluation à sens unique. Cependant, si l'évaluation de la performance d'un fournisseur stratégique est une nécessité (ce qui revient en réalité à évaluer la santé de la relation), la question devient : comment concilier, au moins partiellement, les avantages offerts par la *lean supply* ?

1.4. Le concept d'évaluation d'une relation

Il existe un large éventail d'ouvrages qui traitent de la relation entre les entreprises. Une lecture globale de ceux-ci étaye nos précédentes observations : la relation entre les entreprises ne peut être étudiée comme une entité statique. Il s'agit d'un processus qui permet de répartir une somme de valeurs données entre les parties concernées. Cela implique que la relation d'approvisionnement doit être perçue comme un moyen pour atteindre une fin et non une fin en soi. Comme

---

8. Dans d'autres cas, néanmoins, de telles approches peuvent fonctionner. Le fameux *Relationship Positioning Tool* développé par le *Supply Chain Management Group*, à l'université de Glasgow, est un véritable succès. Beaucoup d'entreprises utilisent ces méthodes d'évaluation à double sens et cela semble apporter des bénéfices opérationnels.

pour n'importe quel autre processus, pour que celui-ci procure un avantage concurrentiel, une relation doit conduire à des débouchés clairement définissables. Cela renforce la conclusion faite préalablement que pour espérer de véritables bénéfices, l'évaluation de la performance doit plus s'attarder sur la relation que sur le fournisseur. De plus, les relations d'approvisionnement ne sont pas identiques entre elles ; il est évident qu'il faut les étudier au cas par cas, produit par produit ou service par service. Il n'est pas suffisant d'observer la relation générale entre l'entreprise A et l'entreprise B : c'est le processus de relation spécifique qui devient la base de l'analyse du produit ou du service. Ce point est primordial car il met en relief la nécessité d'une méthode pratique pour analyser les relations spécifiques, révélant la complexité du sujet ainsi que la nécessité d'une simplicité de l'approche pour pouvoir le gérer. Avec ce précepte essentiel à l'esprit, il apparaît que toute mesure de performance concernant la relation en approvisionnement devrait faciliter la répartition de valeur entre le client et le fournisseur grâce au développement de relations appropriées.

Pour qu'une relation joue pleinement son rôle, il est important de développer le processus relationnel le plus approprié pour le produit ou le service que l'on gère. Comme dans tout autre processus, les coûts et les bénéfices existent. La recherche prétend rarement que les entreprises saisissent complètement la nature complexe des coûts globaux à imputer aux frais de transaction ou, du moins, ne le reconnaît pas en pratique[9]. Pour mener à bien l'évaluation, les coûts de la gestion de relation peuvent être classés dans trois domaines distincts (voir figure 3) :

– coûts opérationnels de la gestion quotidienne de la relation, tels que l'émission de factures, le développement des ordres d'achat et des bons de commande. On peut les calculer en terme de temps, c'est-à-dire en heures de travail ou en temps d'utilisation de l'ordinateur ;

– coûts directoriaux de la gestion de la relation elle-même, tels que pour la résolution d'un problème, la gestion de la communication ainsi que la gestion de la comptabilité. À nouveau, on peut utiliser les heures de travail ou mesurer le temps passé à résoudre un problème donné ;

– coûts stratégiques reliés au fait d'avoir un fournisseur ou un client privilégié. Coûts éventuels liés à une trop grande dépendance, à un changement de sources ou à une stagnation technologique (une redondance du savoir-faire).

9. Lire Cousins (1999), pour débattre des différentes manières d'interpréter les coûts de transactions.

Figure III

Perspectives sur les coûts globaux

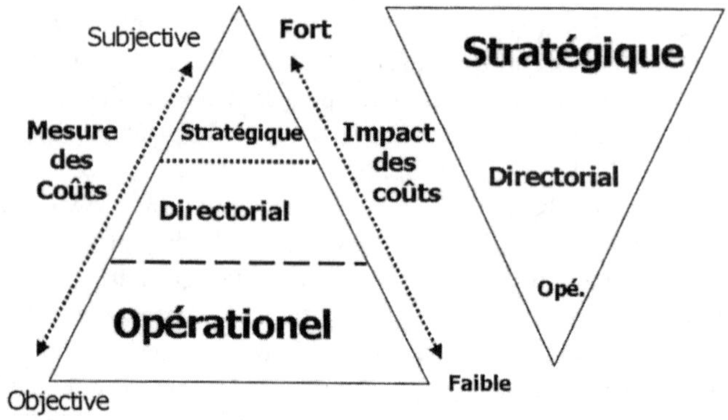

Les approches traditionnelles s'attardent surtout sur les coûts objectifs, opérationnels mais les coûts stratégiques, sans doute plus subjectifs, ont des impacts plus larges.

Ces coûts peuvent être compensés par les bénéfices éventuels de la transparence de la relation, tels que de meilleurs arrangements tarifaires, une diminution du délai de livraison, une croissance de l'innovation de produit. Le point clef de cette argumentation réside dans le fait qu'il faut que les bénéfices escomptés surpassent les coûts de développement de la relation, autrement l'entreprise ne se lancera pas dans cette voie.

En cherchant à maximiser son profit ou la valeur de l'action, l'entreprise devrait trouver la manière la plus rentable de gérer ses approvisionnements. Dans certains exemples, cela va impliquer une attention particulière sur la baisse des coûts. Pour d'autres, l'accent va porter sur la mise en valeur de la performance du produit, en développant des produits nouveaux et innovateurs. Il est important que les entreprises aient la relation la plus appropriée pour atteindre leur objectif final, choisir parmi un éventail de types ou de styles de relation, fondée sur des exemples clairs pour chaque produit ou service qu'ils achètent et appuyée par les ressources et les capacités requises pour parvenir à mesurer et à gérer de telles relations complexes.

Le danger opérationnel est que les entreprises analysent uniquement les coûts qu'elles peuvent voir, qui correspondent aux coûts objectifs. Quelle que soit l'efficacité des méthodes utilisées dans ce but, l'approche est incomplète. Comme le montre la figure III, les conséquences commerciales sont d'autant plus importantes que la complexité des coûts s'accroît. Par conséquent, quand les entreprises rationalisent leur base approvisionnement ou recherchent des manières d'améliorer la valeur ajoutée, il leur faut évaluer non seulement les coûts opérationnels mais également les coûts directoriaux et stratégiques. En ignorant cette complexité, même si cela peut sembler plus expéditif, on peut arriver à mettre en place des stratégies qui réduisent des coûts à faible impact mais qui augmentent ceux qui ont un fort impact.

2. Une approche pragmatique de l'évaluation du fournisseur au stade précontractuel : le modèle de management du vendeur

Le modèle de management du vendeur (MMV) a été développé par Cousins en 1992. Le modèle se construisait sur le concept de prise de décision à multicritère (PDMC) utilisant une technique connue en tant que traitement analytique de la hiérarchie. Le fondement de cette technique était une recherche empirique qui identifiait dix critères de sélection qui étaient impliqués dans la sélection et qui soutenaient la gestion des relations acheteur-fournisseur. À l'usage, le MMV exigeait du fournisseur et du vendeur qu'ils évaluent l'autre partie en utilisant des outils informatiques. Le résultat était un diagramme qui révélait si la relation était ou non homogène, et dans le cas contraire soulignait l'attention à prêter à un domaine précis. Comme ces outils fonctionnaient bien, deux points clés parlaient d'eux-mêmes. Premièrement, il s'agissait d'un bon moyen pour arriver à une cohésion à l'intérieur des organisations ainsi qu'entre elles. Cela était déjà un point bénéfique en soi, permettant facilement aux personnes de discuter des issues clés en accord avec le type de relation. Deuxièmement, l'utilisation d'un outil informatique simple permettait d'évaluer plus aisément la relation, en se focalisant sur l'implication des deux parties (acheteur et fournisseur). En allant aussi loin que possible, le MMV permet une évaluation à double sens, réduisant au minimum le blâme, abordé dans les parties précédentes. Cependant, le réel défi demeure : comment évaluer la relation ?

2.1. Le développement du processus d'évaluation de la relation

En 1993, pour combiner les forces du MMV aux principes du *lean supply*, et en cherchant une application pratique de la théorie, un projet de recherche appliquée a été lancé à Bath qui se devait de développer le processus d'évaluation de la relation ou le *Relationship Assessment Process* en anglais (RAP©)[10]. Cela a été envisagé pour servir d'outil de gestion, simple d'usage mais tenant compte de la complexité des principes du *lean supply* et du MMV. En travaillant avec des partenaires industriels pendant trois ans, le projet a abouti au développement de l'outil RAP comme modèle de travail à la fin de l'année 1996[11]. Le principe de l'évaluation de la relation est que le fournisseur et le client développent une ossature commune de critères qu'ils peuvent utiliser pour évaluer la relation (à nouveau, spécifique à un produit ou à un service), après avoir évalué de manière artisanale leur propre approche de la relation. La figure IV explique ce principe. Le modèle du RAP est repris à la figure V.

10. Le projet a été créé par le *UK Engineering and Physical Sciences Research Council* et appuyé par à une étroite collaboration avec ICL, *British Airways*, *Shell Downstream Procurement* ainsi que *Partnership Sourcing Limited*. Pour épauler les deux auteurs, l'équipe de recherche a été renforcée par Dorian Notman, qui est aujourd'hui un conférencier en acquisition et logistique à l'université de Cranfield, au Royal Military College of Science à Shrivenham au Royaume-Uni.

11. Le projet RAP a été rapporté aux conférences de l'IPSERA en 1995 et en 1996, et est repris dans l'ouvrage de Lamming *et al.*, 1996.

Figure IV

Le principe de l'évaluation d'une relation

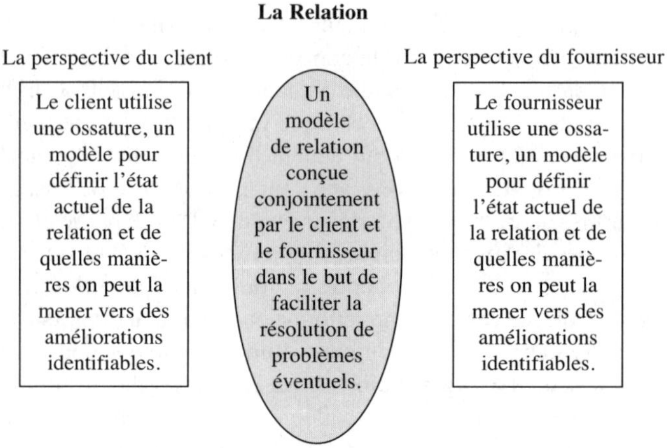

Figure V

Le modèle du RAP, développé à Bath en 1996

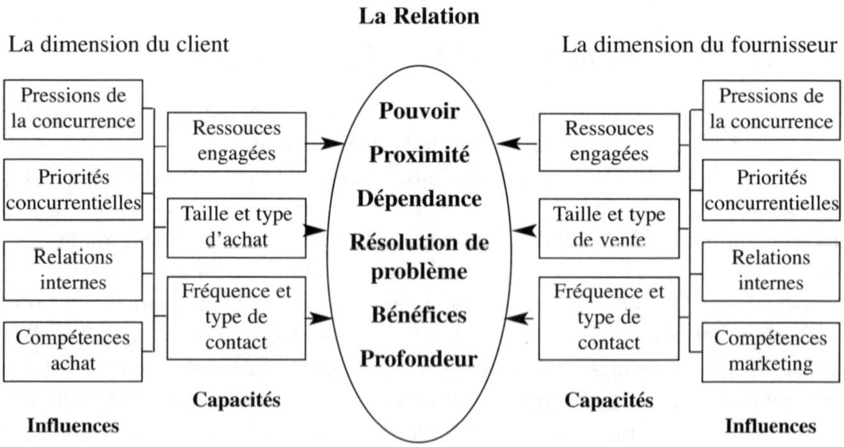

Développé au CRISPS, université de Bath, 1996 : licensed to A T Kearney, 1997.

2.2. Développer l'évaluation de la relation : un cas dans l'industrie aérospatiale britannique

Au début des années 1990, la Société du Royaume-Uni des entreprises britanniques de l'aérospatiale (the *UK's Society of British Aerospace Companies* : SBAC) a pris une initiative pour améliorer ses relations interorganisationnelles, pour atteindre un meilleur coût compétitif et impulser une plus grande opportunité d'innovation dans le secteur. Cette initiative a été baptisée les Relations de *Supply Chain* dans l'aérospatiale (SCRIA en anglais). Vers la fin 1997, la partie du SCRIA qui travaillait sur les relations d'approvisionnement, développa une nouvelle étape d'amélioration en recherchant un outil d'évaluation répondant à ses besoins spécifiques. Ces travaux ont débouché sur un outil d'évaluation de la relation, mettant en pratique les principes précédemment énoncés[12].

Le but de l'outil d'autoévaluation de la SCRIA, tel qu'il était qualifié durant le développement du projet, était de fournir un élément du processus des étapes suivantes. Ceci est un point extrêmement important : alors que le principe de l'outil est général, cette version sera utilisée comme faisant partie du processus tout entier.

Pour parvenir à cela, différentes conditions sont nécessaires. Premièrement, les personnes prenant part à la relation, travaillant pour le client et/ou le fournisseur, doivent accepter que les problèmes relationnels ne soient pas uniquement à mettre sur le compte de l'autre. Ceci étant clarifié, il devient évident que les systèmes prévus pour répartir les blâmes ne peuvent pas faire que cela, donnant à l'un l'impression qu'aucune action correctrice n'est nécessaire de leur part (habituellement le client) et à l'autre le sentiment selon lequel, quoi qu'elle fasse, l'autre partie va toujours trouver d'autres problèmes opérationnels pour blâmer, ce qui conduit, par conséquent, au seul chemin rationnel : tricher.

Cela est de loin le plus grand défi dans l'évaluation d'une relation, un *sine qua non* qui doit être reconnu et constamment à l'esprit de tous, même dans les moments les plus durs de la crise. Il représente une révolution complète dans les approches traditionnelles en achat et demeure très difficile à réaliser.

Ce fut en se rapportant à ce cas que l'industrie aérospatiale britannique, confrontée à la réduction des budgets de l'armée liée à la fin de la guerre froide, entreprit sa mutation au début des années 1990. La nécessité de travailler ensemble dans le secteur a été un appui positif en faveur du développement du SCRIA et de son principe d'évaluation des relations.

L'exigence suivante fut un plan de travail d'analyse. Dans le projet SCRIA, cela s'est traduit par de profondes entrevues avec les entreprises qui allaient utiliser le processus des étapes suivantes[13]. Le résultat a été une matrice de trente-six

12. Le projet a été mené entre janvier et juillet 1998. Pour compléter les auteurs, l'équipe de recherche a inclus Sam Hogan, aujourd'hui l'un des directeurs de *Esensys Ltd.* à Londres.

13. Le SBAC a un programme de cours de formation pour ses entreprises membres, désireuses de s'engager dans le processus des étapes suivantes.

critères, groupés en cinq catégories, qui pouvaient s'utiliser pour décrire ce qui se passait typiquement dans telle ou telle autre relation. Pour chaque critère, on a identifié cinq niveaux de développement, de basique à avancé. Pour décrire la relation courante ou désirée, on avait besoin uniquement de chercher parmi les trente-six critères la description qui correspondait le mieux à la réalité (ou à l'état souhaité). La matrice et l'outil ont été développés comme des applications à utiliser avec Microsoft Excel®. La figure 6 montre un exemple des critères.

Tableau VI

Un exemple de l'usage des critères pour décrire la relation selon l'outil d'évaluation de la relation du SCRIA

Critère : Connaissance du Marché et des Affaires

Relation basique — Relation avancée

	1	2	3	4	5
Conscience du marché et des affaires	Une seule partie connaît le marché final actuel	Les deux parties connaissent le marché final et le client. Ils fournissent des informations sur leur situation	Chaque acteur connaît bien le marché ainsi que la situation de l'autre	Chaque partie connaît le marché de l'autre ainsi que sa situation mais une seule connaît les autres marchés potentiels	Les deux parties connaissent les marchés potentiels et travaillent ensemble

Si la relation se caractérise par « Les deux parties connaissent le marché final et le client fournit des informations sur sa situation » alors l'utilisateur mettra 2 comme score sur ce critère en cochant la case 2.

Extrait de SCRIA RET Lamming, Cousins et Hogan, 1998.

À ce niveau, il est préférable de reprendre quelques principes de base. Tout d'abord, on décrit la relation et non le fournisseur. Il ne s'agit pas d'un outil pour critiquer le fournisseur ou le client, car la réponse à une critique constante et institutionnalisée est la triche, ce qui n'est d'aucun bénéfice pour le développement de la relation entre les deux parties.

Deuxièmement, la matrice de l'outil SCRIA a été jusqu'à présent conçue pour l'industrie aérospatiale. D'autres industries nécessiteraient des outils plus affinés à leur contexte ou alors de l'efficacité de l'approche complète du RAP[14].

Troisièmement, la relation à laquelle l'outil se réfère concerne un produit ou un service spécifique qui s'échange entre les entreprises. À chaque moment donné, un couple client-fournisseur noue différentes relations, avec différents états désirés. Cet outil est également mobilisable lors des étapes suivantes.

Après avoir développé l'ossature (aujourd'hui connue sous le nom d'outil d'évaluation de relation ou OER), le procédé pour utiliser cet outil a été développé. La figure 7 le montre et l'explique.

Figure VII

L'outil d'évaluation d'une relation du SCRIA

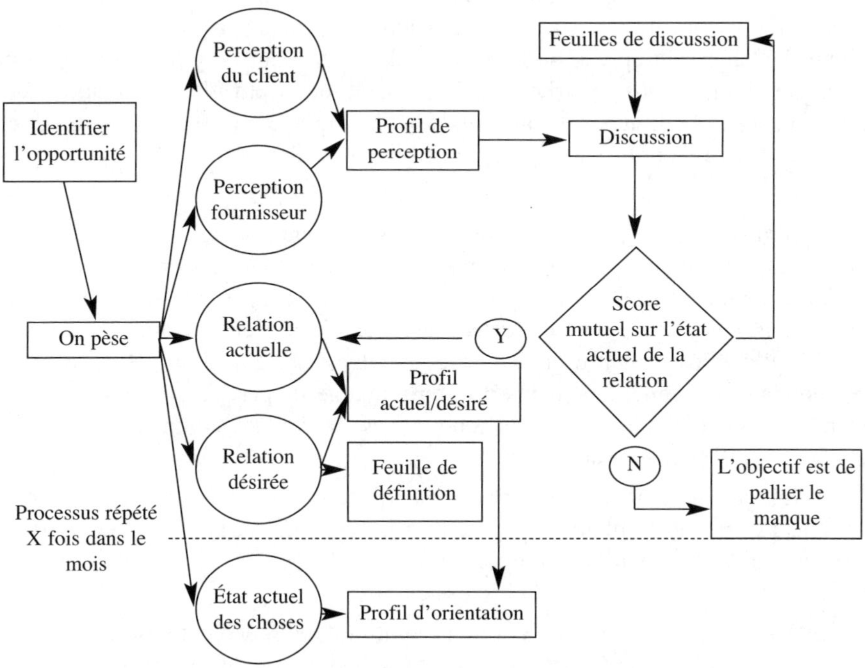

Source : Lamming, Cousins et Hogan 1998

14. L'initiative de la *Society of Motor Manufacturers and Traders* appelée le Forum de l'industrie, qui a mené un travail de développement très avancé concernant les relations avec les fournisseurs dans l'industrie automobile du Royaume-Uni, utilise une version de l'évaluation développée initialement avec le CRISPS durant le projet RAP. Se rendant compte qu'elle aurait besoin du soutien d'un grand cabinet pour atteindre ses pleins objectifs commerciaux, l'université de Bath a vendu la licence du RAP au grand cabinet de consultants en stratégie A.T. Kearney en 1997. Le SCRIA RET, pendant ce temps, a été adopté par les compagnies de l'aérospatiale et certaines parties du ministère de la Défense britannique.

2.3. Les étapes du processus

L'entreprise qui engage le processus (habituellement le client, mais pas obligatoirement) doit commencer avec une opportunité commerciale très claire. Par exemple, il peut entrevoir la faisabilité de réduire les coûts induits par le contrôle des matériels en fournissant un accès intranet à son fournisseur. Un tel projet doit être conduit par l'énoncé de la mission : « Si nous arrivions à éliminer le besoin de progrès concernant les livraisons, nous pourrions épargner x % des coûts opérationnels dans cette *supply chain.* » Une analyse coût/profit est alors nécessaire, pour pouvoir atteindre les résultats escomptés. Comparer le coût de l'opération avec le bénéfice engendré permet de vérifier que l'on a bien ajouté de la valeur économique.

Chaque entreprise utilise la matrice pour décrire ou évaluer la relation telle qu'elle la juge de façon courante, sélectionnant le critère qu'elle trouve représentatif de ce cas précis. Cela nécessite une équipe qui réunit diverses fonctions de l'entreprise. La relation ne concerne pas uniquement les services achat et Vente. Les deux entreprises se retrouvent alors avec leurs équipes pour choisir d'un commun accord le critère suffisamment descriptif de la situation du moment. Il ne s'agit aucunement d'une simple affaire, certainement irréalisable par des entreprises qui n'ont pas déjà une bonne relation de travail[15].

Après avoir décrit la situation présente, les deux entreprises utilisent le même processus (sans changer leurs manières de procéder pour choisir le critère qui définit la manière idéale de traiter leurs affaires) pour identifier l'état pour lequel la relation devrait exister pour réaliser des bénéfices. Cela entraîne un certain nombre d'actions à mettre en œuvre pour atteindre l'état désiré. Ces actions deviennent les premiers éléments d'un programme de gestion de projet qui est mené conjointement par les deux entreprises, travaillant comme une équipe fondée sur une bonne relation.

Après une période prédéterminée, on utilise à nouveau l'outil, pour voir comment a évolué la relation, par rapport à l'état désiré. L'outil informatique contient plusieurs rapports de microanalyse qui peuvent être utilisés par l'une ou l'autre des parties pour mener la discussion.

Quand on a utilisé cet outil et que l'opportunité initialement envisagée a été saisie, il est possible de mener les affaires sur cette base de façon répétée.

L'outil d'évaluation d'une relation du SCRIA a été développé pendant quatre ans en recherche et deux ans sur le terrain en collaboration avec le SBAC pour préparer l'industrie à une toute nouvelle approche de la gestion des fournisseurs. D'autres initiatives du SCRIA ont également mis fin à l'immobilisme ambiant, au profit d'une nouvelle vision des choses. Le projet dans son ensemble démontre ce qu'il est possible de réaliser lorsque l'on travaille sur la théorie et son application pratique.

---

15. En pratique, il a été possible de tenir tout le planning du processus en un seul jour.

CONCLUSION

Les défauts de la pensée traditionnelle révélés dans ce chapitre sont rarement reconnus en pratique : les clients continuent de demander à leurs fournisseurs de s'incliner respectueusement devant leurs méthodes standardisées d'évaluation, et feignent d'ignorer l'impact de leur propre comportement sur la performance du système d'approvisionnement, dédaignant l'efficacité d'une bonne relation. Les acheteurs reconnaissent, de façon individuelle, le manque d'intelligence dans une évaluation à sens unique. Dès que l'on dépasse le stade précontractuel, les intentions d'évaluation des entreprises se doivent d'aller au-delà de simples pratiques de « blâme » à double sens, au-delà même des méthodes d'évaluation les plus fortement développées.

Il est probable que les avancées technologiques, en sous-traitance, en e-commerce, et en rapidité des transactions, révèlent les défauts des systèmes actuels d'évaluation du fournisseur. Il se peut également qu'une manière de pensée totalement nouvelle et radicale soit nécessaire pour que les stratèges en achat viennent à bout des coûts et contraintes systémiques que l'on associe aux méthodes traditionnelles et aux relations imparfaites.

Ce chapitre est le constat de l'évolution d'une idée, de la théorie à la pratique. Le processus d'évaluation de la relation ainsi que l'outil d'évaluation de la relation ne permettent peut-être pas aux entreprises de gérer le désordre. Mais ils peuvent s'appliquer à l'élément gérable du système : la relation.

On dit souvent que le futur est déjà à nos portes mais qu'il n'a pas encore été partagé de façon équitable. Les idées radicales s'orientent de cette manière et bien que l'on puisse s'attendre à ce que les méthodes d'évaluation du vendeur existent encore plusieurs années, peut-être pour toujours, l'avancée du concept d'évaluation de la relation semble connaît un très bon début au Royaume-Uni.

RÉFÉRENCES BIBLIOGRAPHIQUES

BROWN S. E., LAMMING R. C., BESSANT J. R., JONES P. (2000), *Strategic Operations Management*, Butterworth Heinemann, U.K.

COUSINS P. D. (1999), « Supply Base Rationalisation : Myth or Reality ? », *European Journal of Purchasing and Supply Management*, n° 5 (3/4), p. 143-155.

COX A. W., SANDERSON J., WATSON G. (2000), *Power Regimes – Mapping the DNA of Business and Supply Chain Relationships*, Earlsgate Press, U.K.

FORD D. (ed) (1990), *Understanding Business Markets : Interaction, Relationships and Networks*, (edited by David Ford for the Industrial Marketing and Purchasing Group), Academic Press. Reprinted : Dryden Press (1995), U.K.

HARLAND C. M. (1996), « Supply Chain Management : Relationships, Chains and Networks », *British Journal of Management*, n° 7, Special Issue, p. S63-S80.

HARLAND C. M., LAMMING R. C., Cousins P. D. (1999), « Developing the concept of supply strategy », *International Journal of Operations & Production Management*, n° 19 (7), p. 650-673.

HOULIHAN J. B. (1992), « International supply-chain management », *chapter 12 in* CHRISTOPHER M., *Logistics : The Strategic Issues*, Chapman & Hall, U.K., p. 140-159.

LAMMING R. C. (1993), *Beyond Partnership : Strategies for Innovation and Lean Supply*, Prentice Hall, U.K.

LAMMING R. C. (1996), « Squaring lean supply with supply chain management », *International Journal of Operations and Production Management*, n° 16 (2), p. 183-196.

LAMMING R. C., COUSINS P. D., NOTMAN D. M. (1996), « Beyond Vendor Assessment : Relationship Assessment Programme », *European Journal of Purchasing and Supply Management*, n° 2 (4), p. 173-181.

LAMMING R. C., JOHNSEN T. E., ZHENG J., HARLAND C. M. (2000), « An Initial Classification of Supply Networks », *International Journal of Operations Management*, n° 20 (5/6), p. 675-691.

Chapitre 6

PARTENARIAT ET COLLABORATION TECHNOLOGIQUE DANS LA *SUPPLY CHAIN* INDUSTRIELLE[1]

A. J. van Weele et F. A. Rozemeijer

Professeurs à l'université de technologie d'Eindhoven

En 1998, une recherche a été réalisée à l'université de technologie d'Eindhoven pour le compte de la chambre de commerce hollandaise et un certain nombre de grandes entreprises industrielles des Pays-Bas. L'objectif majeur était d'étudier pourquoi des opportunités de développement et d'innovation de produit n'ont pas vu le jour, malgré les bonnes intentions des entreprises impliquées et les larges connaissances dans ce domaine.

L'étude était dirigée par *The Institute for Purchasing and Supply Développement* (IPSD). Nous avons commencé par étudier la littérature actuelle sur les relations de partenariat et d'ingénierie simultanée. Les résultats de cette partie de l'étude ont été publiés dans un journal reconnu. Par la suite nous avons conduit des interviews approfondies avec les leaders technologiques aussi bien en production que parmi les fournisseurs industriels. Ce chapitre résume les conclusions de cette étude.

1. Les connaissances actuelles

« L'évolution rapide du contexte international de la concurrence » peut expliquer le développement des relations entre fabricants (sous-traitants) et fournisseurs. La mondialisation dans le domaine des affaires, le développement rapide de l'informatique, et les tendances à la fusion et à la concentration pour beaucoup d'entreprises industrielles, obligent un grand nombre d'industriels à adapter leurs stratégies en sorte d'accroître leur productivité et leur flexibilité. Dans ce but, les décideurs revoient en profondeur leurs domaines d'activité en termes de *core business* et d'activités auxiliaires. Dans plusieurs cas, ils décident de sous-traiter ce qui ne fait pas partie de leur *core business* à des fournisseurs spécialisés (voir figure I). De ce fait, les industriels sont devenus, petit à petit, de plus en plus dépendants de leurs fournisseurs, non seulement en termes de performances opérationnelles mais certainement aussi dans le domaine de l'innovation

---

1. Cette contribution est une version retravaillée de celle qui a été publiée dans le *Proceedings of the 8th International Annual* IPSERA *Conference,* « Perspectives on purchasing and supply for the Millennium », organisée du 28 au 31 mars 1999 à Belfast et Dublin.

produit et procédé. Ceci a conduit fréquemment les industriels à reconsidérer le rôle et la position que les fournisseurs occupent dans leurs chaînes de valeur.

Figure I

L'impact des changements concurrentiels et environnementaux sur le rôle et la position des fournisseurs.

Développements de l'environnement	***Conséquences pour les fabricants industriels***	***Impact sur les relations avec le fournisseur***
– mondialisation du commerce – informatique/ possibilités de communication – tendances à la concentration dans beaucoup d'industries – tendances au changement de comportement du client	– recentrage sur le métier – augmentation de la sous-traitance – benchmarking interne et externe – réduction du *time-to-market* – développement plus rapide – approvisionnement mondial	– fortes demandes en termes de qualité et logistique et (intégraux) coûts des produits – possibilité d'innovation – spécialisation : centrée sur les spécialités technologiques et clients
⇩	⇩	⇩
Pression concurrentielle	*Amélioration continuelle position dans la* supply chain	*Réorientation sur le rôle et la constante de la productivité*

De nos jours, cette réorientation du rôle et de la position des fournisseurs dans les réseaux d'approvisionnement peut s'observer dans beaucoup d'industries. En raison de la forte concentration des acheteurs, les fournisseurs du secteur de la vente au détail sont confrontés à une augmentation croissante de demandes en termes de contributions financières et de performance logistique. D'autres exemples existent dans l'industrie automobile et électronique où les fournisseurs sont tenus responsables de fournir les composants durant la conception du produit final en échange de prix préarrangés. En général, les fabricants ont adopté des modèles de relation plus différenciés dans les marchés *business-to-business*. Nous avons trouvé dans la littérature deux approches différentes sur la manière dont de tels modèles de *business-to-business* peuvent être étudiés et structurés. L'approche *supply chain* (*cf.* les ouvrages de Ellram et Cooper, 1990 et Van Goor, 1998) et des approches où les relations fournisseur sont étudiées à partir d'une perspective réseau (*cf.* Hakanson, 1982 et Wijnstra, 1998). Du point de vue du sous-traitant, les relations fournisseur peuvent être structurées de manières différentes. Au fil des années, beaucoup de sous-traitants ont appris à utiliser l'approche-portefeuille dans le but de développer des stratégies fournisseur différenciées. Ce type d'analyse permet aux sous-traitants de faire la différence entre poursuivre une relation de partenariat avec un fournisseur spécifique ou continuer sur un type de relation plus concurrentielle avec un autre fournisseur (*cf.* aussi Laseter, 1998).

Des approches similaires ont été appliquées pendant des années en marketing. Dans celui du *business-to-business*, le concept de la segmentation du marché a été largement reconnu (Anderson, 1998). Celle-ci peut être appliquée à différents niveaux d'abstraction dans « les marchés des affaires ». En général, les responsables marketing vont faire la différence entre la macrosegmentation (sur quels marchés allons-nous nous concentrer ?) et la microsegmentation (quels consommateurs allons-nous viser ?). La segmentation du marché définit la position du client dans le portefeuille des relations qu'un fournisseur peut détenir. Le partenariat est une des relations envisageables du point de vue du fournisseur.

Nous inspirant de Hendrick et Ellram (1993), nous définissons le partenariat comme suit : maintien constructif et proactif d'une relation avec un nombre limité de fournisseurs à partir d'une perspective orientée vers la performance. Cette relation est fondée sur une confiance mutuelle et sur l'intention du sous-traitant et du fournisseur de travailler ensemble sur une période prolongée s'appuyant sur un juste partage des risques et des récompenses. Cela permet de travailler conjointement sur une optimisation continue des procédés et des produits tout au long de la chaîne de production (Rozemeijer, 1996).

De cette définition nous pouvons tirer les importantes caractéristiques suivantes d'une relation de partenariat :

- une orientation à long terme ;
- un échange ouvert de l'information ;
- une égalité dans la relation, c'est-à-dire un équilibre des forces entre les acteurs en présence ;
- un modèle de plus grande cohésion à différents niveaux pour les organisations impliquées ;
- une collaboration avec un nombre limité de clients ou de fournisseurs ;
- un partage des bénéfices et des risques entre les parties en présence.

Le partenariat exige que les différents protagonistes s'investissent dans la relation, même quand les résultats finaux ne peuvent être exactement quantifiés. La figure II montre comment les *supply managers* et les responsables du business marketing utilisent ces concepts pour développer, diriger et surveiller leurs relations commerciales.

Figure II

Le portefeuille des techniques utilisé dans la *supply management et le business marketing* (d'après Van Weele, 2000 et Carter, 1998)

Clients (sous-traitants)

Approche portefeuille achat

Impact sur les résultats financiers	Risque Approv. : Faible	Risque Approv. : Fort
Fort	**Produits levier** – différents fournisseurs possibles	**Produits stratégiques** – difficile de changer de fournisseur – fort imact financier
Faible	**Produits courants** – offre élevée – large diversité de produits – *time consuming*	**Produits goulots** – marché à monopole – barrières à l'entrée

Fournisseurs

Segmentation et portefeuille client

Attractivité	Position concurrentielle : Faible	Position concurrentielle : Fort
Élevé	**Segment de dévelopt.** – offrir de nouvelles idées et de la valeur ajoutée – développer produit nouveau	**Segment du métier** – consever le client à tout prix – offrir valeur et des services
Faible	**Segment à problème** – accorder peu d'attention – si non profitable, éliminer	**Segment d'exploitation** – charge *premium price* – attention perte de clients

Les portefeuilles clients – et fournisseurs – sont par nature dynamiques. On a supposé qu'une interrogation centrale, mais souvent sous-jacente dans la gestion des relations de *business-to-business,* est de savoir comment développer une position forte et de pouvoir relatif vis-à-vis de l'autre partie. Cette préoccupation est illustrée à la figure III. Elle indique 16 relations possibles entre l'acheteur et le fournisseur. Nous affirmons que les partenariats ne peuvent croître que s'il existe un certain équilibre de pouvoir entre les deux entreprises. Un équilibre des pouvoirs est nécessaire pour être capable de construire des relations de confiance de *business-to-business*. Nous appuyant sur nos observations d'un grand nombre de relations de *business-to-business*, nous émettons l'hypothèse que dans la culture occidentale, chaque acteur va tenter de dominer l'autre en affaires. Comme l'ont démontré Hendrick et Ellram (1993), un réel « équilibre des pouvoirs » n'est présent que dans un nombre limité de cas. Dans la majorité des cas, il existe un déséquilibre dans les relations de pouvoir : soit les acheteurs, soit les fournisseurs détiennent le pouvoir de décision. Les partenariats sont possibles, même s'ils n'existent que dans un nombre limité de cas et grâce à des circonstances spécifiques. Ils pourraient se développer dans le segment en bas à gauche et en haut à droite du tableau, indiquant les différents types de partenariat.

Figure III

Matrice de confrontation des 16 relations acheteur-fournisseur possibles

Position dans le portfolio du client du fournisseur

Position dans le portefeuille achat	Segment à problème	Segment d'exploitation	Segment de développement	Segment du métier principal
Segment stratégique				
Segment levier				
Segment goulot				
Segment courant				

À part le fait que les conditions de partenariat existent dans peu de cas, le développement d'une telle relation requiert beaucoup d'effort et de temps. Nous avons conçu les étapes suivantes en nous appuyant sur nos travaux (Rozemeijer, 1997).

Encadré IV

Les étapes de mise en place d'une relation partenariale

Étapes	*Thème dominant*
Étape 1	Reconnaître les fournisseurs comme une réelle source de valeur ajoutée
Étape 2	Rationaliser la base fournisseur
Étape 3	S'associer en partenariat de manière simple et opérationnelle avec le meilleur fournisseur de sa catégorie pour obtenir : – une amélioration continue dans le domaine de la qualité, logistique et des coûts – une mobilisation du savoir-faire du fournisseur pour innover et développer des projets
Étape 4	Implication active des fournisseurs dans le développement technologique de projets
Étape 5	Intégration en accord avec le produit futur et des plans d'investissement.

Ce tableau montre que le développement d'un partenariat avec des fournisseurs et avec des clients prend du temps. De plus, des informations confidentielles sont échangées à différents niveaux entre les organisations impliquées. L'efficacité nécessite des demandes spécifiques sur la manière de travailler (gestion de projet), sur le système d'information (EDI, CAD/CAM), sur les manières de résoudre les conflits et sur la culture d'entreprise (discipline, coaching). Développer un partenariat efficace demande donc une mise au point avec les différents aspects de gestion des organisations impliquées. Ensuite, nous avons observé que les cinq étapes n'existent pas dans tous les cas. Il semble que plus la fabrication de composants relève du « sur mesure » et de la *high-tech*, plus le besoin d'intégrer le fournisseur dans le développement, la fabrication et les procédés opérationnels est fort. Dans le cas de produits simples, le besoin d'intégrer le fournisseur dans ces procédés semble moins important.

En résumé, là où les circonstances spécifiques du marché favorisent le développement de partenariat, les parties en présence ont besoin de chercher le degré auquel ils vont, ensemble, établir les conditions nécessaires pour un partenariat réussi en termes de politique commerciale, d'organisation, de système, et de culture. Une autre conclusion est que le partenariat et l'intégration de fournisseurs dépendent du produit et de la situation. Après avoir cerné les connaissances actuelles, il convient de se focaliser sur le champ de la recherche.

2. L'exploration de terrain

Nos objectifs principaux étaient de développer un modèle relationnel et/ou une typologie liée au développement pour caractériser et classifier les relations entre les entreprises. De plus, nous voulions développer une directive pour aider à soutenir la coopération technologique entre les fabricants et les fournisseurs. Finalement, nous formulons des suggestions concrètes sur la manière d'améliorer la relation entre les sous-traitants et les fournisseurs.

En raison du caractère qualitatif de cette étude, un nombre limité de fabricants (9) et de fournisseurs principaux (8) ont été sélectionnés. Des chercheurs et des organisations spécialisées (5) ont également été consultés. Les fabricants appartiennent aux secteurs suivants : appareils médicaux, optique électronique, équipement *high-tech*, éclairage, automobile et équipement de bureau. Tous les principaux fournisseurs approvisionnaient ces fabricants en composants *high-tech*. En parallèle, des interviews semi-directifs ont été organisées avec les cadres Développement et achat des fabricants et ceux de la recherche-développement des fournisseurs principaux. Dans la majorité des cas, nous avons interrogé deux cadres ou plus de chaque entreprise dans le but d'éviter une perte d'objectivité. Les premiers résultats ont été communiqués aux participants au cours de tables rondes et ont été par la même occasion peaufinés. Pour des raisons d'ordre pratique, les enquêtes empiriques ont été limitées aux entreprises du sud des Pays-Bas. Toutes les entreprises constitutives de l'échantillon ont accepté de participer. Les discussions ont été immédiatement ouvertes.

Nous avons mis l'accent, dans nos interviews, sur les points suivants : quels sont les développements du marché qui peuvent être identifiés ? Quel est l'impact des changements des marchés client sur l'organisation, le système d'information et la culture ? Quels sont les changements subséquents dans les relations d'affaires ? Ces questions vont être reprises en détail.

2.1. Les développements du marché

Les personnes interrogées observent un certain nombre de changements importants qui ont lieu sur leurs marchés clients. La mondialisation de la concurrence conduit les fabricants, dans beaucoup de domaines, à s'approvisionner au niveau international grâce à un large choix de fournisseurs. Les développements technologiques conduisent à des changements dans l'équilibre de pouvoir entre les fabricants et les fournisseurs. Dans ce sens, les tendances suivantes ont été reportées :

– les nouvelles technologies permettent une communication et un échange d'informations efficaces avec les fournisseurs sur de très grandes distances (CAD/CAM, EDI, PDI, Internet) ;

– les technologies numériques conduisent à des nouvelles innovations de produits dans l'équipement médical, la robotique et les scanners et un besoin croissant d'intégrer les fournisseurs aux procédés de développement ;

– l'influence accrue des logiciels incorporés dans le design du produit (« produits intelligents ») touche la traditionnelle base des coûts des composants ;

– la miniaturisation comme le résultat de l'application de nouveaux procédés électroniques conduit à la recherche de nouveaux partenaires d'approvisionnement et de développement.

Tous les fabricants reconnaissent qu'une personnalisation en masse sera nécessaire dans beaucoup d'industries pour pouvoir offrir des produits « sur mesure », nécessitant un développement de produit spécifique à chaque client, et des services à valeur ajoutée (services techniques et logistiques). Cette évolution est induite par une forte demande du client. Ces offres de produit de la part des fournisseurs, comme le veulent les fabricants, sont en passe de devenir un service intensif.

2.2. Impact sur les méthodes de fabrication

Comment ces changements influencent-ils les procédés de fabrication et les différentes organisations ? Les fabricants ont répondu ce qui suit. Tous ont été d'accord sur le fait que ces tendances obligeaient à bien différencier les activités qui constituent le métier de base et les autres. Cela n'est pas uniquement valable pour les activités de production et de développement mais également pour les activités de soutien internes à l'entreprise. Beaucoup d'entreprises sont à mi-parcours du processus d'externalisation des activités auxiliaires. Ainsi, dans leurs relations avec les fournisseurs, cette tendance à la spécialisation s'observe. La plupart des entreprises disent se concentrer sur l'approvisionnement de modules et/ou de sous-systèmes à partir d'un nombre moins important de fournisseurs principaux. En sélectionnant leurs fournisseurs, elles ont toutes appliqué une approche fondée sur un approvisionnement mondial. Étant donné le caractère plurisectoriel des fabricants (sites de fabrication implantés un peu partout dans le monde), les relations avec des fournisseurs, à multi-site également mondiaux, sont favorisées (voir encadré V). Dans leurs opérations avec les fournisseurs, les fabricants adoptent de plus en plus une *supply chain* et une orientation réseau quand il est question de produire des procédés de développement et de logistique simples. Finalement, la majorité des interviewés rapportent, au sein de leurs entreprises, un fort accent mis sur la coopération externe et interne (*cross-business* et des équipes fonctionnelles mixées dans les relations client et fournisseur).

Encadré V

Développer une présence mondiale dans les réseaux fournisseurs

Un grand fournisseur de toits ouvrants, Inalfa, décida qu'ils avaient besoin d'étendre sa capacité de production dans le but de pouvoir répondre aux volumes croissants que demandaient leurs clients. Les économies d'échelle sont un facteur clé de succès dans ce type d'affaires dans le but de couvrir les charges de structure et de pouvoir continuellement investir dans de nouveaux équipements. Au lieu d'accroître la capacité de production sur son site principal à Venray aux Pays-Bas, Inalfa décida de mettre en place de nouveaux sites de fabrication à l'étranger, situés directement à côté de leurs plus grands clients. Dans certains cas, de plus petites entreprises ont été rachetées dans ce but. De cette manière, Inalfa a pu aussi répondre au besoin grandissant d'une présence mondiale comme le souhaitaient les grands constructeurs automobiles.

Dans de nombreux cas, on prétend que la pression de la concurrence entraîne le besoin d'intégration dans les domaines de management des opérations et de développement technologique avec de grandes et durables conséquences sur les méthodes internes de travail, les procédures et les structures. Beaucoup d'entreprises ont confié qu'elles étaient dans une importante phase de transition.

2.3. Les changements en cours dans les relations commerciales

Comment les entreprises concernées expérimentent-elles les aspects commerciaux des relations acheteur-fournisseur ? Ce sujet a été étudié de différents points de vue.

Nous fondant sur les interviews des représentants des fabricants, nous formulons les observations suivantes. L'approche portefeuille achat est un instrument largement utilisé pour parvenir systématiquement à des stratégies de fournisseur différenciées. Dans leurs opérations avec les fournisseurs, les fabricants passent de relations bilatérales à une gestion et une direction internationale d'un réseau de fournisseurs. Les besoins de grands fournisseurs pouvant assumer la responsabilité et ayant la capacité de gérer un réseau de fournisseurs sous-jacents se sont fait sentir (voir l'encadré VI). Du point de vue du développement technologique, il semble y avoir une forte préférence des fabricants d'impliquer les fournisseurs existants et expérimentés dans leurs projets de développement. La sélection des futurs partenaires devient une décision conjointe prise par le service développement et achats. Cependant, malgré ces tendances, la plupart des relations fournisseurs semblent encore être le résultat de relations personnelles, développées au cours de l'histoire. Il est généralement attendu que ce type de relation soit appelé à disparaître.

Encadré VI

Les grands fournisseurs mettent leur fonction achat à niveau

De grands fournisseurs comme Te Strake, Frencken et KMWE ont reconnu et anticipé les changements en cours dans les stratégies d'approvisionnement de leurs grands clients. Ces fournisseurs ont récemment réorganisé leur service achat dans le but de pouvoir faire traiter les demandes croissantes de leurs clients par leurs propres fournisseurs. Les fournisseurs, en majorité des intermédiaires spécialisés, sont maintenant en train de travailler avec ces grands fournisseurs de la même manière que ces derniers travaillent avec leurs grands fabricants. Engager des acheteurs expérimentés pour leur organisation des achats était donc nécessaire pour atteindre cet objectif.

Des interviews des fournisseurs interrogés, il ressort que la plupart admettent qu'ils n'ont pas de plans marketing efficaces ou de portefeuilles clients pouvant guider leurs politiques et stratégies commerciales futures. Ceci est un handicap dans la discussion avec les acheteurs des grands fabricants qui, de plus en plus, cherchent à discuter de perspectives à long terme avec leurs fournisseurs. En outre, toutes les personnes interrogées étaient d'accord sur le fait qu'une étude approfondie et critique est nécessaire avant de nouer un partenariat technologique avec un client. Cependant, ils admettent qu'une telle démarche est peu appliquée et conduit, en fin de compte, à de la déception et à la frustration. Dans leurs présentations et leur approche commerciales pour attirer de nouveaux clients, les avantages que peuvent retirer les clients de cette association ne retiennent pas suffisamment l'attention. La plupart des fournisseurs interviewés semblent encore adopter une approche orientée produit ou capacité de production dans ce domaine.

2.4. Les philosophies d'approvisionnement

La manière dont les fabricants travaillent avec les fournisseurs est largement différente. Leurs approches achat ou philosophies d'approvisionnement peuvent être classées en trois catégories :

– Orientation contrôle. Le fabricant cherche à acquérir une position de pouvoir dans les relations avec ses fournisseurs à travers sa politique de sous-traitance et utilise également ce pouvoir à son avantage, sans prêter attention aux intérêts du fournisseur.

– Orientation soutien. La politique achat est essentiellement centrée sur le *coaching*, le soutien et le développement des fournisseurs. Cependant les relations sont fondées sur de stricts accords commerciaux indiquant des objectifs d'amélioration bien définis.

– Orientation approvisionnement. Le premier souci du sous-traitant, vis-à-vis des fournisseurs, est la qualité et l'aspect logistique. Toutefois, ses attentes sont exemptes de contrôle actif et de suivi de la performance actuelle.

Même si notre exemple est trop restreint pour pouvoir être généralisé, la majorité des fabricants semble exercer un contrôle sur l'attitude de leurs fournisseurs. Aucune des entreprises ne semble apporter de soutien dans ses opérations avec les fournisseurs. Cela est une raison importante, comme nous l'avons vu, pour laquelle le partenariat, en tant que concept, n'est pas encore parvenu à maturité aux Pays-Bas.

3. Des exigences basiques pour stimuler la coopération entre entreprises

Les entreprises interrogées semblent avoir un manque de définition commune du terme partenariat. Le mot est souvent utilisé sans prendre en compte les exigences qu'on devrait retrouver en termes de pouvoir relatif et de caractéristiques organisationnelles des deux entreprises concernées.

Les personnes interrogées ont indiqué que l'on pouvait, en ce moment, observer de nombreux goulots dans la relation entre les sous-traitants et les fournisseurs. Aussi bien les fabricants que les fournisseurs reconnaissent un manque de prévisions régulières des besoins en futurs achats. En conséquence, ils étaient tous confrontés à des stocks et des coûts de logistique non nécessaires.

De manière importante, les deux parties ont remarqué un manque respectif de culture orientée vers la coopération. Cela entraîne différents types de problèmes de communication entre les différents niveaux hiérarchiques des acteurs en présence. De plus, les fabricants critiquent leurs fournisseurs sur leur manque d'expertise en ce qui concerne la gestion de projet. Des principes simples de gestion de projet sont négligés entraînant des incompréhensions sur « qui fait quoi » dans une situation donnée. Cette situation est aggravée par une définition non suffisamment claire, en aval des tâches, des responsabilités et de l'autorité parmi les entreprises concernées par l'enquête dans le cas de travail de développement. Finalement, les fournisseurs se plaignent d'un abus de pouvoir de la part des fabricants qui aboutit à de la frustration et à un manque de confiance en l'autre partie.

Ensuite, nous avons discuté des pré-conditions élémentaires à remplir pour une coopération couronnée de succès. Avoir une vision claire du marché et une vision stratégique reflétée dans des documents de politique stratégique formels est considéré comme un *must* par les deux parties. Ensuite, les deux parties devraient avoir une organisation capable de répondre aux attentes mutuelles. Dans ce domaine, les sous-traitants devraient plutôt avoir une politique d'achat et d'approvisionnement orientée vers le soutien grâce à la mobilisation du service développement et achat. D'un autre côté, les fournisseurs devraient faire des choix clairs en ce qui concerne les clients pour qui ils veulent travailler (voir encadré VII). Ils devraient aussi être capables de travailler avec des équipes fonctionnelles mixées et pouvoir fournir une gestion de projet adéquate. Finalement, toutes les personnes interrogées étaient d'accord sur une harmonisation des systèmes d'information dans le but de faciliter la communication et l'échange d'information à tous les niveaux des organisations concernées.

Encadré VII

Se concentrer sur les clients principaux

Nebato est un grand fournisseur des Pays-Bas, avec plusieurs centres d'activité spécialisés dans l'ingénierie mécanique et dans la fabrication de composants *high-tech*. Il y a quelques années, le Nebato Module Group a été créé et peut servir de partenaire aux fabricants qui souhaitent sous-traiter des systèmes ou des modules. Cette organisation est très sélective dans l'acceptation de nouveaux clients. Dans toutes les nominations, ses employés en ingénierie doivent être activement impliqués dans les procédés d'ingénierie et de développement du client. Comme le dit le directeur général : « Aussitôt qu'un client est sur le point de traiter avec nous d'une manière traditionnelle – prescrivant les spécifications et ne voulant discuter que des prix – nous en référons immédiatement à nos autres centres d'activités. Ce que nous voulons, c'est ajouter de la valeur dans le procédé de conception. C'est ce en quoi nous sommes doués, et ce pour quoi nous voulons être payés. »

La coopération entre les organisations est essentiellement un échange social entre les gens. De nombreux intervenants ont mis en relief l'importance de la «chimie humaine». Il doit y avoir une certaine «alchimie» entre les cadres et les employés concernés dans toute l'organisation. Si cette alchimie spécifique ne fonctionne pas dans une équipe, on ne doit pas hésiter à en changer la composition.

Conclusion

Les étapes suivantes peuvent être utilisées pour décider si s'engager dans tel type de partenariat peut être ou non couronné de succès:

– analyser la position de pouvoir relatif vis-à-vis de l'autre partie. Faire attention si l'autre partie a plus de pouvoir dans la relation que vous. Il risque d'en abuser à un certain moment;

– par la suite, indiquer quelles exigences ont besoin d'être remplies en termes d'organisation, de personnes, de communication, de systèmes d'information et de culture organisationnelle, afin de permettre le processus de collaboration entre les deux organisations. Y a-t-il un minimum de culture d'entreprise en commun, les systèmes d'informations sont-ils un minimum compatibles, les perspectives de relation sont-elles congruentes ou non? Lorsque l'on se rend compte que les organisations ne sont pas suffisamment compatibles, il est préférable de ne pas opter pour un partenariat;

– dans le cas d'une relation avec un équilibre de pouvoir et une compatibilité suffisante, les deux entités peuvent discuter des opportunités commerciales futures, en utilisant les étapes indiquées au schéma VIII.

Le fournisseur et le fabricant peuvent influencer le résultat de ce processus. Néanmoins, nous pensons qu'en suivant ces étapes, les fournisseurs et les fabricants auront une vision plus réaliste d'eux-mêmes et de l'autre, ce qui, à terme, peut éviter des déceptions à chaque partie.

Schéma VIII

Plan progressif

Le partenariat du point de vue du sous-traitant

Étape 1. Analyse de la stratégie produit/marché courante. Aspects:

- Vision des activités secondaires présente ?
- Politique de sous-traitance soutenue par le service développement et achat ?
- Service achat impliqué dans le développement du produit ?
- Vision existante pour décider pour telles technologies quels fournisseurs intégrer dans le développement ?

Étape 2. Déterminer la position des fournisseurs dans le portefeuille achat

- Les fournisseurs se situent-ils dans un segment stratégique ?
- Qu'en est-il de l'équilibre des pouvoirs ?
- Dans quelle mesure le fournisseur en question fait partie des meilleurs dans sa catégorie ?

Étape 3. Déterminer le futur rôle du partenaire-fournisseur

- Pourquoi faisons-nous affaire avec ces fournisseurs maintenant ?
- Pourquoi devrions-nous faire affaire avec eux dans le futur ?
- Pourquoi devrait-il (veut-il) traiter avec nous dans le futur ?

Étape 4. Établir des domaines de coopération

- Formuler des tâches concrètes et vérifiables
- Quelles améliorations attendons-nous des fournisseurs en termes de :
  • contributions aux projets de développement,
  • améliorations des procédés opérationnels (qualité, logistique, coûts, efficience)

Le partenariat du point de vue du fournisseur

Étape 1. Analyse de la stratégie produit/marché courante. Aspects :

- Existence d'un plan stratégique et marketing ?
- Les technologies principales déterminées ?
- De quelle expertise spécifique disposez-vous ?
- Existence d'une vision déterminée par rapport aux activités secondaires ?

Étape 2. Déterminer votre position dans le portefeuille achat du client

- Dans quel segment votre activité stratégique se situe-t-elle ?
- Dans quel segment vous situez-vous en tant que fournisseur ?
- Cela vous procure-t-il la position que vous désirez ?
- Qu'en est-il de l'équilibre des pouvoirs ?
- Quelle est, d'après vous, l'efficacité de la coopération entre le développement et l'achat dans l'organisation du client ?

Étape 3. Déterminer le futur rôle du partenaire-sous-traitant

- Pourquoi faisons-nous affaire avec ce client maintenant ?
- Pourquoi devrions-nous traiter avec lui dans le futur ? Comment mesurons-nous son importance stratégique en tant que futur client ?
- Pourquoi devrait-il (veut-il) traiter avec nous dans le futur ?

Étape 4. Établir des domaines de coopération

- Formuler des tâches concrètes et vérifiables
- Dans quels domaines pensons-nous pouvoir offrir des résultats concrets au

- Comment récompenser les fournisseurs pour leur effort ?
- Que pouvons-nous faire pour permettre aux fournisseurs de réaliser les tâches formulées ?

Étape 5. Établir des conditions internes

- Sommes-nous prêts à diriger le processus de coopération avec les fournisseurs en termes de :
- Attention à la gestion
- Du système d'information
- De la communication
- De la qualité du personnel

Étape 6. Mise en œuvre

- Si toutes les étapes précédentes sont « OK », des objectifs concrets et des plans d'action doivent être formulés conjointement pour travailler sur une coopération entreprenante !

client concerné ? Quelles possibilités concrètes voyez-vous :

• contributions aux projets de développement
• améliorations des procédés opérationnels (qualité, logistique, coûts, efficience)

- Qu'attendons-nous du client pour nous permettre de réaliser les tâches formulées ?

Étape 5. Établir des conditions internes

- Sommes-nous prêts à diriger le processus de coopération avec le client en termes de :
- De l'attention à la gestion
- Du système d'information
- De la capacité de développement
- De la communication
- De la gestion de projet
- De la qualité du personnel

Étape 6. Mise en œuvre

- Si toutes les étapes précédentes sont « OK », des objectifs concrets et des plans d'action doivent être formulés conjointement pour travailler sur une coopération entreprenante !!

RÉFÉRENCES BIBLIOGRAPHIQUES

ANDERSON J. C., NARUS J. A. (1998), *Business market management, Understanding, creating and delivering value*, Prentice Hall, New Jersey.

CARTER S. (1998), *Successful Purchasing*, The Institute of Management, Hodder & Stoughton, London.

COOPER M. C., ELLRAM L. M. (1993), « Characteristics of Supply Chain Management and the implications for purchasing and logistics strategy », *International Journal of Logistics Management*, vol. 4, n°.2., p. 13-24.

HENDRICK Th., ELLRAM L. M. (1993), *Strategic supplier partnering : an international study*, Center for Advanced Purchasing Studies, Arizona, p. 113.

GOOR A. R. VAN (1998), *Partnership door Ketenlogistiek*, Handboek Logistiek, Samsom Bedrijfsinformatie, Alphen a/d Rijn, 95 p. (Dutch text).

HAKANSSON H. (ed.) (1982), *International marketing and purchasing of industrial goods*, John Wiley and Sons, New York.

LASETER T. L. (1998), *Balanced sourcing; Cooperation and competition in supplier relationships*, Jossy Bass Publishers, San Francisco.

ROZEMEIJER Frank A. (1996), *Zicht op partnerships : methoden en technieken voor het opbouwen van een partnership*, Eindhoven University of Technology, working paper, 26 p. (Dutch text).

WEELE A. J. VAN, ROZEMEIJER F. A. (1996), *Revolution in Purchasing*, Eindhoven University of Technology/Philips Electronics, 142 p.

WEELE A. J. VAN (1998), *Inkoop in strategisch perspectief : analyse, planning en praktijk*, Samsom Bedrijfsinformatie, Alphen a/d Rijn (Dutch text).

WEELE A. J. VAN, ROZEMEIJER F. A. (1999), *Ondernemend Samenwerken : Onwikkelen van Concurrentiekracht in Netwerken*, Samsom, Alphen a/d Rijn, 140 p. (Dutch text).

WEELE A. J. VAN, *Purchasing and Supply Chain Management : Analysis, Planning and Practice*, Thomson Learning, London, 2nd revised edition.

WIJNSTRA J. Y. F. (1998), *The role of purchasing in product development*, Eindhoven University of Technology, PhD dissertation.

Chapitre 7

Projets de développement de produits : un nouvel enjeu pour la fonction achats

Richard Calvi
Maître de conférences
École supérieure des affaires de Grenoble

Design: What Purchasing Brings to the Table? titrait, il y a peu de temps, la revue *Purchasing* (2000). Derrière ce titre quelque peu racoleur se cache un réel challenge pour la fonction achats. Le développement des politiques d'impartition fait qu'une part importante de la technologie incluse dans les produits finis se trouve à l'extérieur des frontières juridiques des firmes industrielles. Pourtant, les pressions sur le rythme et l'ampleur des innovations ne cessent de croître. « La fonction achats occupant une position à l'interface entre l'organisation stricto sensu et son environnement amont, il est légitime de penser que ceux qui l'assument à titre principal ont quelque rôle à jouer dans la genèse des projets de développement de produits » (p. 4) affirmaient déjà Pierre-Yves Barreyre et Didier Lentrein en préambule à une recherche menée il y a plus de dix ans avec les cadres du DESMA (Barreyre et Lentrein, 1988). Pour cela, la fonction achats doit imposer son savoir-faire dans le monde de la conception peuplé de technologues peu enclins à suivre les prérogatives des acheteurs (Murphy et Heberling, 1996). L'ambition de ce chapitre est non seulement de réaliser une revue de la littérature ordonnée sur ce thème mais aussi de fournir aux praticiens une aide méthodologique dans leur démarche de changement. Nous appuierons notre propos sur les résultats d'une enquête exploratoire menée auprès d'entreprises possédant une réelle expérience en la matière. Nous adopterons volontairement une vision large de la participation des acheteurs au projet de développement de produit (PDP) : soit directement en tant qu'acteur apportant une valeur ajoutée et orientant le projet, soit indirectement en tant que gestionnaire des relations avec les fournisseurs impliqués dès les phases de conception. Dans ce dernier cas, il faut donc susciter, intégrer et piloter cette innovation dans le réseau des fournisseurs.

Dans une première partie, nous présenterons les enjeux de cette participation des acheteurs dans les PDP. La deuxième partie de ce chapitre présentera les différentes formes possibles de cette participation en fonction des étapes du projet dans lesquelles elle s'insère. Enfin, dans la dernière partie, nous nous intéresserons aux pratiques d'intégration des fournisseurs dans la conception en tentant de répondre à deux questions : quels sont les différents types d'intégration ? Quelles sont les meilleures pratiques ?

1. Impliquer les acheteurs dans la conception : quels sont les enjeux ?

Le terme « d'approvisionnements » a longtemps été utilisé pour désigner un service spécialisé, coiffant les achats ainsi que la gestion des stocks afférents. Il y a plus de vingt ans, Jean-Claude Tarondeau notait déjà que cette fonction était « confinée à un rôle passif où elle doit peser sur les coûts sans être invitée à contribuer aux multiples décisions concernant les produits de l'entreprise qu'elle serait susceptible d'éclairer et d'améliorer » (Tarondeau, 1979, p. 25). Depuis, on a assisté en France à une évolution du langage notamment sous l'impulsion de l'AFNOR qui, en 1990, distingue la fonction achats de la fonction approvisionnement[1]. Dans les grandes entreprises, cette prise de conscience s'est souvent traduite par la scission de la fonction en deux services. L'objectif de cette modification de structure était de libérer les services achats de la tutelle des directions de Production afin d'éviter qu'ils ne soient cantonnés dans des tâches opérationnelles ou administratives qui restent le lot des services approvisionnement (Barreyre, 1997). Dans la suite de ce chapitre, l'usage des termes « service achats » et « acheteurs » se référera à cette définition. Selon cette dernière, l'acheteur apparaît comme un acteur légitime des PDP dont la responsabilité est de « susciter chez les fournisseurs un esprit de compétitivité créative, de promouvoir les propositions des fournisseurs et leurs suggestions pour la réduction des coûts et/ou l'amélioration des performances et d'informer les autres fonctions des évolutions affectant l'environnement » (AFNOR, 1990). C'est cette composante des prérogatives de l'acheteur que nous nous proposons d'étudier dans la suite de ce paragraphe.

C'est sans doute dans le secteur de la construction automobile que l'on trouve la meilleure illustration de l'importance d'une bonne gestion du potentiel d'innovation de ses fournisseurs (Lamming, 1993). Ainsi, Claude Midler (1993) précise que, dans un projet comme la Twingo, 85 % des 3,7 milliards nécessaires pour concevoir et industrialiser cette voiture correspondaient à des prestations assurées par des fournisseurs extérieurs. Les études de Clark, Kim et Fujimoto (1991) ont de plus montré que l'avantage concurrentiel des entreprises japonaises dans le milieu des années 80 tenait, pour une bonne part, à une meilleure aptitude que leurs concurrents occidentaux dans la maîtrise des délais de mise sur

---

1. Selon la Norme NF X 50-128 « Lignes directrices pour les achats et les approvisionnements » (AFNOR 1990) :

« En tant qu'acheteur, il convient de participer à la définition des fournitures et d'assurer :
– la détermination de la stratégie de l'entreprise dans le marché fournisseur,
– la préparation, la négociation, la conclusion et la gestion des contrats d'achats, commandes et marchés,
– la surveillance du bon déroulement des contrats et le règlement des litiges.

En tant qu'approvisionneur, il convient d'assurer :
– la programmation des besoins de livraisons et de stocks dans le cadre d'une planification générale,
– la gestion matérielle et administrative des livraisons et des stocks de produits achetés. »

le marché des produits[2]. Or, une bonne partie de cet avantage en termes de délais était imputable à une plus grande implication des fournisseurs dans les projets de développement (Clark, 1989). Dans une étude récente portant sur l'industrie automobile U.S.[3], Takeishi (1998) met en évidence un lien positif entre l'existence d'une réelle implication des fournisseurs dans la conception des composants qu'ils auront à fabriquer et le niveau de qualité obtenu dans la phase d'industrialisation. En tant que responsable des relations nouées entre l'entreprise et ses fournisseurs, on discerne ainsi deux raisons majeures poussant à favoriser la participation des services achats aux PDP : la maîtrise du couple coût/qualité et celle du délai de mise sur le marché.

1.1. Agir en amont de l'achat pour limiter les coûts et améliorer la qualité

Depuis une dizaine d'années, les approches visant à renouveler la comptabilité analytique[4] tendent à montrer que les vrais enjeux économiques en matière de contrôle des coûts et de la qualité se situent dans la phase de conception. C'est 70 à 90 % des dépenses totales encourues tout au long du cycle de vie complet du produit qui sont d'ores et déjà déterminées à la fin de cette phase, même si elles seront effectivement dépensées que dans les phases avals de ce cycle (Lorino, 1989). Or, du fait de l'essor des politiques d'impartition (consistant à faire faire plutôt qu'à faire soi-même), la valeur des articles achetés auprès de partenaires extérieurs représente aujourd'hui en moyenne 55 % du coût de revient des produits (Barreyre, 1991). Pourtant, dans de nombreuses entreprises, le rôle économique de l'acheteur se résume à celui d'un « négociateur » jouant sur les prix d'achat et d'un « organisateur » de la chaîne d'approvisionnement, une fois que le produit est parfaitement défini par les bureaux d'études (Calvi, 2000). Impliquer les acheteurs dès les phases de conception permet de poursuivre un triple objectif de réduction des coûts : une action sur les coûts de développement en profitant des économies d'échelle et de champ que peuvent générer une implication précoce dans les PDP de fournisseurs spécialistes (Bonaccorsi et Lipparini, 1994), une action sur les coûts d'industrialisation par la prise en compte, dès les phases de conception, des problèmes de manufacturabilité (Mendez et Pearson, 1994 ; Ragatz *et alii*, 1997), enfin une action sur les coûts de garantie comme pour l'entreprise Lexmark qui note une baisse de 80 % de ses retours clients sur le premier de ses projets « imprimante » ayant impliqué dès la conception ses principaux fournisseurs (Bidault *et al.*, 1998). L'implication des fournisseurs dans les PDP peut aussi améliorer la qualité (Takeishi, 1998) et la valeur d'usage

2. Ils constatent à l'époque que les constructeurs japonais développent en moyenne un nouveau modèle en 46,2 mois contre 60,4 pour leurs concurrents américains et 57,3 pour les constructeurs européens.

3. Il s'agit d'une étude du Massachusetts Institute of Technology dans le cadre du programme IMVP (*International Motor Vehicle Program*).

4. Il s'agit notamment du groupe de travail CAM-I réalisé dans le cadre du programme CMS (*Cost Management System*). Voir notamment (Kaplan, 1984).

du produit. Pour agir sur ce dernier point, les acheteurs doivent susciter auprès du fournisseur des améliorations en termes de fonctionnalité (simplification du *design* et du *process* de production, standardisation de composants, etc.) et de nouveauté (changement de matière, etc.) en utilisant une approche technico-économique du besoin à satisfaire (Wynstra, 1998).

1.2. Impliquer les achats pour améliorer les délais de commercialisation

Dans de nombreux secteurs, c'est principalement sous la double contrainte d'une augmentation de la pression concurrentielle et d'une instabilité croissante des choix technologiques que la capacité de commercialisation rapide de nouveaux produits (notion de *time-to-market*) est devenue un véritable facteur de différenciation. L'enjeu économique est de taille puisqu'une enquête de Mc Kinsey & Co. montre qu'un produit *high-tech* arrivant sur le marché avec six mois de retard perd en moyenne 33 % de ses profits potentiels sur cinq ans[5]. Dans une enquête (Gupta et Wilemon, 1990), les chefs de projets interrogés estiment que la principale cause de retard dans le développement d'un produit nouveau prend sa source dans les incertitudes pesant sur les technologies à utiliser notamment en matière d'accessibilité et de fiabilité. Ainsi, plus l'entreprise innovante impartit[6] la technologie incorporée dans ses produits, plus le rôle de l'acheteur sera primordial en tant que réducteur d'incertitude dans les phases amonts des PDP. Une autre étude menée dans l'industrie informatique montre que l'implication des fournisseurs, dès la phase de conception, réduit efficacement le temps de mise sur le marché, à condition que les objectifs du PDP soient clairement définis et les technologies utilisées suffisamment matures (Eidenhardt et Tabrizi, 1994). Dans ces environnements, que l'on qualifiera de turbulents, les entreprises ont dû remettre en cause leurs modèles de conduite du développement des produits nouveaux (Iansiti, 1995). Il s'agit de passer du modèle « traditionnel/séquentiel »[7] à l'ingénierie « concourante » (Navarre, 1992) où le cœur du dispositif de pilotage du projet est une équipe transfonctionnelle capable de prendre en compte *ex ante* les effets *ex post* d'une décision prise dès les phases de conception. Dans l'automobile, ce modèle se concrétise par la création de « plateaux » ou de « plates-formes projet » (Garel, 1996) chargés de faire converger des savoirs différents, que ceux-ci soient internes ou externes à l'entreprise.

5. « How to Regain the Productive Edge », *Fortune*, may 22, 92-104, 1989.
6. Autrement dit, délègue des responsabilités à des fournisseurs partenaires associés à ses projets.
7. Les phases de définition du produit, de prototypage et d'industrialisation se succèdent avec l'intervention d'acteurs différents devant résoudre un problème partiel et contraint par les résultats des phases antérieures.

2. Les rôles potentiels de l'acheteur dans les projets

Si l'implication de l'acheteur en amont du développement des produits apparaît comme une réponse cohérente aux évolutions du contexte industriel, il importe d'analyser dans quelle mesure et sous quelles formes cette prise de conscience se traduit par un changement organisationnel. Pour cela, nous commencerons par évoquer les différents types de projets dans lesquels les acheteurs professionnels peuvent intervenir, avant de concentrer notre attention sur leurs rôles potentiels dans les projets de développement de produits nouveaux (PDPN).

2.1. Les différents types de projets

Whellwright et Clark (1992) identifient trois grandes catégories de projets dans les grandes entreprises industrielles :

– *Les Projets de création de connaissance* ne sont pas directement attachés à un produit, mais sont destinés à s'intégrer dans les futurs produits de l'entreprise. Il peut s'agir de recherches fondamentales ou de la construction de « briques technologiques ». Dans ce dernier cas, le projet débouche sur l'étude industrielle d'une solution technologique complète capable d'être mobilisée à moyen terme dans l'offre de l'entreprise.

– *Les projets de développement de produits nouveaux* (PDPN), sont destinés à alimenter l'offre de l'entreprise à court terme. Ils comprennent plusieurs phases (investigation, développement et industrialisation) auxquelles concourent des équipes pluridisciplinaires.

– *Les projets d'amélioration de produits existants,* sont orientés vers l'atteinte d'objectifs de baisse des coûts d'exploitation et/ou d'amélioration de la qualité sur des produits toujours commercialisés.

Dans ce cadre, nous proposons d'élargir la problématique de la simple participation des services achats aux PDPN à celle de leur pouvoir effectif dans chacune des phases du processus de décision. Pour cela nous utiliserons la typologie des rôles définie dans une recherche antérieure par Barreyre et Lentrein (1988).

2.1.1. Le rôle de l'acheteur dans les projets d'amélioration produit/process

Dans ces projets orientés « coûts » et « qualité », l'acheteur joue un rôle de leader assumant la responsabilité pleine et entière de l'atteinte des objectifs définis sur la famille de produits dont il a la charge. Les fournisseurs participent au projet par l'intermédiaire de l'acheteur. L'incertitude technologique est faible et l'acheteur évolue dans un registre commercial classique (Tatikonda, 1999). Compte tenu de la faible spécificité de ce rôle, il reste assumé par un acheteur « famille » travaillant occasionnellement pour le projet.

2.1.2. Le rôle de l'acheteur dans les projets de création de connaissance

Pendant longtemps la participation à ces projets a été l'apanage des services de recherche et développement car ils agissaient sur le cœur de compétence de la firme. Aujourd'hui, les « briques technologiques » à construire comprennent de plus en plus d'éléments dont la maîtrise est extérieure à l'entreprise. Pour l'acheteur travaillant sur ces projets, il s'agit de jouer un rôle « d'initiateur » capable d'infléchir les décisions des acteurs. Un tel rôle est tenu au sein de l'équipe projet par orientation des choix technologiques vers des solutions susceptibles de réaliser le meilleur compromis coût-qualité une fois arrivées en phase d'industrialisation. Pour être efficace, cette action implique de la part de l'acheteur une bonne maîtrise des domaines technologiques mobilisés dans le projet (Anklesaria et Burt, 1988). Il doit aussi jouer ce rôle « d'initiateur » chez les fournisseurs en orientant leurs développements technologiques vers la réalisation de solutions capables de faire progresser l'offre de l'entreprise cliente. Enfin, l'acheteur doit aussi assurer un rôle de « facilitateur » dans la gestion des interactions entre le client et le fournisseur : engagement sur la confidentialité des échanges avec le fournisseur, définition des règles de partage de l'innovation, etc.

2.2. Le rôle de l'acheteur dans les projets de développement de produits nouveaux

Nous mettons l'accent sur ce type de projets car il constitue incontestablement le principal enjeu pour la fonction achats. Quelques études récentes se sont intéressées à ce sujet. Le premier constat est que, s'il apparaît une corrélation entre l'implication des acheteurs dans les PDPN et leur succès dans la phase d'introduction sur les marchés (Ginnis et Vallopra, 1999), la fonction achats reste, d'une façon générale, peu impliquée dans ces projets (Atuahene-Gima, 1995). En outre, lorsque les acheteurs y participent, ils sont souvent considérés comme une interface secondaire par les chefs de projet (Axelsson et Hakansson, 1990). Toutefois, si de l'avis même des intéressés la participation à ces équipes de PDPN reste faible, elle ne constitue pas moins pour les membres du service achats une responsabilité devant fortement se développer dans un proche avenir (Ellram et Pearson, 1993). Quels sont alors les rôles possibles pour un acheteur intégré dans un PDPN ? Ces différents rôles prennent place à l'intérieur d'un processus logique qui, s'il va à son terme, débute par une phase d'investigation où se développe le concept même du produit nouveau, se poursuit par une phase de développement marquée par la définition des spécifications du produit et se termine par une phase d'industrialisation. Dans chacune de ces phases, les acheteurs sont susceptibles de mener des actions spécifiques apportant ainsi une valeur ajoutée dans le déroulement du PDPN (Burt et Soukup, 1985). Volontairement nous ne retiendrons que les actions touchant aux phases « d'investigation » et de « développement », car elles seules représentent un enjeu véritablement nouveau pour les services achats.

2.2.1. Rôle de l'acheteur dans la phase d'investigation

Dans cette phase, un besoin à satisfaire sur le marché aval a été identifié et les membres du projet définissent les différents scénarios de réponse. Le service achats doit jouer un rôle « d'initiateur » en anticipant les évolutions technologiques sur ses marchés fournisseurs tout en donnant des informations sur les coûts, les performances et la disponibilité des composants pour chacune des solutions envisagées. Sa connaissance de la position des futurs ingrédients dans leur cycle de vie est un atout pour anticiper le coût *ex post* des orientations technologiques issues du projet (Bingham, 1989).

2.2.2. Rôle de l'acheteur dans la phase de développement

Une fois le concept de nouveau produit stabilisé et accepté, le processus doit se poursuivre par une phase de développement. Les grandes orientations technologiques étant fixées, l'acheteur peut jouer un rôle de « facilitateur » en veillant à rendre compatibles les choix à venir en matière de conception et les contraintes économiques inhérentes au projet. Les services achats contribuent à cette tâche à travers différentes actions (Dowlatshahi, 1992) :

– la définition des spécifications : l'acheteur doit aider les concepteurs à éviter les pièges d'une définition trop restrictive des spécifications (expression « fonctionnelle » et non « technique » du besoin). Sa connaissance des marchés et ses contacts avec les fournisseurs permettront d'anticiper l'impact de ces spécifications sur les coûts de production du fournisseur ainsi que sur les possibilités d'alternative à l'échange ;

– la standardisation et la simplification des composants : l'acheteur possède une vision globale des achats effectués dans l'entreprise. Il peut donc orienter les concepteurs vers des spécifications de composants communs avec des produits existants et, ainsi, profiter d'un effet d'échelle sur les futurs approvisionnements ;

– l'analyse de la valeur : elle consiste en une démarche systématique visant à maintenir voire augmenter les fonctionnalités du futur produit, tout en réduisant les coûts induits. Elle fournit une démarche formelle capable de limiter les inévitables conflits naissant entre les concepteurs de produits nouveaux et ceux chargés d'assurer l'approvisionnement des composants nécessaires à leur fabrication. Ces conflits s'expliquent par l'existence de « logiques d'action[8] » différentes entre le monde de la conception et celui des achats (Murphy et Heberling, 1996). La logique d'action des concepteurs est liée à la théorisation du comportement des produits : ils recherchent la performance maximale avec une faible prise en compte des contraintes économiques. Celle de l'acheteur est liée à la recherche d'un échange marchand avantageux (en termes de coût, qualité et délai) avec ses fournisseurs (Boujut et Jeantet, 1999). La convergence des

8. Nous adoptons ici le concept développé à l'origine par Karpik (1972). Pour cet auteur la « logique d'action » permet d'expliquer les prises de décisions d'un acteur ou d'un ensemble d'acteurs face à une situation donnée.

logiques d'action passe par l'utilisation d'une méthode commune (analyse de la valeur), d'objets communs (maquettes virtuelles par exemple) et/ou par la proximité physique des acteurs (plateau projet) ;

– le choix du fournisseur : l'acheteur peut ici jouer un rôle de « leader » si certains fournisseurs sont impliqués dès cette phase dans le projet. Il doit alors combiner aux critères classiques (coût, qualité, délai) des critères plus spécifiques tels que le potentiel d'innovation, la compatibilité des systèmes d'information, la flexibilité, etc.

2.2.3. Quelle place pour l'acheteur dans la structure projet ?

Dans une étude déjà ancienne, Strauss (1963) décrit une pratique des services achats consistant à envoyer de jeunes ingénieurs pour faire passer le « point de vue achats » dans les PDPN. Aujourd'hui les approches sont plus formelles et il est donc possible de proposer une structure d'équipe projet capable de répondre aux exigences d'un environnement caractérisé par une forte concurrence par les coûts et/ou orienté vers une mise rapide sur le marché des produits. Pour Mintzberg et Van der Heyden (1999), se sont principalement dans les PDPN que doivent se développer des structures de management en réseau (figure I[9]).

Le bon fonctionnement de ces dernières dépendra de la qualité et de l'intensité des interactions entre les membres du réseau. Ainsi, chez Renault Véhicules Industriels, certaines visites de fournisseurs sont effectuées avec un membre du bureau d'études de manière à ce que le dialogue soit aussi bien technique que marchand. Dans ce schéma organisationnel en réseau, l'acheteur reste l'interface privilégiée avec le fournisseur pour tout ce qui touche aux aspects économique et contractuel de la relation. Toutefois des échanges directs avec les bureaux d'études (échanges de plans, participation aux plateaux projet) sont envisageables afin d'accélérer les délais de développement. Dans le paragraphe suivant, nous nous intéressons tout particulièrement au management par l'acheteur de l'intégration de certains fournisseurs dans les PDPN.

3. Le management par l'acheteur de l'intégration du fournisseur dans les PDPN

Comme souligné dans la première partie de ce chapitre, cette intégration peut contribuer fortement à l'atteinte d'objectifs en termes de réduction du temps de développement, de contrôle des coûts et d'amélioration de la qualité en profitant de l'expertise du fournisseur. Toutefois, la réussite pour l'entreprise donneur d'ordres réside largement dans sa capacité à mettre en place un mode de management adapté à cette intégration. Or, comme le notent Brown et Eisenhardt

9. La figure I est la synthèse de plusieurs lectures : (Dowlatshahi, 1998) ; (Mendez et Pearson, 1994) ; (Birou et Fawcett, 1994) ; (O'Neal 1993).

Figure I

L'apport potentiel des services achats dans les PDPN

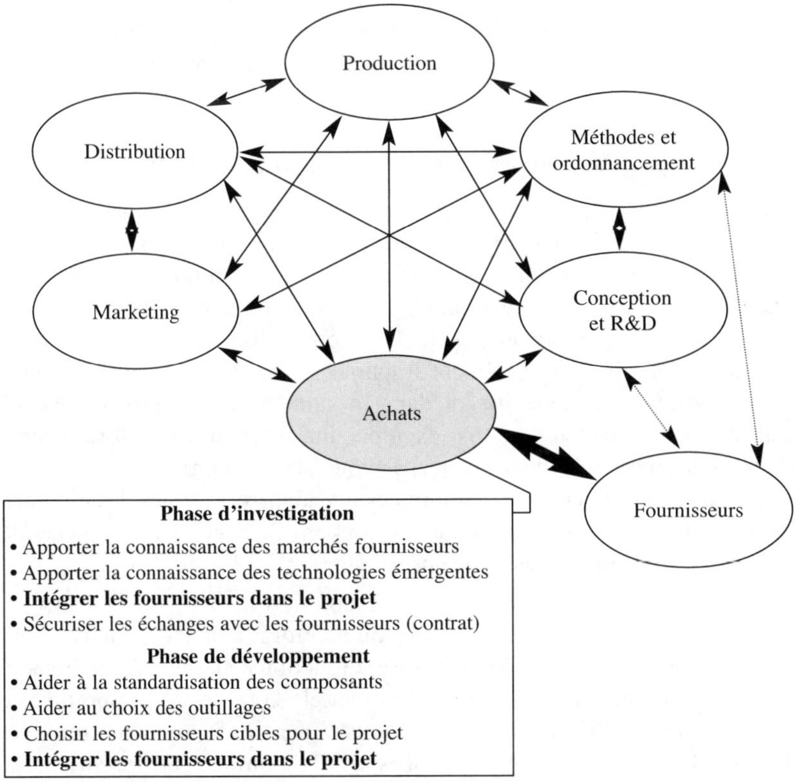

(1995), s'il y a beaucoup de recherches qui évoquent les facteurs corrélés avec le succès des PDPN, peu tentent de construire des outils méthodologiques capables d'améliorer les pratiques de gestion.

Nous proposons donc de construire un outil d'analyse de type *portfolio* capable de guider l'acheteur dans la gestion des relations impliquant un développement collaboratif, situation qualifiée également de « codéveloppement » (Garel, 1999). Partant de réflexions antérieures (Bidault *et alii*, 1998 ; Wynstra et Ten Pierick, 2000 ; Monczka *et alii*, 1997), nous avons bâti une matrice en nous inspirant de situations décrites dans le cadre d'une enquête exploratoire menée auprès d'entreprises possédant une réelle expérience en la matière. L'objectif de cette dernière est d'identifier les différentes problématiques d'intégration des fournisseurs.

3.1. Une approche de type portfolio

La matrice proposée se fonde sur deux dimensions qui nous paraissent fondamentales dans la discrimination des situations d'intégration du fournisseur dans le cadre d'un PDPN : le « degré d'autonomie » laissé au fournisseur dans le développement ainsi que le « risque » attaché à cette intégration vis-à-vis du projet final.

3.1.1. Le degré d'autonomie du fournisseur dans le développement

Nous entendons par « autonomie », le niveau de responsabilité délégué au fournisseur dans le développement du sous-ensemble ou du composant acheté. Il s'agit d'une décision stratégique car elle touche à la définition des compétences clés de la firme. Elle doit se prendre de façon collective au moment de la réflexion sur le *make or buy* du projet. Dans notre étude, les acheteurs regrettent souvent de ne pas être suffisamment impliqués dans cette phase. Pour eux, la plupart des problèmes apparaissant dans la suite du projet proviennent d'un mauvais choix dans cette phase (par exemple une autonomie trop forte donnée à un fournisseur incapable de l'assurer, le tout sur un composant étant sur le chemin critique du projet). Pour réduire ces éventuels problèmes, les entreprises désireuses d'accroître l'autonomie de développement de leurs fournisseurs définissent ainsi des grilles de sélection spécifiques.

La bonne connaissance du niveau de responsabilité laissé au fournisseur en matière de développement est, pour nous, un prérequis à la définition d'un mode de management adéquat de la relation. Il sera fonction de l'étendue de l'expertise exercée par le fournisseur (Wynstra et Ten Pierick, 2000) et de l'importance des droits de propriétés intellectuelles conservés par le fournisseur sur l'objet d'échange (Bidault *et alii*, 1998). Sur ces critères, on peut mettre en évidence plusieurs niveaux d'autonomie :

– Niveau 0 : sur la base de spécifications techniques détaillées (produit et *process*), le fournisseur est responsable de la fabrication du produit (il s'agit alors d'un contrat de sous-traitance classique). Ce cas est hors du champ de notre étude.

– Niveau 1 : le fournisseur propose au client un retour sur certaines spécifications liées au développement du produit. Ces suggestions sont essentiellement exprimées en termes d'amélioration de coûts et de qualité du *process*.

– Niveau 2 : le fournisseur participe de façon effective à la conception en faisant des plans et dessins sur la base d'un cahier des charges technique émis par le client.

– Niveau 3 : le fournisseur a la responsabilité complète de la conception à la production d'un sous-ensemble simple sur la base d'un cahier des charges fonctionnel. Il détient les droits de propriété intellectuelle sur ce sous-ensemble.

– Niveau 4 : le fournisseur a la responsabilité complète de la conception à la production d'un système complexe sur la base d'un cahier des charges fonctionnel. Ce dernier inclut l'assemblage de sous-ensembles pour lesquels le fournisseur doit assurer la coordination. Il détient les droits de propriété intellectuelle sur ce système.

3.1.2. Le niveau de risque du développement

Wynstra (1998) fait le constat de l'inadaptation des mesures de risque utilisées dans les matrices achats (Kraljic, 1983 ; Marcel et Nassoy, 1985) pour rendre compte du cas particulier de l'intégration du fournisseur dans un PDPN. Ces matrices agrègent différents niveaux de risques (interne, externe, commercial, technique, etc.) alors que, dans le cas étudié, le seul risque pertinent est celui lié à l'impact sur le projet du client d'une dérive dans le développement pris en charge par le fournisseur.

En termes de management de la relation, il n'est pas équivalent de laisser beaucoup de latitude à un fournisseur travaillant sur un élément périphérique au produit final et pour lequel le processus de conception peut se mener de façon relativement autonome (par exemple une télécommande associée au produit final), qu'à celui travaillant sur un composant inséré dans le produit final et très important dans la définition de ses performances aux yeux du client (par exemple un moteur). Nous pensons que les bonnes pratiques de management de la relation dépendront non seulement du niveau absolu de risque perçu mais aussi du type de risque dominant. Nous avons identifié cinq classes de risque combinatoires en matière de développement collaboratif :

– Le lien systémique existant entre le composant et la conception du produit final : il s'agit ici d'apprécier l'interdépendance existant entre la conception du composant acheté et la conception du produit final. Un composant, même de faible valeur, peut s'avérer critique dans la conduite d'un projet de par son niveau d'interfaçage avec les autres éléments constitutifs du produit final. Par exemple, la réalisation d'une façade de boîtier électronique est représentative de ce cas. Le coût de ce produit est faible, la technologie nécessaire à sa réalisation est standard, mais ce produit joue un rôle fondamental dans la bonne utilisation du produit final. Toute évolution dans la définition de ce dernier doit être répercutée dans celle du composant. Si ce risque est important, il est nécessaire de s'assurer d'une bonne communication entre les concepteurs par exemple en s'assurant de la participation régulière du fournisseur aux revues de projet.

– Le niveau de différenciation apporté par le composant acheté : la question à se poser est : « dans quelle mesure ce composant représente-t-il une contribution nouvelle et distinctive pour le marché en termes de fonctionnalité ? ». Par exemple, pour un constructeur automobile souhaitant développer un concept de voiture « bulle », un système d'essuie-glace épousant les formes arrondies du modèle sera différenciant. Dans ce cas, il existera une forte dépendance du client vis-à-vis du fournisseur capable de satisfaire ce besoin. Cette dépendance sera d'autant plus forte si le client ne possède pas les compétences nécessaires pour juger les choix techniques du fournisseur dans le développement. Ici, les facteurs clés de succès de l'intégration du fournisseur sont en amont du développement, dans la qualité de l'expression fonctionnelle du besoin et dans la sélection du fournisseur.

– Le rôle du composant dans la tenue des délais du projet : par exemple, si ce dernier est situé sur le chemin critique du projet, même si celui-ci est banal et peu différenciant. Il faut ici s'assurer de la capacité du fournisseur à tenir ses engagements temporels, c'est-à-dire auditer plus particulièrement son organisation projet, la disponibilité de ses ressources internes ainsi que sa capacité à mobiliser en temps voulu les ressources externes nécessaires à la réalisation de son offre (fournisseurs de second rang, mouleurs, etc.).

– La nouveauté des technologies utilisées : le manque de référentiel impose au client de s'assurer tout d'abord de l'intégration du fournisseur sur des bases réellement fonctionnelles pour pleinement profiter de son expertise. Il s'agit aussi d'étudier les « concurrents à l'achat[10] » sur cette technologie pour négocier les prix et anticiper d'éventuels problèmes dans les phases d'industrialisation.

– Le poids du composant dans le coût du produit final : il augmente l'impact d'un mauvais management de la relation. Si ce risque n'est pas combiné aux précédents (par exemple dans le cas d'un composant électronique), une dérive de coût peut remettre en cause le succès du projet. Piloter par le coût objectif, étudier les concurrents à l'achat, standardiser au maximum les composants, etc. sont alors autant d'actions importantes pour assurer le succès de la relation.

3.1.3. Les différentes problématiques d'intégration du fournisseur en développement

Nous avons défini cinq types d'intégration associés à des combinaisons différentes sur les deux axes identifiés (figure II) :

Figure II

Les différentes problématiques d'intégration du fournisseur dans le développement

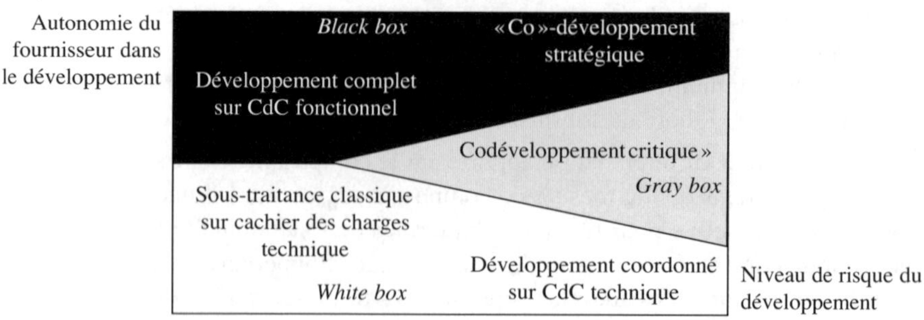

10. Ces derniers représentent les autres entreprises susceptibles d'acheter cette technologie. Leur nombre, ainsi que la dynamique de leur demande, influencent la courbe d'expérience de la technologie.

– La sous-traitance classique sur cahier des charges technique : dans ce cas, on ne peut pas parler de développement collaboratif car le sous-traitant agit sur spécifications sans autonomie dans la conception. Il peut en revanche avoir éventuellement une certaine latitude dans le choix des *process* de production à mobiliser pour répondre à la demande (niveaux 1 et 2 de l'axe « autonomie »). Ce type de relations, qualifié de *white box* par les Anglo-Saxons (Monczka *et alii*, 1997), doit être associé à un risque faible dans le développement car le client se doit de figer *ex ante* la demande adressée au fournisseur.

– Le développement complet sur cahier des charges fonctionnel : à l'opposé, dans ce cas, il s'agit de déléguer largement la responsabilité de la conception vers le fournisseur sur des composants faisant peser un risque faible sur le développement du produit final. On parle alors de relation de type *black box* car le client ne possède pas en interne la compétence nécessaire pour superviser le travail du fournisseur.

– Le « co »-développement stratégique : le terme de « stratégique » marque le fait que la fonction déléguée représente un risque élevé dans le développement du produit. Mais, comme dans le type précédent, le travail de développement se fera de façon autonome par un fournisseur spécialiste dans sa fonction. Le choix de développer une relation de cette nature doit relever d'un raisonnement du type *make or buy* prenant en compte les compétences clés de la firme. En effet plus le risque augmente, plus le donneur d'ordres devrait avoir tendance à intégrer la fonction ou à travailler en collaboration avec le fournisseur (codéveloppement « critique »). Si toutefois cette situation est observée, on parlera de « co »-développement car l'ampleur du risque nécessite une réelle communication avec le fournisseur pour lui expliciter le besoin et ses éventuelles évolutions dans le déroulement du projet. Notons que cette situation est de plus en plus recherchée par les fournisseurs car elle leur assure une grande latitude dans la réalisation d'une prestation à forte valeur ajoutée. Ainsi, par exemple un « systémier » va chercher à assurer la maîtrise d'œuvre complète d'un système complexe pour son client (Trassaert, 1999).

– Le développement coordonné sur cahier des charges technique : cette case caractérise des relations marquées par un niveau de risque élevé pour le client mais portant sur des pièces peu complexes dont la conception reste largement internalisée. Dans ce cas, le cahier des charges doit évoluer avec l'avancement du projet. Par conséquent, le client doit répercuter auprès du fournisseur les modifications apportées au produit final si ces dernières ont un impact sur le composant sous-traité.

– Le codéveloppement « critique » : ici, ni le client, ni le fournisseur n'ont la capacité d'intégrer complètement le développement. Dès le départ, les partenaires sont donc confrontés à une grande incertitude sur le déroulement du projet ainsi qu'à une forte ambiguïté dans la nature des tâches à effectuer. Cette caractéristique nous amène à qualifier de « critique » ce type de développement. Le client et le fournisseur doivent véritablement coopérer tout au long du projet pour aboutir à la meilleure solution possible. Les Anglo-Saxons qualifient de *gray box* ce type de relations où le client et le fournisseur doivent mettre en commun leurs connaissances pour franchir ensemble les différentes phases du projet et ainsi « codévelopper » le produit (Monczka *et alii*, 1997).

3.2. Préconisations managériales pour chaque type d'intégration du fournisseur dans le développement

Sur les cinq classes de relations identifiées, quatre présentent une réelle problématique d'intégration des fournisseurs dans les PDPN. Pour chacune, nous proposons de définir le rôle que doit tenir l'acheteur ainsi que le type d'interface à instaurer avec le fournisseur. Nous faisons ici l'hypothèse que le mode de management de l'intégration du fournisseur doit dépendre de la nature des risques identifiés ainsi que du niveau d'incertitude et d'ambiguïté inhérent à la relation (Weick, 1979).

– Le codéveloppement « critique » : le risque encouru est dû essentiellement à la combinaison des trois classes de risque que sont le rôle du produit dans la tenue des délais du projet, sa dimension systémique et la nouveauté des technologies utilisées. La nature de ces risques fait que la relation est marquée par un niveau important d'ambiguïté et d'incertitude perçues par les deux partenaires. En effet, le fournisseur est intégré dès la phase de conception et, à ce stade, les informations sur le produit sont imprécises et vagues. Pour le client, l'ambiguïté vient de son incapacité à mesurer pleinement la qualité de la contribution du fournisseur. Cette situation génère donc une forte incomplétude contractuelle (Baudry, 1995). Par conséquent, ce type de relation engendre une forte interdépendance entre le client et le fournisseur dans le projet. Ainsi, la mise en place d'une coordination de type « clan » (Ouchi, 1980) nous apparaît comme la solution la plus appropriée. Transposée à la relation d'achat, cette dernière présuppose non seulement un échange d'informations mais surtout une mise en congruence des modes de résolution des problèmes. Peter (1996) parle de codéveloppement « intégré » pour signifier que le travail de développement sera réalisé conjointement par le client et le fournisseur. Dans notre échantillon, les pratiques mises en œuvre pour atteindre cet objectif sont tout d'abord un rapprochement physique à travers un face-à-face fréquent entre concepteurs (client et fournisseur) voire même une intégration du fournisseur sur le plateau projet afin de construire une base de connaissances communes et d'échanger ses savoir-faire. L'autre solution consiste en un rapprochement méthodologique où le client impose au fournisseur l'adoption d'outils communs en matière de résolution de problèmes de conception (analyse de la valeur, ingénierie concourante) ainsi que le partage d'objets servant de support à la conception (maquette virtuelle, liaison extranet). Dans ce type de projet, l'acheteur n'a pas un rôle prédominant car le facteur important est la mise en synergie des compétences techniques du client et du fournisseur. L'acheteur est donc un « facilitateur » qui doit sécuriser les échanges et contrôler la dimension économique du projet, sans s'imposer comme une interface obligée entre les représentants du fournisseur et le bureau des études.

– Le développement complet sur cahier des charges fonctionnel : il se traduit par une large délégation du développement au fournisseur mais il concerne alors une fonction autonome du produit final. L'incomplétude du contrat est donc faible et les termes de la relation peuvent être formalisés. Les points importants en matière de compétence « achat » sont donc la sélection et la contractualisation, notamment en termes de jalonnement temporel du projet. L'acheteur doit aussi s'assurer de l'expression du juste besoin par la R&D pour éviter les dérives de coût. Ici, l'enjeu pour l'acheteur est double. Il doit apporter sa connaissance du marché pour éviter, par exemple, d'éclater une offre sur plusieurs fournisseurs là où un interlocuteur unique aurait facilité le développement. De plus, il doit également réussir à obtenir une expression assez ouverte du besoin afin de bénéficier de la force de proposition du fournisseur qui est un spécialiste de sa fonction. Les acheteurs interviewés dans notre enquête nous ont fait part des difficultés qu'ils rencontraient dans la réalisation de ces enjeux.

Des interactions continues avec le fournisseur nous semblent ici inutiles car le développement de la fonction déléguée a un impact faible sur le déroulement du projet final. On peut qualifier de « découplé » (Peter, 1996) le développement collaboratif qui s'instaure alors entre les deux entreprises, chacune travaillant en parallèle au développement. L'autonomie du fournisseur étant importante, il est le plus souvent à l'initiative de la communication de façon à recueillir de l'information sur l'état d'avancement du projet.

– Le « co »-développement stratégique : la position de l'acheteur est ici délicate car il se doit de transférer vers le fournisseur la réalisation d'un système complexe. Les coûts de contrôle d'une telle relation s'avèrent a priori dissuasifs et devraient inciter à intégrer le développement. Pourtant ce type de situation se développe fortement dans l'industrie. La raison en est que les systémiers, qui proposent ces prestations, simplifient le travail de coordination du donneur d'ordres en adaptant leur « système d'offre » (Joffre et Koenig, 1992). Ils mettent ainsi en œuvre deux types d'actions. Tout d'abord, ils cherchent à anticiper le besoin du client en proposant des fonctionnalités innovantes sur « catalogue »[11]. De plus, ils s'imposent comme entreprise pivot d'un réseau d'ensembliers pour lequel ils ont développé des compétences de coordination spécifiques. Dans ce type de relation, le développement est là encore « découplé », mais l'initiative du contact doit revenir au client car c'est souvent sur lui que repose le risque maximal d'une mauvaise coordination. Par exemple, certaines entreprises du secteur de la téléphonie mobile inversent la logique de l'intégration en amont en participant aux plateaux projets des principaux fournisseurs de composants électroniques pour bénéficier les premiers de leurs innovations technologiques.

– Le développement coordonné sur cahier des charges technique : le problème qui se pose ici est celui de l'identification du risque et la diminution de ses effets.

---

11. Par exemple, Valéo propose aux constructeurs automobiles des « produits concepts » dits « sur étagères », non encore industrialisés, mais pouvant être rapidement intégrés dans une nouvelle offre.

Souvent, dans ce cas, il s'agit d'un risque systémique. Par conséquent, il incombe au client d'anticiper les problèmes pouvant survenir dans le déroulement du processus de développement. En cas de modifications sur le produit final, il devra assurer une bonne circulation des informations nécessaires au fournisseur pour adapter le composant délégué. Dans ce cas de figure, l'acheteur reste l'interlocuteur privilégié du fournisseur et pilote la relation principalement par le coût objectif et le suivi des délais.

CONCLUSION

Dans ce chapitre, nous avons cherché à cerner le rôle que peut jouer un acheteur professionnel dans le processus de création de l'offre. Ce rôle peut être « direct » à travers les apports possibles de l'acheteur dans l'orientation du projet. Dans notre approche, ces apports sont différenciés en fonction de la nature du projet. L'acheteur peut également jouer un rôle « indirect » en tant que gestionnaire chargé d'intégrer le fournisseur dans les PDPN. Partant de résultats antérieurs et de situations décrites dans le cadre d'une enquête exploratoire, nous avons identifié quatre problématiques d'intégration du fournisseur. En termes de management de la relation, la situation la plus complexe s'avère la gestion des codéveloppements « critiques » car, dans ce cas, les échanges portent essentiellement sur des savoirs tacites (Nonaka, 1994). Actuellement, la proximité physique du fournisseur s'avère nécessaire. À moyen terme, les nouvelles technologies de l'information vont sûrement changer cette pratique. À titre d'exemple, la place de marché *Covisint*[12] dans l'automobile se donne pour objectif d'intégrer les échanges d'informations dans le cas du codéveloppement. Les enjeux pour la fonction achats sont importants car, en agissant sur le processus de création de l'offre, elle acquiert une réelle dimension stratégique.

12. Place de marché regroupant les trois principaux constructeurs automobiles américains (General Motors, Ford et Daimler Chrysler) auxquels se sont associés Renault et Nissan.

RÉFÉRENCES BIBLIOGRAPHIQUES

AFNOR (1990), *Gestion de la qualité et éléments de système qualité : lignes directrices pour les achats et les approvisionnements*, AFNOR.

ATUAHENE-GIMA K. (1995), « Involving Organizational Buyers in New Product Development », *Industrial Marketing Management*, vol. 24, n° 3, p. 213-226.

AXELSSON B., HAKANSSON H. (1990), « The Development Role of Purchasing in an Internationally-Oriented Company », *in* D. FORD, *Understanding Business Markets*, Academic Press, p. 317-333.

BARCLAY I. (1992), « The new product development process : past evidence and future practical application », *R&D Management*, vol. 22, n° 3, p. 22-36.

BARREYRE P.-Y. (1991), « La sous-traitance à l'heure des nouvelles politiques d'impartition », *in L'Encyclopédie du management*, tome II, Vuibert, p. 759-772.

BARREYRE P.-Y. (1997), « Achat industriel », dans *l'Encyclopédie de gestion*, Economica, p. 1-15.

BARREYRE P.-Y., LENTREIN D. (1988), « La participation des services achat à l'innovation dans les entreprises industrielles », *Cahiers du CERAG*, n° 88-02.

BAUDRY B. (1995), *L'Économie des relations interentreprises*, collection « Repère », Éditions La Découverte.

BIDAULT F., DESPRES C., BUTLER C. (1998), *Leveraged Innovation : Unlocking the Innovation Potential of Strategic Supply*, Mac Millan Business.

BINGHAM F. G. (1989), « When, How, and Why Suppliers Consider Price Moves », *Journal of Purchasing and Materials Management,* vol. 25, n° 3, p. 2-8.

BIROU L. M., FAWCETT (1993), « Supplier Involvement in Integrated Product Development : a Comparaison of U.S. and European Practices », *International Journal of Physical Distribution and Logistics Management*, vol. 24, n° 5, p. 4-14.

BONNACORSI A., LIPPARINI A. (1994), « Strategic Parterships in New Product Development : an Italian Case Study », *Journal of Product Innovation Management*, vol. 11, p. 134-145.

BOUJUT J.-F., JEANTET A. (1999), « Involving Suppliers in Early Product Development : a Challenge for the Purchasing and Engineering Functions », *International Conference on Engineering Design*, Munich, 24-26 août.

BROWN S. L., EISENHARDT K. (1995), « Product Development : past research, present findings and future directions », *Academy of Management Review*, vol. 20, n° 2, p. 343-378.

BURT D., SOUKUP W. (1985), « Purchasing Roles in New Product Development », *Harvard Business Review*, sept.-oct., p. 90-97.

CALVI R. (2000), « Le rôle des services achats dans le développement des produits nouveaux : une approche organisationnelle », *Revue Finance, Contrôle, Stratégie*, vol. 3, n° 2, p. 31-55.

CLARK K. C. (1989), « Project Scope and Project Performance : the Effect of Parts Strategy and Supplier Involvement on Product Development », *Management Science*, vol. 35, n° 10, p. 1247-1263.

CLARK K. C., KIM B., FUJIMOTO T. (1991), *Product Development Performance*, Harvard University Press.

DOWLATSHAHI S. (1992), « Purchasing's Role in a Concurrent Engineering Environment », *International Journal of Purchasing and Materials Management*, winter, p. 21-25.

DOWLATSHAHI S. (1998), « Implementing Early Supplier Involvement : a Conceptual Framework », *International Journal of Operations and Production Management*, vol. 18, n° 2, p. 143-167.

EISENHARDT K., TABRIZI B. (1994), « Accelerating Adaptive Processes : Product Innovation in the Global Computer Industry », *Administrative Science Quaterly*, vol. 40, n° 1, p. 84-110.

ELLRAM L. M., PEARSON J. N. (1993), « The Role of the Purchasing Function : Toward Team Participation », *International Journal of Purchasing and Materials Management,* vol. 29, n° 3, p. 3-9.

GAREL G. (1996), « L'entreprise sur un plateau : un exemple de gestion de projet concourante dans l'industrie automobile », *Gestion 2000*, vol. 12, n° 3, p. 111-134.

GAREL G. (1999), « Analyse d'une performance de codéveloppement », *Revue Française de Gestion,* mars-avril-mai, p. 5-18.

GIARD V., MIDLER C. (1990), *Pilotage de projet et entreprises : diversités et convergences*, « Ecosip », Economica.

GINNIS M. A., VALLOPRA R. M. (1999), « Purchasing and Supplier Involvement : Issues and Insights Regarding New Product Success », *The Journal of Supply Chain Management*, vol. 35, n° 3, p. 4-15.

GUPTA A. K., WILEMON D. L. (1988), « The Credibility-Cooperation Connection at the R&D – Marketing Interface », *Journal of Product Innovation Management*, vol. 5, p. 20-31.

GUPTA A. K., WILEMON D. L. (1990), « Accelerating the Development of Technology-Based New Products », *California Management Review*, vol. 32, n° 2, p. 24-44.

IANSITI M. (1995), « Shooting the Rapids : Managing Product Development in Turbulent Environments », *California Management Review*, vol. 38, n° 1, p. 37-58.

JOFFRE P., KOENIG G. (1992), *Gestion stratégique*, Litec.

KAPLAN R. (1984), « Yesterday's Accounting Undermines Production », *Harvard Business Review*, juillet-août, p. 11-22.

KARPIK L. (1972), « Les politiques et les logiques d'action de la grande entreprise industrielle », *Sociologie du travail*, vol. 1, p. 101-120.

KRALJIC P. (1983), « Purchasing Must Become Supply Management », *Harvard Business Review*, n° 61, september, p. 109-117.

LAMMING R. (1993), *Beyond Partnership : Strategies for Innovation and Supply*, Prentice Hall.

LORINO P. (1989), *L'Économiste et le manager*, La Découverte.

MARCEL C., NASSOY B. (1985), *Stratégie marketing de l'achat industriel*, CDAF.

MENDEZ E. G., PEARSON J. N. (1994), « Purchasing's Role in Product Development : the Case for Time-Based Strategies », *International Journal of Purchasing and Materials Management*, winter, p. 2-12.

MIDLER C. (1993), *L'Auto qui n'existait pas*, Inter Édition.

MILES R., SNOW C. (1986), « Organizations : New Concepts for New Forms », *California Management Review*, vol. 28, n° 3, p. 10-21.

MINTZBERG H. (1982), *Structure et Dynamique des Organisations*, Les Éditions d'Organisation.

MINTZBERG H., VAN DER HEYDEN L. (1999), « Organigraph : Drawing How Companies Really Work », *Harvard Business Review*, september-october, p. 87-94.

MONCZKA R., RAGATZ G. L., HANDFIELD R. B., TRENT R., FRAYER D. (1997), *Executive Summary : Supplier Integration into New Product Development : a Strategy for competitive advantage*, rapport du Michigan State Institute.

MURPHY D. J., HEBERLING M. E. (1996), « A Framework for Purchasing and Integrated Product Teams », *International Journal of Purchasing and Materials Management*, vol. 32, n° 3, p. 11-19.

NAVARRE C. (1992), « De la bataille pour mieux produire à la bataille pour mieux concevoir », *Gestion 2000*, vol. 8, n° 6, p. 13-30.

NONAKA I. (1994), « A Dynamic Theory of Organizational Knowledge Creation », *Organization Science*, vol. 5, n° 1.

O'NEAL C. (1993), « Concurrent Engineering with Early Supplier Involvement : a Cross-Functional Challenge », *International Journal of Purchasing and Materials Management*, vol. 29, n° 2, p. 3-9.

OUCHI W. (1980), « Markets, Bureaucracies, and Clans », *Administrative Science Quaterly*, vol. 25, n° 3, p. 129-141.

PETER M. (1996), *Early Supplier Involvement (ESI) in Product Development*, doctoral thesis, university of St Gallen.

Purchasing (2000), *What Purchasing Bring to the Table* ?, 9 mars 2000, (p. 54-60).

RAGATZ G. L., HANDFIELD R. B., SCANNELL T. V. (1997), « Success Factors for Integrating Suppliers into New Product Development », *Journal of product Innovation Management*, vol. 14, n° 3, p. 190-202.

STRAUSS G. (1963), « Tactics of Lateral Relationship : The Purchasing Agent », *Administrative Science Quaterly*, p. 161-186.

TAKEISHI A. (1998), *Strategic Management of Supplier Involvement in Automobile Product Development,* doctoral thesis, Institute of Technology, Massachusetts.

TARONDEAU J.-C. (1979), *L'Acte d'achat et la politique d'approvisionnement*, Les Éditions d'Organisation.

TATIKONDA M. V. (1999), « An empirical Study of Plateform and Derivative Product Development Projects », *Journal of Product Innovation Management*, vol. 16, n° 1, p. 3-26.

TRASSAERT P. (1999), « Coconception de produits/systèmes : nouvelles méthodologies automobiles », 2e colloque *La métamorphose des organisations*, Nancy.

VESEY J. T. (1992), « Time-to-Market : Put Speed in Product Development », *Industrial Marketing Management*, vol. 21, n° 2, p. 151-158.

WHEELWRIGHT S. C., CLARK K. B. (1992), « Creating Project Plans to focus Product Development », *Harvard Business Review*, vol. 70, n° 2, p. 70-82.

WILLIAMS A. J., SMITH W. C. (1990), « Involving Purchasing in Product Development », *Industrial Marketing Management*, vol. 19, n° 4, p. 315-319.

WEICK K. E. (1979), *The Social Psychology of Organizing*, Addison-Wesley, Reading, MA.

WYNSTRA F. (1998), *Purchasing Involvement in Product Developement*, doctoral thesis, University of Technology, Eindhoven.

WYNSTRA F., TEN PIERICK E. (2000), « Managing Supplier Involvement in New Product Development : a portfolio approach », *European Journal of Purchasing & Supply Management*, vol. 6, n° 1, p. 49-57.

Chapitre 8

INFLUENCE D'UN PROGICIEL SUR LES ACHATS EN PME[1]

Natacha Tréhan
Maître de conférences
École supérieure des affaires de Grenoble

Les progiciels de gestion intégrés ou ERP (*Enterprise Resource Planning*) connaissent un développement accéléré depuis le début des années 1990. Leur implantation dans les PME est un fait relativement nouveau. Face à un taux d'équipement élevé des grands comptes, les éditeurs ont compris la nécessité de se tourner vers le réservoir beaucoup plus large des PME. Le cœur du *MidMarket* (des entreprises de 500 à 1000 personnes) est, aujourd'hui, le segment stratégique sur lequel les éditeurs d'ERP, leaders du marché, se positionnent en développant des offres verticalisées, pré-paramétrées. Cette frange de clientèle a représenté, selon IDC France, 46,4 % du chiffre d'affaires licences des éditeurs en 1999[2]. Concernant les PME, l'implantation d'un ERP est un sujet d'actualité dans un environnement de plus en plus concurrentiel, où les exigences des donneurs d'ordres ne cessent de s'accroître. Dans un impératif de compétitivité, face à ces grands donneurs d'ordres, elles doivent aussi relever un nouveau défi : mieux manager leurs achats. La reconnaissance de la fonction achats est, actuellement, en cours de progression dans ces entreprises.

L'objet de ce chapitre est de mettre en lumière l'influence d'un progiciel sur le management des achats en PME. Les principales interrogations sont les suivantes : dans quelle mesure un projet ERP peut-il être catalyseur d'une réflexion sur la fonction achats en PME ? Sa mise en place peut-elle contribuer à une meilleure performance achats ? Quelle est son influence sur le métier d'acheteur en PME ? Bien entendu, l'étude porte sur des entreprises ayant implanté un module achats/approvisionnements et, plus globalement, les modules traditionnels de comptabilité/finance, gestion commerciale, gestion de production.

La dimension diachronique de l'approche est essentielle : nous nous positionnons après la mise en œuvre effective de l'ERP.

---

1. Ce chapitre est le fruit d'une recherche empirique réalisée avec des étudiants du DESS de Management des achats de l'École supérieure des affaires de Grenoble. L'auteur tient donc à remercier : Christian Bertin, Pascal Brocard et Pierre Uzureau, cadres d'entreprises en formation continue ; Nadia Chauvot, Élisabeth Ndala et Caroline Paccaud étudiantes en formation initiale.

2. http://www.idc.fr/presse/: «Le marché français de l'ERP en 2000 : MidMarket, ASP, SCM, X-ERP, etc.»

La première partie est une réflexion relative aux effets de l'installation d'un progiciel sur l'organisation achats, la mise en œuvre des politiques achats/approvisionnements, le métier d'acheteur. Une analyse préalable des motivations des PME, pour les solutions ERP, permet d'étayer cette réflexion. L'approche est essentiellement théorique. La seconde partie est empirique. Comme les ERP sont sujets à polémiques, une enquête de terrain s'impose. Certes, les cas étudiés ne sont pas représentatifs de l'ensemble de la population des PME françaises. Ils permettent, néanmoins, de mieux appréhender le phénomène. La démarche est exploratoire et descriptive, la présentation d'une taxinomie, des PME sondées, en est l'aboutissement.

Afin de délimiter le champ d'étude, il convient de définir ce que nous entendons par progiciel de gestion intégré et PME. Pour être dit intégré, un progiciel de gestion doit (Tomas, 1999) :

– garantir à l'utilisateur l'unicité de l'information, assurée par la disponibilité de l'intégralité de la structure de la base de données à partir de chacun des modules ;

– reposer sur une mise à jour, en temps réel, des informations modifiées dans tous les modules affectés ;

– fournir des pistes d'audit basées sur la garantie d'une totale traçabilité des opérations de gestion ;

– couvrir, soit une fonction (ou filière) de gestion, soit la totalité du système d'information de l'entreprise ;

– émaner d'un concepteur unique. Cette notion de concepteur unique sera de moins en moins vraie dans le futur, grâce aux travaux de normalisation de *l'Open Application Group* souhaitant promouvoir une offre multi-éditeurs.

La PME (ou PMI) se définit comme une entité juridiquement indépendante. Il ne s'agit ni d'une filiale d'un groupe, ni d'un établissement. Sa gestion est autonome. Ce critère est essentiel. Son actionnariat est personnel et/ou familial. Le critère de taille permet de délimiter un champ d'investigation, mais il ne constitue qu'un paramètre parmi d'autres. Sont retenues des entreprises dont l'effectif est compris entre 50 et 1 500 personnes.

1. Cadre conceptuel

Avant de présenter des pistes de réflexion quant à l'influence d'un progiciel sur les achats en PME, il convient de comprendre les raisons pour lesquelles cet outil est installé. La décision d'implanter un ERP est une décision stratégique émanant de la direction. Dans une approche contingente (schéma 1), toute stratégie achats, organisation achats, dépend directement des choix au niveau de la direction, d'où la nécessité de bien les comprendre.

Schéma I

Approche contingente de la stratégie et de l'organisation achats

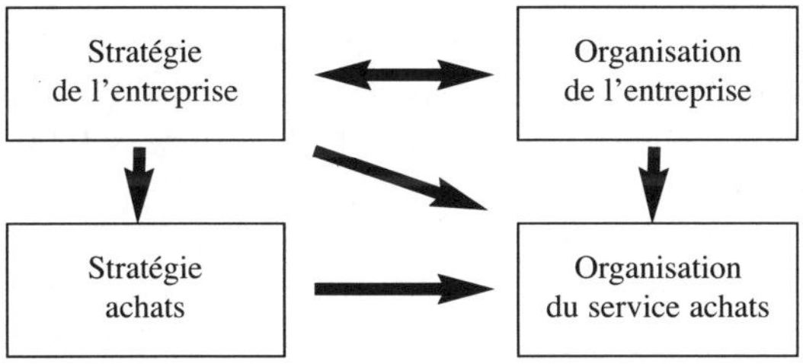

1.1. Motivations des PME pour l'implantation d'un progiciel

1.1.1. Un besoin d'aide au management

Manager, c'est prévoir, organiser, commander, coordonner, contrôler (Fayol, 1976). *A priori*, un ERP pourrait aider le dirigeant d'une PME en lui fournissant l'information dont il a besoin pour soutenir chacune de ces fonctions ou remplir chacun de ses rôles de gestion : rôles interpersonnels, informationnels et décisionnels (Mintzberg, 1973).

L'ERP pourrait, également, répondre à un besoin précis de ces entreprises : les aider à gérer leur croissance et à franchir des seuils de développement, seuils détaillés dans de nombreux modèles de métamorphose (Quinn et Cameron, 1983). Dans les firmes entrepreneuriales, décrites par Mintzberg et Waters (1982), le pouvoir est concentré entre les mains du dirigeant-propriétaire, la prise de décision est centralisée et plutôt intuitive. Mais, dès lors que l'organisation grandit, se diversifie, en d'autres termes, dès lors qu'elle se complexifie, ou que l'environnement devient plus turbulent, la prise de décision devient, inévitablement, plus décentralisée et plus analytique. « Un seul cerveau » ne peut plus appréhender dans sa totalité l'entreprise et son environnement. Un besoin d'intégration se ressent. Ce besoin est d'autant plus aigu que la PME a migré vers un statut de « mini-groupe », multi-sites. L'ERP permettrait, alors, au dirigeant d'avoir une vision globale et, aux utilisateurs, une vision partagée, voire une conscience internationale. Vecteur d'homogénéité et d'harmonisation, il serait un moyen de fédérer une PME ayant grandi trop vite et, ce, par croissance interne ou par croissance externe, voire conjointe. Il nous semble qu'un projet ERP peut constituer une opportunité pour reconstruire de la cohérence organisationnelle.

1.1.2. Un nouvel environnement

Dans un environnement de plus en plus concurrentiel, turbulent, l'information joue un rôle essentiel dans la compétitivité des entreprises. Dans cette optique, les PME/PMI attendent des ERP un avantage concurrentiel. Il résultera d'une unicité de l'information, unicité de sa saisie, disponibilité totale et immédiate à tous les niveaux de l'entreprise. Tomas (1999) parle d'une « ubiquité » de l'information au sein de l'entreprise pour une meilleure réactivité.

En France, la majorité des PME/PMI est dans une position de sous-traitance ou de fournisseur, que ce soit dans l'industrie ou le tertiaire. Or, la sous-traitance connaît une profonde mutation depuis le début des années 1990 (Tréhan, 2000). Prenons l'exemple de l'industrie automobile, secteur de sous-traitance par excellence. Au début des années 1990, le concept de production au plus juste (*lean production*) est adopté (Womack, Jones et Ross, 1992). Il a pour objectif d'améliorer continuellement la qualité (principe de qualité totale), tout en réduisant le coût par unité et en fournissant une plus grande variété de produits en un minimum de temps (principe du juste à temps). Dans cette logique, l'ingénierie simultanée est développée aussi bien en interne qu'avec les sous-traitants. Pour réduire le temps de fabrication sur les chaînes de montage, et dans un souci de flexibilité de la production, l'assemblage modulaire est développé sur des plates-formes communes. Ces nouvelles méthodes de production, pour être les plus optimales possibles, vont considérablement modifier la relation des constructeurs avec leurs sous-traitants. L'approche, de type affrontement simple, va évoluer vers un comportement plus relationnel (Ali, Smith, Saker, 1997). Apparaît une nouvelle génération de sous-traitants *co-producers*, avec lesquels les grands donneurs d'ordres vont entretenir une véritable relation d'impartition. Barreyre (1996, 1988) définit cette politique comme une externalisation couplée avec un partenariat.

L'ERP facilite le pilotage de ce partenariat pour trois raisons au moins :

– les PMI équipées évoluent d'une approche fonctionnelle, horizontale, à une approche transversale, transfonctionnelle. C'est la gestion des processus qui prime. En aval, l'ERP permet une plus grande écoute des clients, au travers de modules CRM (*Customer Relationship Management*). En amont, il facilite la gestion des relations fournisseurs et l'approvisionnement. Un module SCM (*Supply Chain Management*) permet d'optimiser l'ensemble des flux transversaux ;

– le progiciel facilite la coordination avec les donneurs d'ordres. Il intègre, dans la majorité des cas, une interface EDI (*Electronic Data Interchange*). Il permet d'évoluer vers des solutions *Web*. La gestion électronique de documents complète souvent les offres des éditeurs ;

– outil de convergence opérationnelle, d'unicité de l'information, il facilite la consolidation des données fonctionnelles et correspond aux attentes des donneurs d'ordres en termes de contrôle et d'évaluation fournisseurs.

Pour l'ensemble de ces raisons, les grands comptes demandent, désormais, à leurs sous-traitants de s'équiper en progiciels[3]. L'acquisition d'un ERP devient une condition *sine qua non* pour figurer dans un panel ou accéder à un référencement.

3. « L'enjeu des PME », *Informatique*, n° 1496, 1998, p. 55.

La même tendance est observée pour les fournisseurs de la grande distribution[4]. Au début des années 1990, le concept d'ECR (*Efficient Consumer Response*) est mis en place en France. Il consiste à gérer, au plus juste, tous les flux d'informations et de marchandises, de la sortie des usines des fournisseurs, aux sorties de caisses en magasins. Il présuppose une organisation où, tant chez le distributeur que chez le fournisseur, il y a une intégration des responsabilités, en particulier, une gestion partagée des approvisionnements et donc un partenariat. Tout comme dans l'industrie, l'ERP facilite le pilotage de cette nouvelle collaboration.

Notons, enfin, deux stimuli, non spécifiques à la PME, qui ont pu les inciter à adopter une solution ERP : il s'agit du passage à l'an 2000 et à l'euro.

1.2. Le management des achats en PME et l'influence d'un progiciel

Si le besoin de professionnalisation de la fonction achats est, aujourd'hui, largement reconnu dans les grandes entreprises industrielles, ce n'est pas le cas dans la majorité des PME. Dans les plus petites de ces entreprises, il n'existe souvent pas de service achats à proprement parler : la fonction achats est atomisée dans les différents services ou les différentes unités de l'entreprise. Une confusion entre achats et approvisionnements est fréquemment observée. Un manque de professionnalisme de la fonction est patent et les politiques achats sont peu formalisées[5]. Dès lors que l'entreprise atteint une certaine taille et que le besoin d'un ERP s'est fait ressentir au niveau *corporate*, la mise en place du module achats/approvisionnements peut alors contribuer à une réflexion sur le management global de ces deux fonctions. La finalité, ainsi que l'expliquent Freeman and Cavinato (1990), est la suivante : *Purchasing's roles, human skills, and resulting organization must be congruent with the evolution of the firm itself.* Bien entendu, il n'est pas question d'affirmer que les modifications découlent en ligne droite de l'approche ERP. Le progiciel fournit un canevas, un itinéraire de réflexion. Ainsi, nous nous proposons d'analyser son influence sur trois paramètres essentiels :

- l'organisation achats ;
- la mise en œuvre de la politique achats/approvisionnements ;
- le métier de l'acheteur (tâches, rôles, responsabilités).

1.2.1. L'organisation achats

La caractéristique essentielle des achats est d'être une fonction d'interface entre les clients internes et le marché fournisseur en externe. L'objectif est de parvenir à une adéquation entre l'analyse des besoins internes et l'analyse du marché fournisseur. Les enjeux liés aux outils informatiques du système d'information achats sont donc considérables.

4. « Les progiciels d'automatisation gagnent la distribution », *Points de Vente*, n° 753, 10 février 1999, p. 54-56 ; « L'ERP plus près du client », *Points de Vente*, n° 815, 14 juin 2000, p. 44-49.
5. La fonction achats dans les PME, *La lettre des achats*, n° 72, p. 24-31.

Afin de mieux cerner l'influence d'un ERP sur les achats, il convient de considérer le *Buying Center* (Webster et Wind, 1972) et non de se limiter au service achats *stricto sensu*. Le *Buying Center* se définit comme l'ensemble des personnes, appartenant ou non à l'entreprise, qui influencent le processus et la décision d'achat. Intégrer les achats le plus en amont possible, dès la conception du produit, travailler en équipe projet, en collaboration avec les différentes fonctions marketing, qualité, bureau d'études, production, mais aussi avec les fournisseurs « privilégiés », sont des conditions indispensables à la performance achats. Ici, un progiciel, offrant un outil de type *groupware* et/ou une interface avec un intranet, facilite la coordination au sein *du Buying Center* et contribue à la productivité de groupe. L'ERP permet aux acteurs de disposer d'une information commune, fiable et transparente, grâce à une base de données centralisée, mise à jour en temps réel, que ce soit sur les produits, les fournisseurs, les contrats, etc. Bien entendu, l'entreprise se doit d'avoir mis en place une architecture de stockage à la mesure de la puissance du progiciel. Les outils de *groupware* et de messagerie permettent de partager cette information (en interne mais aussi en externe), d'échanger des documents, de les modifier, de créer des forums.

Au-delà d'une coordination plus aisée au sein du *Buying Center*, le principal intérêt d'un progiciel (avec un *groupware* et/ou une messagerie) est de faciliter la mise en place d'une structure achats mixant centralisation/décentralisation. Dans une PME, devenue « mini-groupe », on voit souvent apparaître des nomenclatures, des références fournisseurs, des codes articles, différents selon les unités, voire des procédures d'évaluation et de sélection des fournisseurs hétérogènes. Le projet ERP incite l'entreprise à faire son introspection. Il permet de gommer les divergences et d'homogénéiser les références, les procédures opérationnelles. Grâce à cette standardisation, il devient plus facile d'identifier les achats répétitifs, communs à toutes les unités, et de les centraliser. L'entreprise bénéficie alors de synergies achats au niveau du groupe, d'un pouvoir de négociation accrue, d'économies d'échelle. Les acheteurs peuvent communiquer sur leur expertise et mettre à disposition différents supports : contrats-cadres, chartes de qualité, procédures de qualification, guide de rédaction de cahier des charges, liste de fournisseurs stratégiques, etc. En permettant à tous les acheteurs un accès plus commode à une information centrale, le progiciel a aussi un effet décentralisateur. La mise en place d'acheteurs leaders est facilitée, de même que le travail en groupe de projet ou le traitement d'achats spécifiques par des unités opérationnelles.

Un autre impact organisationnel pourrait s'observer au niveau de la distinction achats/approvisionnement. Un avantage incontestable des ERP est la gestion opérationnelle des approvisionnements : la demande d'achat standard, l'appel d'offre, la commande, la réception, le contrôle facture, la ventilation et le suivi budgétaire, sont traités par le progiciel. Entre autres fonctionnalités, il existe aussi des possibilités de réapprovisionnement automatiques. Une application de type *workflow*, gérant les procédures, constitue ici un complément indispensable. Dans le cadre d'une demande d'achats, par exemple, le *workflow* permet la mise en place de circuits d'approbation en fonction des montants concernés. En prenant en charge la gestion opérationnelle des approvisionnements, le progiciel permettrait de structurer l'organisation dans le sens d'une distinction achats/approvisionnements nette. Il favoriserait la centralisation de la puissance d'achats et la décentralisation du service rendu. La fonction approvisionnement serait alors déplacée chez l'utilisateur, qui deviendrait acteur.

En résumé, l'ERP permettrait une meilleure coordination au sein du *Buying Center*. Il faciliterait la mise en place de structures achats combinant centralisation et décentralisation. Enfin, il favoriserait une distinction achats/approvisionnements.

1.2.2. La mise en œuvre de la politique achats/approvisionnements

Préalablement à l'installation d'un module achats, l'entreprise est incitée à se poser les questions suivantes: «Qui achète quoi? Et comment?» En d'autres termes, le projet ERP est l'opportunité de réaliser une démarche d'audit des achats, peu fréquente en PME. Cet audit aura un impact direct sur la politique achat, à trois niveaux au moins:

– l'analyse du portefeuille achats de l'entreprise conduit le plus souvent à une rationalisation des achats (diminution du nombre de fournisseurs et réduction du nombre de références articles);

– l'analyse du *Buying Center* aboutit à une réduction du nombre de personnes autorisées à acheter, dans le vrai sens du terme. Les multiples utilisateurs-acheteurs-négociateurs d'autrefois se transforment en utilisateurs émetteurs de demandes d'achats. Le taux de couverture achats augmente. *A posteriori*, on devrait observer une redistribution des rôles au sein du *Buying Center*;

– enfin, comme le paramétrage du produit s'effectue en identifiant les grands processus d'achats pour l'entreprise, c'est une occasion unique de prendre les meilleurs pratiques (*best practices*) et de les reproduire partout où il est possible de le faire.

Au quotidien, le progiciel va faciliter la mise en œuvre de la politique achats, préalablement décidée, dans la mesure où il met à disposition de tous les acheteurs:

– une base de données unique, actualisée en temps réel. Elle les renseigne, par exemple, sur les tarifs négociés, les contrats-cadres, les sorties ou les entrées de fournisseurs dans le panel, leur niveau de qualification;

– des outils de suivi, de contrôle.

À partir de ces informations, les acheteurs peuvent entreprendre rapidement les actions correctives adéquates. Leur décision pourra émaner des tableaux de bord standards proposés par l'ERP. En fonction du paramétrage initial, il est possible d'obtenir des analyses selon différents critères: par famille d'achats, par article, par fournisseur, par division, par acheteur, etc. Si le progiciel n'offre pas le niveau d'analyse souhaité, le système de codification permet d'extraire des données et de réaliser ses propres analyses croisées. Certes, on reproche aux ERP d'intégrer plus de critères quantitatifs que qualitatifs. Ils offrent, néanmoins, la possibilité d'avoir des indicateurs de performance achats, permettant, en particulier, de mieux gérer le panel fournisseurs.

Une autre source d'information concerne la traçabilité des demandes d'achats incluses dans une commande. Avec la majorité des progiciels, l'acheteur a une visibilité sur l'ensemble des commandes.

L'interface avec la comptabilité permet, à chaque stade du processus achats, d'effectuer un contrôle sur le montant du solde budgétaire. Ce contrôle budgétaire est un atout indéniable dans les entreprises structurées par centres de profit. Il facilite le *benchmarking* interne.

Si l'ERP contribue au respect de la politique achats, c'est aussi parce que l'action des utilisateurs est cadrée. Pour un achat standard, par exemple, l'utilisateur ne peut passer de commandes qu'auprès de fournisseurs référencés dans la base. Les conditions générales d'achats sont mieux respectées. La démarche qualité est renforcée puisque le client interne ne passe plus, désormais, que par des fournisseurs qualifiés. Soulignons que pour la gestion de ces achats standards ou achats sur catalogues (le plus souvent des achats hors production ou MRO – *Maintenance, Repair, Operations*), l'ERP est un support très utile pour la mise en place d'un système de commerce électronique (*e-procurement*). Pour les achats spécifiques, les outils de *groupware* et de messagerie permettent de diffuser l'information achats auprès des clients internes et ils facilitent le travail collaboratif entre acheteurs et utilisateurs. L'ERP, en mettant en place des procédures, certes, parfois rigides, a pour effet bénéfique de limiter le « court-circuitage » du service achats. Couplé aux outils de travail collaboratif, il peut contribuer à la reconnaissance de la fonction achats en interne.

Le progiciel participe, bien entendu, au respect de la politique d'approvisionnement, grâce à ses fonctionnalités de gestion générale des stocks, de gestion opérationnelle des approvisionnements, voire des réapprovisionnements. On devrait observer une diminution des litiges fournisseurs et un raccourcissement des retards de paiement, ce qui aurait pour effet bénéfique de réduire le besoin en fonds de roulement de l'entreprise.

En résumé, un projet ERP peut jouer le rôle de catalyseur d'une nouvelle réflexion sur la politique achats de la PME. Au quotidien, son utilisation contribuerait au respect de la stratégie achats/approvisionnements préalablement définie. Il serait alors un levier de la performance globale de l'entreprise.

1.2.3. Le métier de l'acheteur

Pour un acheteur en PME, le principal changement, introduit par un ERP, est qu'il le libère de la gestion opérationnelle et du contrôle des transactions. Il peut alors se concentrer sur des tâches à plus forte valeur ajoutée, sur des missions stratégiques relevant véritablement de l'achat et non de l'approvisionnement :

prospection de sources potentielles, veille environnementale, sélection et évaluation des fournisseurs, participation à des choix POA «produire ou acheter», gestion des contrats, négociation, etc.

Dans cette logique, la mise en place d'un ERP devrait accélérer la professionnalisation du personnel achats.

L'apport des ERP sur les différentes missions des acheteurs diffère, bien entendu, selon leur degré d'intégration et leur couverture opérationnelle. Il est, néanmoins, possible de suggérer certaines pistes de réflexion.

Globalement, les fonctionnalités des progiciels devraient faciliter la préparation des négociations. Pouvoir obtenir un historique grâce à une base de données commune, actualisée, est un atout indéniable et un gain de temps précieux, pour préparer une négociation.

Les tâches de suivi, de contrôle devraient être simplifiées et la mesure de la performance achats facilitée. Une plus grande visibilité des résultats provenant des efforts des acheteurs pourrait contribuer à la reconnaissance de la fonction, en interne.

Par l'intégration des données, le progiciel offre plus de pouvoir analytique à l'acheteur. Le temps passé à réconcilier différents systèmes (comptabilité client – comptabilité générale – comptabilité fournisseur) peut désormais être investi dans le processus décisionnel. Mais, les progiciels présenteraient de grandes carences en tant qu'outils d'aide à la décision. Pour le choix d'un fournisseur, par exemple, l'acheteur a besoin d'une grande souplesse de paramétrage à la fois pour formaliser et hiérarchiser les critères de prix, quantité, qualité, délais selon la nature des produits achetés et la stratégie achats de l'entreprise. De plus, il se doit de disposer, dans la majorité des cas, d'informations externes : données INSEE, Nielsen (pour des acheteurs dans la grande distribution, par exemple), enquêtes Dun et Bradstreet, indicateurs Reuters, NTC Research, etc. Ici, des solutions de *business intelligence* ou de *knowledge management* seraient un bon complément à un ERP. Ces logiciels agrègent les informations de différentes provenances (ERP, *datawarehouse*, bases de données, etc.) et fournissent des outils d'analyses multidimensionnelles. Internet permet, ensuite, de lier ces différents instruments et de les mettre à disposition de tous les membres du *Buying Center*. Ces solutions vont aussi aider les acheteurs dans leur démarche de *scanning* de l'environnement (Aguilar, 1967) pour structurer une information multiple, hétérogène.

Au total, tout acheteur, tout manager est confronté, au quotidien, à la prise de décision. En référence aux travaux de Simon (1971), deux types de décisions peuvent être appréhendés sur un continuum :

– *programmed decisions*. Il s'agit de décisions répétitives et routinières, une procédure a été définie pour qu'à chaque fois qu'elles apparaissent, elles ne soient pas traitées *de novo* ;

– *nonprogrammed decisions*. Il s'agit de décisions nouvelles, non structurées. Aucune méthode ou procédure n'a été élaborée, soit parce que les problèmes n'ont jamais été traités auparavant, soit parce qu'ils sont trop complexes et intangibles (mal structurés).

Pour les décisions structurées (décisions de réapprovisionnement des stocks, par exemple), les progiciels semblent être d'une grande utilité pour l'acheteur. Cette utilité est, certes, démultipliée dès lors qu'ils sont associés avec d'autres outils de type *intranet/Internet, groupware, e-procurement*... En revanche, pour les décisions non structurées, voire semi-structurées (Gorry et Morton, 1971), l'ERP paraît insuffisant, inadapté. Sa capacité est limitée dès lors qu'il s'agit d'« informer sa décision », selon l'expression de Le Moigne (1979). L'adjonction d'outils de *business intelligence* est indispensable.

L'objet de l'étude empirique qui suit est d'enrichir la réflexion par l'analyse de cas concrets. Elle permet de mieux cerner les incidences des progiciels sur le management des achats en PME.

2. Présentation de l'étude empirique et des résultats

2.1. Constitution et description de l'échantillon

L'enquête a été réalisée par l'envoi d'un questionnaire auprès de 246 responsables achats de PME, tous secteurs confondus, identifiés pour avoir mis en place un progiciel et son module achats/approvisionnements. Ce questionnaire est articulé en cinq parties portant sur les motivations de l'implantation d'un ERP, son influence sur l'organisation achats, la mise en œuvre de la politique achats, le métier de l'acheteur. Toutes ces données sont mesurées par des échelles ordinales à 7 points. La cinquième partie concerne les caractéristiques de l'entreprise, de son service achats, du progiciel choisi (mesure par des variables quantitatives et nominales). Au total, 40 questionnaires sont retournés, 35 sont exploités. Cinq réponses sont éliminées, soit parce que l'entreprise s'avère être une filiale d'un grand groupe, soit parce que l'ERP est dans sa phase d'implantation.

Le chiffre d'affaires moyen de ces entreprises est de 672,82 MF (médiane[6] = 510 MF), leur chiffre d'affaires achats moyen s'élève à 388,80 MF (médiane = 275 MF), soit environ 57.8 % de leur CA moyen total. L'effectif achats/approvisionnements est de 7,5 personnes (médiane = 6 personnes). Au sein de cet échantillon, 95 % des firmes sont dans le secondaire. Le secteur le plus représenté, avec 26,5 % des entreprises, est la fabrication de machines-outils et moules. Le travail des métaux regroupe 22,5 % des PMI. Il s'agit, en majorité, de sous-traitants de l'industrie automobile. La fabrication d'articles textiles et de chaussures totalise 12 % des entreprises ; 9 % travaillent dans l'agroalimentaire ; 9 % dans la transformation des matières plastiques. Enfin, l'industrie chimique regroupe 6.5 % de l'échantillon.

6. Comme l'écart type est grand, la médiane donne une meilleure estimation de la tendance centrale. La médiane est la valeur qui divise la population en deux parties égales.

Rappelons que l'étude porte après la période d'implantation du progiciel: en moyenne, les observations ont lieu 48.6 mois (médiane = 30 mois) après sa mise en place. Le répondant a donc un certain recul quant à son utilisation.

2.2. Les motivations initiales à l'implantation d'un progiciel

La première des motivations pour implanter un ERP est le souci d'améliorer la réactivité de l'entreprise (tableau II). Le progiciel est appréhendé comme un outil permettant de mieux gérer sa relation avec un environnement de plus en plus concurrentiel, turbulent, complexe. Ce souci de réactivité est légitime, compte tenu de la position environnementale des PMI de l'échantillon. Dans la fabrication de machines outils et de moules, elles sont très dépendantes des fluctuations d'activités des grands groupes. Dans le travail des métaux, la transformation des matières plastiques, il s'agit en majorité d'entreprises sous-traitantes: la réactivité face aux exigences de leurs donneurs d'ordres est une condition *sine qua non* de leur pérennité. Il en est de même pour les fournisseurs de la grande distribution travaillant dans l'agroalimentaire, la fabrication de textile et de chaussures, et la transformation des matières plastiques, où sont regroupés les fabricants de jouets. Dans tous ces cas de figure, l'implantation du progiciel est très orientée clients.

Tableau II

Raisons du choix d'implanter un ERP

	Moyenne*	Médiane
Améliorer la réactivité de l'entreprise	5.06	5
Acquérir une vision globale de l'entreprise ou du groupe	5.03	5
Souci d'acquérir un outil de prévision	4.74	5
Souci d'acquérir un outil de contrôle	4.65	5
Souci d'accompagner un changement d'organisation	4.03	4

* échelle ordinale de « 1 » – négligeable – à « 6 » – primordial – avec un point « sans objet ». Ne sont indiquées que les variables dont la moyenne est supérieure à 4

Les trois motivations suivantes – acquérir une vision globale de l'entreprise, un outil de prévision et de contrôle (tableau II) – expriment un besoin de pilotage. Ce besoin donne à penser que ces PME ont passé un stade de développement, où le management entrepreneurial n'est plus adapté. Elles évoluent vers un management fondé sur la planification ou la « programmation » (Mintzberg et Waters, 1982). L'ERP est le moyen de gérer cette transition.

Dans l'échantillon, 74.2 % des PME sont multi-sites et 60.3 % ont une implantation à l'étranger. On comprend, donc, mieux le souci d'acquérir un outil facilitant une vision globale du « mini-groupe ».

Soulignons que les besoins de prévision et de contrôle rejoignent, en fait, la préoccupation majeure de réactivité : le progiciel en proposant des outils de planification prévisionnelle, des tableaux de bord, facilite la réactivité par rapport aux demandes des clients.

Enfin, la cinquième raison est d'accompagner un changement d'organisation (tableau II). Ce résultat conforte l'idée selon laquelle un projet ERP est une opportunité pour reconstruire de la cohérence organisationnelle. Dans une PME, le progiciel s'avère être porteur d'organisation.

Notons que le passage à l'an 2000, l'euro ou, encore, le souci de préparer l'entrée dans le *e-business,* ne sont pas des stimuli importants.

2.3. Influence sur l'organisation achats

Le principal bénéfice organisationnel d'un ERP est une meilleure coordination au sein du *Buying Center* (tableau III). Cela signifie que l'ERP a contribué à instaurer des obligations réciproques entre le service achats et les autres services, concernés par la fonction achats. Il est légitime de penser que cette meilleure coordination va faciliter les démarches de marketing achats interne, en particulier, la définition des besoins avec les clients internes. La coordination au sein du *Buying Center* et l'harmonisation des références, des procédures, ont certainement contribué à la centralisation des achats dans ces PME, en majorité, multi-sites (tableau III). Les responsables achats observent également une meilleure coordination entre les différents acheteurs au sein du service achats, ce qui devrait concourir à une plus grande réactivité du service.

Il ressort que l'ERP décloisonne l'entreprise et favorise les interconnections horizontales. Il permet d'appréhender l'entreprise comme un système (au sens systémique du terme) dans lequel les différentes composantes interagissent en permanence. Ce décloisonnement est essentiel pour la performance achats, car la fonction achats est, par essence, transversale.

Tableau III

Influence d'un ERP sur l'organisation achats

	Moyenne*	Médiane
Meilleure coordination entre le service achats et les autres services	4.71	5
Centralisation des achats	4.16	4
Meilleure coordination au sein du service achats	4	4

* échelle ordinale de « 1 » – négligeable – à « 6 » – primordial – avec un point « sans objet ». Ne sont indiquées que les variables dont la moyenne est supérieure à 4

S'agissant de l'influence d'un projet ERP sur la distinction achats/approvisionnements, 32.3 % des PME de l'échantillon ont réalisé cette distinction après l'installation du progiciel. Parmi les entreprises qui se sont engagées dans cette refonte organisationnelle, 40 % jugent la contribution de l'ERP « assez » ou « très importante ». Pour ces PME, le progiciel a donc eu un rôle de catalyseur décisif. Bien entendu, ce n'est pas tant l'outil qui importe que la réflexion qu'il suscite préalablement à son implantation. Quelles que soient les entreprises, la réflexion sur l'organisation achats, avant la mise en place de l'ERP, est jugée « assez importante » par les responsables achats.

Plus cette réflexion préalable est importante, plus on observe, *a posteriori*, une redistribution des responsabilités au sein de l'organisation achats (coefficient de corrélation des rangs : Rhô de Spearman = 0.464, Signification = 0.008, la corrélation est significative à 0.01 %) et une spécialisation accrue des missions des acheteurs (Rhô de Spearman = 0.483, Signification = 0.006, la corrélation est significative à 0.01 %). Ces résultats ravivent les nombreuses critiques à propos des ERP : « les progiciels conduisent à une retaylorisation des tâches » (Revercho A., *Le Monde* du 17 octobre 2000). Ils contraignent la créativité des employés ; génèrent un aplanissement de la couche intermédiaire du management, etc. En fait la redistribution des responsabilités, la spécialisation accrue des missions sont la conséquence directe de la révision des processus au sein du *Buying Center*. Compte tenu de l'effet structurant d'un projet ERP, la réflexion préalable se doit d'être menée avec les utilisateurs, afin de limiter le risque de rejet.

2.4. Influence sur la mise en œuvre de la politique achats/approvisionnements

L'utilisation d'un ERP a pour principale incidence une réduction des délais de passation de commande et d'approvisionnement (tableau IV). Ceci est dû à l'automatisation des procédures administratives.

Tableau IV

Impact de l'ERP sur la mise en œuvre de la politique achats/approvisionnements

	Moyenne*	Médiane
Amélioration des délais de passation des commandes	4.61	5
Amélioration des délais d'approvisionnement	4.45	5
Réduction du coût total d'achat	4.26	4
Réduction du nombre de commandes	4.19	4

* échelle ordinale de « 1 » – négligeable – à « 6 » – primordial – avec un point « sans objet ». Ne sont indiquées que les variables dont la moyenne est supérieure à 4

Les responsables achats notent, ensuite, une diminution du coût total d'achat (ou TCO : *Total Cost of Ownership*). Ce coût total englobe le rapport qualité/prix, les délais, les conditions de paiements, les services connexes, la maintenance, etc. Deux explications peuvent être proposées. L'ERP a permis à l'acheteur de disposer de l'information pertinente pour mieux appréhender et donc mieux gérer le TCO. Ensuite, en le libérant des tâches administratives liées à l'approvisionnement, il lui a permis de se consacrer à son métier : l'optimisation des achats. Ces résultats montrent que le progiciel contribue tant à la performance des approvisionnements qu'à celle des achats. Le dernier impact significatif concerne la réduction du nombre de commandes (tableau IV). Cette réduction est la conséquence directe de la rationalisation du portefeuille achats de l'entreprise. Comme l'ERP est vecteur de standardisation, d'homogénéité, son installation favorise la diminution du nombre de fournisseurs et la réduction du nombre de références articles.

2.5. Influence sur le métier de l'acheteur

La dimension diachronique est essentielle pour comprendre l'influence d'un ERP sur le métier de l'acheteur. D'un point de vue temporel, plus on est proche des phases de configuration de l'ERP, de mise en œuvre effective (formation des utilisateurs, déploiement), plus l'utilisateur note une complexification de ses tâches (problème d'apprentissage, phénomène de rejet, retour en arrière inévitable pour certaines fonctionnalités, etc.). Afin de mieux cerner l'influence du progiciel sur le quotidien de l'acheteur, nous lui avons demandé d'indiquer, sur une échelle de – 3 points à +3 points, s'il observait une tendance à la complexification ou à la simplification de son travail, avec un point zéro « aucune influence ». La majorité des acheteurs notent une simplification ou une absence d'influence. Un tel résultat s'explique par le fait que l'étude se situe après l'implantation effective de l'ERP (en moyenne 48.6 mois après). Cela signifierait qu'au-delà de ce laps de temps, les problèmes d'adaptation, d'ajustement de l'outil sont, en grande partie, résolus.

En pourcentage du total des réponses, 83,9 % des Responsables achats observent une simplification du processus achats (tableau V). Il semble, que cette simplification résulterait plus de la démarche de réflexion préalable, que de l'outil *stricto sensu*. En revanche, la simplification des tâches de mesure de la performance achats, de négociation avec les fournisseurs et d'évaluation des fournisseurs (tableau V) est bien liée aux possibilités offertes par les ERP : accès à des bases de données communes et actualisées, mise à disposition de tableaux de bord, conservation d'un historique, etc. S'agissant de la veille stratégique, de la rédaction des contrats et de la sélection des fournisseurs, les progiciels n'ont aucune influence sur ces tâches (tableau V). Ces résultats confortent l'idée selon laquelle le progiciel facilite le pilotage opérationnel, mais devient insuffisant, inadapté, en tant qu'outil d'aide à la décision, dans un souci de pilotage stratégique.

Tableau V

Influence de l'ERP sur le métier de l'acheteur

Simplification du processus achats	83,9 %
Simplification de la mesure de la performance achats	80,6 %
Simplification de la négociation avec les fournisseurs	77,4 %
Simplification de l'évaluation des fournisseurs	74,19 %
Aucune influence sur la veille stratégique	55 %
Aucune influence sur la rédaction des contrats	55 %
Aucune influence sur la sélection des fournisseurs	45 %

2.6. Proposition d'une taxinomie

L'objectif de cette dernière section est de «typer» les PME sondées en fonction de leur utilisation de l'ERP. Cette approche descriptive est exploratoire. Compte tenu du nombre peu élevé d'entreprises, sa validité externe est, de fait, limitée.

La méthodologie retenue est classique. Une analyse en composantes principales[7] permet de structurer les variables initiales en les remplaçant par un nombre plus petit de variables composites ou facteurs. Nous retenons les trois premiers facteurs qui restituent 65,65 % de variance cumulée. Les profils de ces facteurs, avec les variables initiales contribuant le plus à leur formation, sont présentés dans le tableau VI. Ensuite, comme le conseillent Lebart *et alii* (1998), nous avons adopté une stratégie de classification basée sur un algorithme mixte : la classification ascendante hiérarchique, se présentant sous la forme d'un dendrogramme, renseigne, tout d'abord, sur le nombre de classes à retenir (4 classes pour cette étude) ; la méthode des nuées dynamiques affecte, ensuite, les entreprises dans chacune de ces quatre classes[8]. Une analyse discriminante permet, enfin, de valider la classification obtenue : 66,8 % des observations originales sont classées correctement. On obtient un pourcentage de 77,4 % avec la méthode de validation croisée.

7. Afin de vérifier si les variables sont factorisables, deux tests sont effectués : la mesure de l'adéquation de l'échantillonage de Kaiser-Meyer-Olkin (indice KMO = 0.721 indice satisfaisant) et le test de sphéricité de Bartlett (Chi-Deux approché = 248.22, S = 0.000. L'hypothèse d'égalité de la matrice des corrélations avec la matrice unité est rejetée). Les variables sont donc factorisables.

8. Nous avons pris le soin de vérifier par l'étude du tableau Anova que les F du test de Fisher sont élevés, preuve que les classes sont bien différentes les unes des autres.

Tableau VI

Profils des trois facteurs de l'analyse en composante principale

Facteur 1/Variables	Loadings	Interprétation*/Profil
Amélioration des délais de passation de commande	0.852	ERP = Outil de pilotage opérationnel de la fonction achats/ approvisionnements
Réduction du TCO	0.794	
Réduction des tâches administratives	0.768	
Amélioration des délais d'approvisionnement	0.761	
Réduction du nombre de commandes	0.713	
Facteur 2/Variables	**Loadings**	**Interprétation/Profil**
Redistribution des responsabilités	0.851	ERP = Outil de management de la fonction et du service achats (effet structurant)
Favorise la mise en place de bonnes pratiques achats	0.850	
Influence sur la compréhension et la connaissance des besoins internes	0.759	
Influence sur la mesure de la performance achats	0.720	
Facteur 3/Variables	**Loadings**	**Interprétation/Profil**
Réponse à l'incitation d'un donneur d'ordre	0.927	ERP = Réponse à l'environnement
Souci d'acquérir un outil de contrôle	0.796	
Souci d'harmonisation par rapport à la concurrence	0.760	

*Pour faciliter l'interprétation des facteurs, une rotation varimax a été réalisée

Analysons les quatre classes obtenues.

– La première classe regroupe six entreprises. Elles ont mis en place un ERP dans un souci de réactivité par rapport à leur environnement. Le progiciel leur apparaît comme une solution pour maintenir, voire renforcer leur avantage concurrentiel. Mais, au moment de l'étude, elles ne bénéficient pas encore des avantages que peut leur procurer ce progiciel, que ce soit au niveau du pilotage opérationnel des approvisionnements ou au niveau d'un pilotage plus managérial du service et de la fonction achats. En fait, il s'agit du groupe d'entreprises pour lesquelles l'implantation du progiciel est la plus récente (en moyenne 18 mois)[9]. On comprend qu'elles sont encore dans une phase d'apprentissage, de « rodage » de l'outil. Nous les nommons les « novices ».

– La deuxième classe totalise neuf entreprises. L'ERP n'a pas été installé dans un impératif de compétitivité, en réponse à une incitation environnementale. Sa

9. Anova réalisée entre la variable d'appartenance à un groupe et celle du nombre de mois. Le test de Fisher est significatif à 5 % : $F = 3.395$ et $S = 0.046$.

mise en place n'a eu aucune influence sur l'organisation achats. Il n'a pas d'effet structurant. En aucun cas, il n'a, donc, eu un rôle de catalyseur. On observe aucune influence sur le management des achats. Son principal apport concerne la gestion opérationnelle des approvisionnements. L'utilisation de l'ERP semble restreinte à une logique de MRP (*Material Requirement Planning*). C'est pourquoi, nous qualifions les entreprises de cette classe de « restrictives ». Il serait intéressant de connaître les fonctionnalités offertes par le module achats/approvisionnements de leur ERP. En effet, ce que nous nommons une utilisation « restrictive » n'est peut-être qu'un manque de couverture fonctionnelle achats du progiciel adopté.

– La troisième classe réunit quatre PMI. Toutes leurs activités se situent dans des secteurs de sous-traitance. Elles ont implanté un progiciel afin de répondre aux exigences de leurs donneurs d'ordres. Il s'agit du groupe pour lequel l'intensité de la réflexion préalable est jugée la moins importante[10] par les responsables achats. On peut donc supposer que l'ERP a été installé le plus rapidement possible afin de rester référencé dans le panel de leurs clients. Le progiciel constitue un impératif. Comme la réflexion préalable a été la moins importante, on observe logiquement que l'ERP a un effet très peu structurant sur l'organisation achats. L'identification de « bonnes pratiques » n'a pas été très poussée. De même, il n'y a certainement pas eu d'analyse approfondie du *Buying Center*. Si les bénéfices au niveau du management des achats sont peu importants, en revanche, il s'agit du groupe de PMI pour lesquelles les bénéfices au niveau des approvisionnements sont les plus sensibles. Ces entreprises s'inscrivent dans une démarche de *Supply Chain Management* avec une volonté de s'approvisionner en juste à temps pour pouvoir ensuite optimiser les délais de livraison avec leurs clients. Elles sont qualifiées d'entreprises « sous tension ».

– La dernière classe regroupe presque la moitié des PME de l'échantillon, soit seize entreprises. L'ERP a été mis en place dans un souci de compétitivité. Son utilisation est optimisée dans tous les domaines, que ce soit au niveau de la gestion des approvisionnements ou du management de la fonction et du service achats. En fait, il s'agit des entreprises pour lesquelles la réflexion préalable à l'implantation du progiciel a été jugée la plus importante. Par ailleurs, c'est dans ce groupe que l'ERP fonctionne depuis le plus longtemps (en moyenne 91 mois). Nous les nommons les « experts ».

CONCLUSION

Les progiciels apparaissent comme un moyen d'accompagner la croissance, voire l'internationalisation des PME. Ils sont installés dans un contexte d'exigences accrues des donneurs d'ordres. Leur choix relève d'une décision stratégique.

10. Anova réalisée entre la variable d'appartenance à un groupe et celle de l'intensité de la réflexion. Le test de Fisher est significatif à 1 % : F = 5.289 et S = 0.005.

Outils d'intégration, ils offrent une vision unitaire de l'entreprise. Ils favorisent son décloisonnement : la PME évolue d'une approche fonctionnelle à une approche transversale. Du même coup, ils facilitent l'intégration de la fonction achats.

Un projet ERP représente une opportunité, pour une PME, d'amorcer une réflexion sur sa fonction achats, son organisation achats. En ce sens, l'implantation d'un progiciel joue un rôle de catalyseur et a un effet structurant. L'ERP est porteur d'organisation dans les PME. Certes, toutes les entreprises ne sont pas « ERPables » et un tel projet est source de complexité, voire de crise (problèmes de culture, de style de management, difficultés dans la conduite du changement, du *Business Process Reengineering*). On observe, toutefois, qu'il peut constituer un levier fort de la performance achats et contribuer, *a fortiori*, à la performance globale de l'entreprise.

Tout progiciel est un moyen et non une fin. La qualité du management fait toujours la différence. L'ERP donnerait satisfaction pour les dimensions transactionnelles, opérationnelles de la gestion. En revanche, il s'avérerait insuffisant pour la dimension décisionnelle. Les outils de *Business Intelligence* seraient un complément indispensable.

L'implantation d'un progiciel nous apparaît comme un premier pas vers des solutions de gestion plus globales, tel que le *Supply Chain Management*. Nous le voyons comme un soubassement sur lequel peuvent, ensuite, se construire d'autres utilisations : *l'e-business*, en particulier, *l'e-purchasing* et *l'e-procurement* pour les achats, le *Knowledge Management*, le *Customer Relationship Management*, etc.

La dimension stratégique d'un progiciel justifierait le poids des investissements consentis par les PME. Notons, toutefois que les offres dites d'ASP (*Application Service Provider*) constituent une alternative : il s'agit de l'hébergement par un site Internet du serveur et des applications de gestion, auxquelles le client se connecte en payant un abonnement. Il économise les coûts en matériel et en intégration classiquement associés à la mise en place d'un tel outil.

RÉFÉRENCES BIBLIOGRAPHIQUES

AGUILAR F. I. (1967), *Scanning the Business Environment*, thèse de Doctorat, Harvard University Press.

ALI F., SMITH G., SAKER J. (1997), « Developing buyer-supplier relationships in the automobile industry », *European Journal of Purchasing and Supply Management*, vol. 3, n° 1, p. 33-42.

BARREYRE P.-Y. (1988), « The concept of impartition policies : a different approach to vertical integration strategies », *Strategic Management Journal*, vol. 9, p. 507-520.

BARREYRE P.-Y. (1996), « Achat industriel », *in Encyclopédie de la Gestion*, Economica, Paris, p. 1-26.

FAYOL H. (1976), *L'Administration industrielle et générale*, Dunod, Paris.

FREEMAN V. T., CAVINATO J. L. (1990), « Fitting Purchasing to the Strategic Firm : Frameworks, Processes, and Values », *Journal of Purchasing and Materials Management*, n° 1, p., 6-10.

GORRY G. A., MORTON M. S. (1971), « A Framework for Management Information Systems », *Sloan Management Review*, automne, p. 56-71

LE MOIGNE J.-L. (1979), « Informer la décision ou décider de l'information », *Économies et Sociétés*, Série Sciences de Gestion, vol. 1, p. 889-918.

LEBART L., MORINEAU A., PIRON M. (1995), *Statistique exploratoire multidimensionnelle*, Dunod, Paris.

MINTZBERG H. (1973), *The Nature of Managerial Work*, Harper and Row, New York.

MINTZBERG H., WATERS J. A. (1982), « Tracking Strategy in a Entrepreneurial Firm », *Academy of Management Journal*, vol. 25, n° 3, p. 465-499.

QUINN R. E., CAMERON K. (1983), « Organizational life cycles and shifting criteria of effectiveness : some preliminary evidence », *Management Science*, vol. 29, n°. 1, p. 33-51.

SIMON H. A. (1971), « Decisions making and Organizational Design, in Pugh D.S. », *The Management of Organizations : Organization Theory*, Penguin Readings, p. 189-212.

TOMAS J.-L. (1999), *ERP et progiciels intégrés : la mutation des systèmes d'information*, Dunod, Paris.

TRÉHAN N. (2000), *Les Stratégies de croissance externe des entreprises personnelles et familiales : approche contingente appliquée à des organisations de moyenne dimension non cotées en Bourse*, thèse de Doctorat en sciences de gestion, Grenoble II.

WEBSTER, WIND (1972), *Organizational Buying Behavior*, Ennglewood Cliff.

WOMACK J.-P., JONES D. T., ROSS D. (1992), *Le Système qui va changer le monde : une analyse des industries automobiles mondiales*, Dunod, Paris.

Chapitre 9

WORLD CLASS PURCHASING

Marcel Hays
Directeur des achats du département aimants
Groupe Carbone Lorraine

World Class Purchasing, fiction ou réalité s'interroge le cabinet E-I Consulting Group dans un rapport. Se poser la question, c'est en partie y répondre, mais, dans le même temps, c'est reconnaître que la question n'a pas de réponse évidente. En tout état de cause, si ce supposé état de l'art existe, comment le reconnaître, comment le caractériser et comment amener une organisation achats qui n'est pas de classe mondiale à le devenir. Le *World Class Purchasing*, est-il d'un modèle unique ou à géométrie variable ? Peut-on facilement dire, en examinant une organisation achats et son fonctionnement, que l'on est en présence d'une organisation de type *world class* ? Cette question revêt-elle le même sens quel que soit le type d'entreprises (taille, secteur d'activité, nationalité, etc.) ? Peut-on parler de *World Class Purchasing* si le reste de l'entreprise ne fonctionne pas suivant un mode *world class* ? Comment se mesure l'efficacité d'une telle organisation ?

Il est clair que toutes ces questions trouvent une esquisse de réponse par l'examen de l'évolution de la fonction achat, des organisations qui se sont mises en place pour y répondre, des ressources tant techniques qu'humaines qu'il a fallu identifier et mettre en œuvre. Les entreprises y sont-elles parvenues ? Répondre par l'affirmative supposerait que le *World Class Purchasing* soit un modèle statique, ce qui est totalement impossible dans un monde qui bouge en permanence. Si nous considérons le *World Class Purchasing* comme un modèle dynamique, quel est le prochain état du *World Class Purchasing* ?

Tous ces changements doivent être analysés suivant différents éclairages :

- l'évolution de la fonction achats ;
- les outils et méthodes ;
- la mesure de la performance achats ;
- le système d'information ;
- les compétences achats.

Ce n'est qu'après avoir examiné ces différents points et les besoins actuels que l'on pourra déboucher sur ce qu'il conviendra de nommer le *World Class Purchasing*.

1. Évolution de la fonction achats

Rendre compte de l'évolution de la fonction achats revient presque à étudier une partie de l'histoire du management. La rapidité à laquelle les transformations se sont opérées est caractéristique de la profonde mutation de la fonction. Cette rapidité explique également, en partie, le déséquilibre entre la demande pour des professionnels de haut niveau et la relative faiblesse de l'offre. Cela est surtout vrai pour les postes de management achats alors que l'écart tend à se combler pour les acheteurs opérationnels.

Résumer l'objectif de l'entreprise consiste à énoncer que l'ensemble de la valeur créée par l'entreprise doit être égal ou supérieur aux ressources qu'elle utilise pour produire cette valeur.

Au cours des trente glorieuses (1946-1975), la préoccupation majeure des entreprises consistait à transformer des inputs. L'essentiel de la valeur ajoutée se trouvait alors en production. La période était alors caractérisée par une situation de pénurie, le marché absorbant tout ce qui se présentait, « sans esprit critique ». Petit à petit, les économies développées ont vu l'offre et la demande s'équilibrer puis s'inverser, phénomène renforcé par la grave crise énergétique de 1974. Un changement fondamental s'est alors produit. Les entreprises ont dû vendre leurs produits/services face à une concurrence toujours croissante et ce point d'inflexion a été un acte fondateur et structurant pour la fonction achat, telle qu'elle est pratiquée aujourd'hui. De nouvelles notions sont apparues comme le *sourcing*, la qualité, l'innovation, les services, etc. Ces nouvelles pratiques sont venues enrichir et complexifier l'exercice de la fonction achat, mais lui ont également conféré ses lettres de noblesse. D'une démarche purement administrative, elle s'est profondément transformée pour devenir un fort contributeur à la valeur ajoutée et aux profits de l'entreprise.

Au début de la crise, les entreprises ont essentiellement choisi les effectifs comme variable d'ajustement. Ce n'est qu'après avoir épuisé cette ressource qu'elles ont progressivement compris tout l'intérêt qu'elles pouvaient tirer d'une ressource extérieure qu'elles avaient jusqu'alors négligée : le marché fournisseurs. Au cours des dix dernières années, cette prise de conscience s'est combinée à deux autres lames de fond : le recentrage sur le métier de base et la globalisation (mondialisation). Tous ces facteurs étaient porteurs des profondes mutations que la fonction achats a connues et connaît encore. Les entreprises ont réalisé de tels gains de productivité en interne qu'elles se rendent compte que l'amélioration de leur compétitivité dépend dorénavant pour une part importante de leurs fournisseurs. Les entreprises réalisent également que faire du *sourcing*, développer sa base fournisseurs, obtenir des avantages concurrentiels de ses fournisseurs-partenaires, exige un savoir-faire qui est l'apanage d'hommes de l'art : les acheteurs. Il n'est évidemment pas question de laisser seul l'acheteur gérer l'interface entreprise acheteuse – fournisseur. Mais les axes de compétitivité et de productivité étant de plus en plus abondants, de nombreux acteurs interviennent et il est devenu indispensable que l'acheteur, en chef d'orchestre, coordonne et synchronise les différents plans d'action pour produire les résultats attendus. Pour toutes ces transformations, la fonction achats est passée d'un statut de consommatrice de ressources (hormis les salaires, la fonction dépensière par excellence) à celle de création de richesses et cette création de richesses est multiforme et ne se borne pas qu'à l'achat d'un prix comme certains esprits, n'ayant pas évolué, se bornent à réduire la fonction achats.

1.1. Procurement Model

L'évolution de la fonction achats est la traduction fidèle des bouleversements évoqués plus haut. La fonction achats présente une particularité à laquelle aucune autre fonction ne peut prétendre. Il n'est pas nécessaire que la division du travail prévoie une cellule achat spécialisée pour que cette fonction puisse s'exercer et c'est bien cette situation qui a largement contribué au retard accumulé. Il ne faut pas confondre fonction et structure. La fonction peut être totalement répartie entre différentes autres fonctions de l'entreprise, le plus souvent sans coordination. L'argument qui justifiait ce type d'organisation était souvent de nature technique, ce qui permettra de poser ultérieurement la question : l'acheteur doit-il être commercial ou technicien ? Le terme de ce processus s'achevait par l'émission d'un bon de commande, apanage d'un service approvisionnement. Ce schéma de fonctionnement pratiquement absent (au moins pour les achats de production) des entreprises un minimum structurées, est encore très présent dans les petites et moyennes entreprises (PME). Outre l'argument technique évoqué ci-dessus, s'ajoute l'idée qu'il est indispensable de conserver la décision de dépenses pour en contrôler le niveau.

Lorsque l'organisation de l'entreprise prévoyait une fonction achats-approvisionnements, celle-ci se traduisait plutôt par ce que les Anglo-Saxons nommaient *materials management*. En d'autres termes, le besoin était fixé pour ne pas dire figé. La mission consistait alors à organiser et à assurer les flux entrants. Dit autrement, cela signifie que le besoin était exprimé sous forme d'un produit explicite chez un fournisseur nommément désigné et, parfois, à un prix convenu. La marge de manœuvre de la fonction achats/approvisionnements était, comme on le constate, des plus étroites. Ce type de fonctionnement a conduit – et les faits l'ont démontré – à piloter la fonction au travers d'une combinaison respect des délais/niveau de stocks. Autre conséquence aisée à comprendre, il n'est évidemment pas nécessaire d'avoir des professionnels hautement qualifiés pour gérer de telles relations clients-fournisseurs.

L'étape suivante dans l'évolution de l'organisation de la fonction a consisté à prendre conscience de l'importance des produits achetés sur la structure de coûts et, par conséquent, à vouloir minimiser les dépenses. L'acheteur devient essentiellement un négociateur et les principaux leviers utilisés sont la mise en concurrence ainsi que la connaissance des coûts. Ceci met rapidement en évidence la primauté de la variable volume. L'enjeu consiste alors à mettre tout en œuvre pour être capable de regrouper les volumes. L'organisation et le système d'informations sont concernés par ces évolutions. L'organisation prend des formes diverses : acheteurs pilotes ou leaders, centralisation des achats pour lesquels l'enjeu est significatif, comité d'achats œuvrant à différents niveaux : régional, national, continental voire mondial. Le système de *reporting* est évidemment au cœur de la démarche. Comment, en effet, convaincre un fournisseur de consentir les meilleurs prix eu égard à une puissance d'achats, sans disposer d'informations précises ? Une fois l'accord obtenu, l'enjeu consiste à s'assurer de sa mise en œuvre et donc du bénéfice réel des conditions accordées. Ce contrôle est au moins aussi difficile que la collecte d'informations initiales. Certains cabinets de conseils commencent fréquemment leur mission par la mise en évidence du non-respect des accords et du manque à gagner qui en résulte.

Mais cette approche est également réductrice car elle suppose l'intervention de l'acheteur à un stade avancé de la démarche et limite donc considérablement ses marges de manœuvres. En effet, au stade auquel l'acheteur peut intervenir l'ensemble du besoin est figé. Par l'ensemble du besoin, nous voulons dire tant les paramètres de conception que ceux de l'industrialisation. Or, c'est ce constat qui va conduire à l'avancée suivante.

Les acheteurs ont fait part à leurs entreprises des potentialités venant des fournisseurs, dès lors qu'on leur laissait des degrés de liberté dans la conception et le développement des produits. Si l'impact sur les résultats est évidemment beaucoup plus important, il fait également appel à d'autres compétences que celles de l'acheteur. Il nécessite un travail d'équipe associant différentes fonctions de l'entreprise. Le décloisonnement doit toucher des fonctions plutôt habituées à fonctionner selon un mode séquentiel. Mais il doit également conduire à un autre état d'esprit qui consiste à inclure dans la démarche de chacune des fonctions la conséquence de ses propres décisions sur la chaîne de valeur complète. Dans un tel système, la contribution de la fonction achats est tout à la fois évidente et d'une remarquable complexité à appréhender et, si on tente d'isoler la performance de l'acheteur, cela s'avère encore plus difficile. Mais est-ce réellement utile tel quel ?

Le développement du travail interdisciplinaire associé à la grande importance que les achats ont pris dans la structure de coûts de certains secteurs d'activité (60 à 80 %) conduit au constat évident que la compétitivité de l'entreprise donneuse d'ordres repose essentiellement sur des acteurs externes. En conséquence, on ne peut plus travailler avec n'importe quel fournisseur. Il faut être capable de susciter l'innovation et la recherche de compétitivité. On peut même décider d'investir ensemble. Bref, il s'agit de codéveloppement. Mais cette situation a une conséquence inévitable : le renforcement, voire le retournement du rapport de forces entre donneur d'ordres et fournisseurs. Le rôle de l'acheteur devient tout à fait primordial, mais aussi totalement différent de celui qui consistait simplement à apporter les bons produits au bon moment et au bon prix. L'acheteur stratège devient une réalité.

1.2. Obstacles à l'achat stratégique

Comme dans tout processus de changement, opérer de telles transformations met en évidence les faiblesses de l'organisation, l'inadaptation des outils et des hommes.

1.2.1. La fonction achats dans l'organigramme

La place de la fonction achats dans l'organigramme traduit l'idée que l'entreprise se fait de sa fonction achats. Est-ce une vue plutôt administrative ou une vue plus stratégique ? Viendrait-il à l'idée d'un PDG de ne pas avoir de directeur financier ou de directeur des ressources humaines dans son comité directeur ? Pourquoi n'est-ce pas le cas pour un directeur achats surtout si, comme le clament, à juste titre, les directions générales, la fonction achats est si importante ? Sans compter que la place dans l'organigramme détermine le périmètre achats. En effet, le rattachement à une fonction production ou industrielle, rendra difficile l'accès aux autres achats qui sont pourtant de plus en plus significatifs et qui, à l'instar des achats de production, exigent la même démarche de productivité. La place dans l'organigramme sera également déterminante dans la relation avec les autres fonctions et dans les arbitrages à rendre. Qu'en serait-il évidemment de l'indépendance de la fonction, en particulier dans les décisions de faire ou faire faire.

1.2.2. Faiblesse de l'administration

Même dans les structures relativement bien organisées, il est clair que les équipes achats, même les acheteurs seniors, passent un temps considérable à régler des problèmes quotidiens : délais trop courts, besoins mal définis, écarts réception/commandes, investissements à la dernière minute. L'effet bout de chaîne joue à plein, c'est-à-dire que l'ensemble des contraintes s'accumulent au même endroit et au même moment. Le service achats est placé dans une situation dans laquelle il doit pallier toutes les insuffisances amont du processus. Il n'y a, par conséquent, pas de place pour prendre du recul par rapport à la fonction.

1.2.3. Évolution de carrière

L'évolution de carrière des acheteurs et des directeurs achats est aussi très significative. Là où d'autres fonctions offrent des possibilités de promotion rapide (marketing, commercial, etc.), pour les achats cela prend beaucoup plus de temps. Si on regarde ce critère sous l'angle du changement de fonction à l'extérieur de la filière et non pas au sein de la filière achats, c'est encore plus rare. Même les directeurs achats (gérant tout de même des milliards de francs, d'euros, de dollars) prennent des directions achats plus importantes. Mais peu changent de fonction. Est-ce de leur fait ou de celui des entreprises ? Que manque-t-il pour que cela change ? Évidemment, ces traits se répercutent sur les salaires. Il est d'ailleurs symptomatique de trouver, dans des enquêtes sur les salaires (de magazines sérieux), la fonction achats comme sous-fonction d'une fonction industrielle ou logistique, mais quasiment jamais au même niveau de salaire que les autres grandes fonctions de l'entreprise.

1.2.4. Accès à l'information

La pauvreté de l'information est un obstacle important à l'exercice de la fonction achats, dans son acception stratégique. Si on peut penser que les nouvelles technologies de l'information et de la communication permettraient la mise à disposition d'informations pertinentes, il faut bien avouer que c'est loin d'être le cas aujourd'hui. Bien souvent, il n'est pas aisé de connaître, de manière précise, comment les entreprises réalisent leurs achats. On a souvent des grandes masses, mais insuffisamment de précisions. En particulier, dans le domaine des services et des investissements, sans parler de nombreux types de frais généraux : location de voitures, hôtellerie, marketing, etc. Beaucoup de ces sujets sont en fait traités par d'autres fonctions que la fonction achats. Encore ces chiffres ne rendent-ils pas compte des évolutions de devises, des variations de volume, des changements de mix produits. Au niveau macroscopique, pour fournir de l'information, cela suffit. Mais au niveau de détail auquel les acheteurs travaillent, c'est beaucoup plus difficile.

1.2.5. Compétences

Quelles que soient les compétences des acheteurs, c'est *in fine* les utilisateurs qui conservent la responsabilité de ce qui est acheté : ils ont défini leur besoin et ont un poids déterminant dans le choix final. Compte tenu du caractère administratif de la fonction mentionnée précédemment, si on réoriente la fonction achats vers une fonction plus stratégique, dispose-t-on des bonnes compétences ? A-t-on des ressources en adéquation avec les objectifs ? Il est évident qu'une des activités importantes que les entreprises attendent des acheteurs, c'est la négociation. Toutefois, sans se rendre compte qu'elles ne leur permettent pas d'être dans les meilleures conditions de négociations, les acheteurs négocient en fin de processus, quand toutes les décisions importantes ont été prises. L'examen d'un véritable processus achat montre, à l'évidence, que les décisions importantes sont prises en amont : remise en cause des spécifications (tolérances, juste nécessaire, matériaux de substitution, etc.), choix des fournisseurs. C'est à ce stade que les fournisseurs sont prêts à tous les efforts : créativité, investissements, flexibilité, prix. C'est aussi à ce moment que l'on peut opérer une analyse faire ou faire faire, intégrer des besoins futurs dans la négociation, définir la performance fournisseur et son suivi (plans de progrès, etc.).

1.2.6. Mesures de performance

Il paraît clair que tout cela ne facilite pas la mesure de performance. Mesurer une variation de prix : tout le monde sait faire. Mais, que signifie-t-elle ? A-t-elle accru la compétitivité de l'entreprise ? Certes, mais de quoi rend-on l'acheteur responsable ? Il y a clairement une perversité possible du système de mesures.

1.3. Transformation de la fonction achats

Pour surmonter ces obstacles et transformer la fonction achats en une fonction stratégique (qui crée de la valeur), il faut passer par quatre étapes :

– En premier lieu, il faut rendre les processus achats plus productifs et plus efficaces. Il faut définir correctement les processus de base et s'assurer qu'ils sont sous contrôle. La mise en place d'une démarche qualité est souvent une aide précieuse pour rétablir, *a minima*, les processus concernés. Une fois les processus sous contrôle, les acheteurs disposent de plus de temps.

– Ce temps doit être mis à profit pour déterminer les enjeux et participer en amont, au sein d'équipes pluridisciplinaires, à la définition des projets. C'est à ce stade des projets, par le croisement des expériences et des idées, venant entre autres des fournisseurs, que l'on ouvre les possibilités d'un *sourcing* élargi et que l'on accroît les marges de manœuvres de négociation. L'impact sur les résultats est alors très significatif.

– Naturellement, lorsque ces changements ont produit suffisamment de résultats, il faut les institutionnaliser. Cela conduit à mettre en place des structures projets au sein desquelles l'acheteur joue un rôle de tout premier plan. Pour la structure achats par elle-même, cela revient à mettre en place des acheteurs pilotes, spécialistes à la fois des besoins exprimés par son entreprise et des possibilités des marchés fournisseurs. Afin de crédibiliser totalement la démarche, il est indispensable de mettre en place un système de mesures de performances indiscutable. À ce stade, les acheteurs capables d'évoluer dans un environnement aussi exigeant, avec une telle pression sur les résultats, ne sont plus les mêmes que ceux décrits au premier stade. Le niveau de compétences a considérablement été élevé.

– Après avoir organisé et maîtrisé l'interne, l'organisation achats doit s'occuper de l'externe, c'est-à-dire du réseau de fournisseurs. Bâtir un réseau de fournisseurs de classe mondiale, suppose que l'on ait défini un tel référentiel. Cela suppose également que l'on dispose des ressources ainsi que de la méthodologie pour aider les fournisseurs qui ne le seraient pas à devenir *World Class*.

La fonction achats a considérablement évolué. Personne ne remet dorénavant en cause la nécessaire implication en amont des acheteurs. De ce fait, l'ensemble des outils et méthodes ont accompagné la transformation de la fonction sans, toutefois, pouvoir s'appuyer sur un système d'informations et de mesures adapté. Néanmoins, cet ensemble forme les prémices du *World Class Purchasing*.

2. Approche du *World Class Purchasing*

2.1. Tentative de définition du World Class Purchasing

De manière abrupte, le *World Class Purchasing* est l'excellence dans les achats. Une telle définition est difficile à exploiter car si elle synthétise tout, elle ne renseigne sur rien. L'excellence dans les achats peut se comprendre comme l'utilisation des meilleures pratiques achats ou des *best practises*, comme disent les Anglo-Saxons. Mais cette définition relève d'une déclaration de bonnes intentions ou d'une obligation de moyens. Il est donc pour nous indispensable d'évoquer la finalité du *World Class Purchasing* afin que la définition puisse être réellement opérationnelle. L'E-I Consulting Group définit le *World Class Purchasing* comme : « l'ensemble des activités qui favorisent l'amélioration durable de la fonction achats de manière à obtenir une contribution optimale à l'amélioration de la marge et donc du profit ».

Cette définition présente l'intérêt de s'attacher à la finalité qui s'inscrit parfaitement dans la logique de recherche de compétitivité de l'entreprise. Évoquer les activités sans les inventorier, revient à suggérer que cette liste est ouverte, qu'il existe différents moyens pour parvenir à l'objectif. Enfin, le mot « durable » indique que ces pratiques doivent s'appuyer sur un cadre structurel et ne relèvent pas d'une démarche opportuniste. L'objet de la suite de ce chapitre consistera donc à étudier certaines pratiques caractérisant l'excellence dans les achats en reliant l'utilisation d'une telle pratique à l'objectif poursuivi.

Le W*orld Class Purchasing* s'appuie sur une *world class* organisation ainsi que sur des ressources et comportements achats à la hauteur d'une mission aussi exigeante. Bien que l'on ne puisse pas étiqueter facilement une organisation comme faisant du *World Class Purchasing*, on sait néanmoins qu'elle s'appuie sur les meilleures pratiques, la difficulté consistant à décider ce qui est une meilleure pratique.

2.2. Conditions nécessaires à la mise en place d'un World Class Purchasing

Pour être capable de qualifier une organisation de *World Class Purchasing*, il convient de définir un référentiel et de le comparer à l'organisation étudiée. Avant d'examiner ces pratiques, on doit s'interroger sur les indices (conditions nécessaires ?) qui concourent à la mise en place d'un fonctionnement *World Class*.

2.2.1. Importance relative des achats

De manière évidente, plus le montant des achats sera élevé, plus l'entreprise sera encline à mettre en place une démarche visant à obtenir les meilleurs résultats de sa fonction achats. Si on retient un chiffre d'achats représentant 50 % des ventes comme moyenne de l'industrie, ce chiffre peut être très supérieur dans certaines industries d'assemblage. Compte tenu du recours accru à la sous-traitance et compte tenu de la vague d'externalisation correspondant au recentrage des entreprises sur leur métier de base, la part des achats est de plus en plus importante. L'impact potentiel sur les résultats retient l'attention de la direction générale, ce qui est manifestement le cas du montant des achats. Par conséquent, ce critère est peu discriminant dans les organisations actuelles, tout en étant bien sûr une condition nécessaire.

2.2.2. Intensité de la relation fournisseurs et nombre de fournisseurs

Il fut une époque où il fallait absolument réduire le nombre de fournisseurs, mais cette diminution n'a jamais été une fin en soi. Elle permet d'augmenter le volume d'affaires confié à un fournisseur, l'accroissement de sa puissance d'achat débouchant sur de meilleures conditions. Cet argument requiert, d'une part, que la variable volume régisse le marché fournisseur concerné et suppose, d'autre part, que la puissance d'achats de l'entreprise cliente soit suffisante pour bénéficier de l'effet volume. Or, un grand nombre de marchés ne fonctionnent pas uniquement sur le volume, voire pas du tout. L'argument puissance d'achats s'applique à une entreprise d'une certaine taille. Par contre, il suffit à un acheteur professionnel d'avoir essayé au moins une fois de bâtir une relation fournisseur durable, faisant appel à la coopération dès le stade du développement, mettant en œuvre des plans de progrès, travaillant sans relâche pour obtenir une qualité irréprochable tant sur les produits livrés que sur les services associés, pour se rendre compte qu'il est totalement impossible de nouer ce type de relations avec un grand nombre de fournisseurs. La réduction du nombre de fournisseurs est donc la conséquence d'une politique fournisseurs et non un préalable.

2.2.3. Intensité du *sourcing* global

Il est d'une banalité affligeante de dire que tout se mondialise, ce qui en général se traduit par l'anglicisme *global*. Le phénomène de concentration des entreprises a créé des *world companies* qui, de fait, sont autant de *world suppliers* pour leurs clients. C'est donc un lieu commun de dire que les achats se mondialisent. Si on pouvait mesurer une intensité de mondialisation, il est clair que l'organisation achats serait un bon indicateur (*purchasing coordination, supply base management, supply chain management*, etc.). Dans les années antérieures à 1975, les achats étaient surtout des achats de proximité. Mais, dès que l'intensité concurrentielle s'est accrue, les entreprises ont recherché des fournisseurs hors des frontières hexagonales. À mesure que ce phénomène s'étendait, il a fallu organiser cette recherche, mettre au point des outils de gestion de fournisseurs adaptés à la distance, disposer de compétences capables d'opérer avec des fournisseurs étrangers, tant au plan technique que culturel. Cette évolution majeure a été porteuse de changements importants pour la fonction achats, du point de vue de l'organisation, des hommes, des outils et des méthodes. L'extension du champ de recherche des fournisseurs à l'international forme, à l'évidence, une présomption favorable au *World Class Purchasing*.

2.3. Le World Class Purchasing

Les remarques précédentes permettent de mieux cerner ce qu'est le *World Class Purchasing*.

2.3.1. Le processus achats

Comme le montre l'enquête menée par l'E-I Consulting Group, il subsiste encore une confusion entre la fonction achats et la fonction approvisionnements. Finalement, beaucoup d'acteurs dans l'entreprise associent encore trop souvent l'acte d'achat à l'émission de la commande d'achat. Or, quiconque a réfléchi un minimum à la fonction achats, réalise que lorsque l'on émet une commande, tout est absolument décidé. C'est donc que l'achat se passe avant. Mais alors qu'est ce que le processus achats ? Le schéma ci-contre l'illustre.

Figure I

Le processus achats

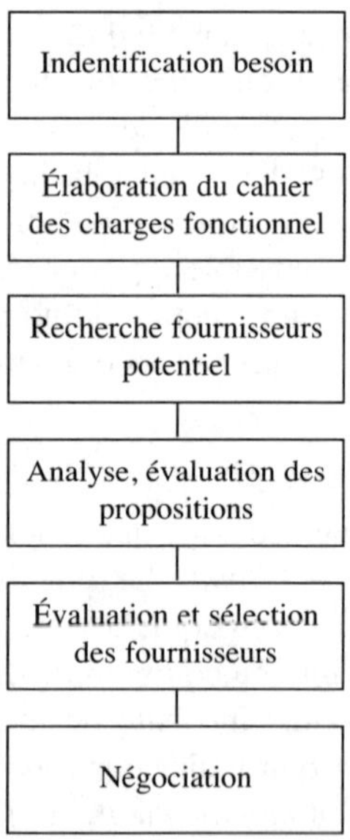

Ce schéma montre que la commande ne figure pas dans ce processus. En fait, elle est une conséquence. On ne peut même pas dire que la commande soit *l'output* du processus, car dans nombre de cas ce processus ne débouche pas sur la passation d'une commande. En revanche, ce processus porte en germe tous les outils et concepts qui font d'une fonction achats, la fonction fortement contributive aux résultats de l'entreprise.

— Le cahier des charges fonctionnel

Le cahier des charges fonctionnel est la forme la plus aboutie de l'expression du besoin puisqu'elle permet de raisonner en termes de fonctions à couvrir et non pas en termes de solutions. Ce type de formulation laisse la marge de manœuvre la plus importante à l'acheteur pour exercer son métier et obtenir les résultats escomptés. Bien évidemment, ce mode de fonctionnement est également générateur de risques qu'il faudra prendre en compte afin d'en minimiser l'impact. L'expression du besoin en termes fonctionnels est un travail d'équipe regroupant l'ensemble des fonctions nécessaires à l'élaboration du besoin. Ce projet fédérateur permet de pondérer l'importance relative de chacune des fonctions à remplir et permet à l'acheteur d'affiner sa stratégie de négociation.

— La recherche de fournisseurs

La recherche de fournisseurs, susceptibles de répondre au besoin, est rendue complexe par la formulation ouverte du besoin et laisse toute sa place au *sourcing global* et au marketing achats. Les acheteurs se sont appropriés les outils de marketing industriel pour analyser les marchés et identifier les fournisseurs pouvant répondre favorablement à leurs demandes. Cette quête du bon partenaire s'effectue sur une base mondiale.

— Analyse et évaluation des propositions

L'analyse et l'évaluation des propositions permettent d'intégrer, dans la décision d'achats, toutes les variables et non pas uniquement le prix. Cette démarche suppose évidemment une réflexion préalable sur les critères d'achat que l'entreprise veut retenir: contribution technique, niveau de qualité, niveau de service, etc. Elle suppose également une analyse en coût global, l'expression coût global devant être prise dans un sens extensif et non pas réduite au prix auquel on ajouterait des frais d'approche et des coûts d'acquisition (formation, documentation, etc.). Le coût global doit être appréhendé au niveau de l'entreprise et non pas au niveau de la fonction achats. Il doit prendre en compte les conséquences de l'achat sur les rendements, le taux de rebut, la maintenabilité, la durée de vie, et toute autre conséquence affectant le coût des unités produites et non pas uniquement le coût des produits achetés. Cette démarche suppose la recherche de la bonne unité d'œuvre d'achat: kg, mm d'électroérosion, m^2, etc. La variation de l'unité d'œuvre permet d'appréhender l'évolution réelle des coûts pour l'entreprise.

— Sélection et évaluation des fournisseurs

Compte tenu de ce qui précède, l'évaluation et la sélection des fournisseurs s'effectueront sur la base des critères bien spécifiques. Pour l'innovation, un examen approfondi des moyens en recherche et développement s'imposera. Pour le service, on se focalisera sur la *supply chain*. On voit rapidement que comme il est rare que l'évaluation soit mono-critère, l'appréciation d'un fournisseur passera par l'établissement d'une démarche d'évaluation longue et lourde, mais stratégique. Une autre conséquence de tout ce qui précède est l'élargissement du champ de discussion, la négociation du prix n'est qu'un élément parmi d'autres.

Il peut parfois s'avérer mineur par rapport aux autres objectifs. Comment ensuite évaluer le succès d'une négociation ? C'est évidemment tout le problème de l'évaluation de la fonction achats et de l'acheteur que cette question soulève.

2.3.2. Le périmètre des achats

Traditionnellement, les organisations achats concentrent leurs efforts sur les achats de production, ce qui peut recouvrir, suivant les acceptions, à la fois les produits incorporés directement dans le produit fini, mais aussi les produits et services nécessaires au processus de production. Mais se cantonner à ce type d'achats, c'est oublier une part achats non négligeable comprenant les achats qualifiés de hors-production et, dans un certain nombre de cas, les achats d'investissements. Les achats hors-production concernent potentiellement tout le champ laissé libre par la définition donnée aux achats de production, ce qui est, en termes de valeur, tout à fait significatif. Les entreprises s'étant essentiellement consacrées aux achats de production, les achats hors-production sont prometteurs en termes de potentiel d'économies et de productivité. Pour que ce potentiel se réalise, il convient d'utiliser le processus achat tel qu'il est décrit précédemment. Compte tenu de la grande diversité des marchés de ce type d'achats, il faut absolument prendre la précaution de mesurer les enjeux, sinon, on risque de mettre en œuvre un processus plus coûteux que ce qu'il peut rapporter. Tous les achats externes doivent être traités de manière professionnelle par la fonction achats.

2.3.3. Le rattachement de la fonction achats

Si le périmètre achats traité par la fonction englobe l'ensemble des achats de l'entreprise, la question du rattachement de la fonction achats ne se pose pas. En effet, comment ne pas rattacher à la direction générale une fonction qui traite un montant s'élevant de 50 à 80 % du chiffre d'affaires de l'entreprise ou de l'activité, et comment ne pas rattacher à la direction générale une fonction susceptible d'intervenir dans tous les domaines ? Ce rattachement s'imposc pour garantir la nécessaire indépendance de la fonction achats. Toute autre solution induit un lien de subordination qui peut entraver la bonne conduite du processus achats.

2.3.4. Le management du portefeuille fournisseurs

Ce domaine est probablement celui qui a le plus progressé et qui est au cœur du savoir-faire achats. La gestion du portefeuille achats a longtemps été assimilée à la gestion du portefeuille achats de production. Or, lorsque l'on traite l'ensemble des achats de l'entreprise, on ne peut utiliser les mêmes outils pour tous les segments d'achats. Ainsi, la notion de codéveloppement avec un voyagiste prend éventuellement du sens pour une entreprise de loisirs telle le Club Méditerranée, mais pour la plupart des entreprises, il s'agit d'acheter un service donné au plus bas prix. Un premier travail consiste donc à segmenter les achats. C'est P. Krajlic qui, le premier, a formalisé une matrice des achats. L'intérêt de cette matrice est multiple Il réside dans la formulation d'une politique achats différenciée, mais aussi dans l'utilisation des outils appropriés à chaque problématique et, enfin, dans l'affectation de ressources humaines adaptées aux objectifs et enjeux du domaine achats couvert.

2.3.5. Le management du risque

L'importance de la fonction achats, la réduction du nombre de fournisseurs, la turbulence des marchés transforment *de facto* l'acheteur en un *risk manager* alors que, traditionnellement, cette fonction se trouve dans la sphère financière. L'acheteur doit faire face à différents risques :

– sécurisation des approvisionnements. La concentration des entreprises et la réduction du nombre de fournisseurs ainsi que la tension des flux, rendent cet objectif tout à fait stratégique, lequel peut même dans certains cas transcender la recherche d'un prix plus bas ;

– nombre réduit de fournisseurs. Le nombre de fournisseurs figurant au panel et leur implication en amont dans les développements, imposent à l'acheteur de sélectionner des fournisseurs dont la pérennité ne fait pas de doute ;

– internationalisation. L'internationalisation des achats conduit l'acheteur à identifier des fournisseurs dans des pays en voie de développement, fournisseurs qui tant au plan de la législation sociale que de celui de la qualité ou des finances, n'opèrent pas dans le même référentiel que les entreprises occidentales. L'évaluation du risque s'avère alors très difficile ;

– innovation. Le processus d'innovation débouche sur l'achat de produits pouvant procurer un avantage concurrentiel en cas de succès mais susceptible de générer des retards de lancement, des problèmes d'industrialisation, de production, en cas d'échec.

2.3.6. La constitution d'un panel de fournisseurs de classe mondiale

De nombreux facteurs interviennent dans l'identification d'un fournisseur de classe mondiale. Mais parmi eux, le codéveloppement, par ses conséquences multiples, est probablement le plus important. Le fournisseur est impliqué très en amont. Il peut intervenir sur la conception dans le double objectif de diminuer les coûts et de faciliter l'industrialisation et la production. De ce fait, un bon niveau de qualité pourra être assuré. Dans certaines usines automobiles (Volkswagen Brésil, Smart Hambach), les équipementiers montent le sous-ensemble qu'ils ont produit. Ce mode de fonctionnement ne peut se concevoir que dans le cadre d'une politique de source unique et d'une politique de partenariat.

Une politique de source unique n'a de sens que si cette situation confère au client un avantage concurrentiel très significatif. Cette politique relève d'un délicat équilibre entre la focalisation de ressources limitées consacrées au projet par les équipes pluridisciplinaires du client et la contrepartie d'une garantie de volume sur la durée de vie de la pièce pour le fournisseur. Durant cette période, le fournisseur ne sera pas soumis à la concurrence et pourra allouer les ressources nécessaires pour atteindre le niveau de compétitivité requis.

Pour identifier un tel fournisseur, il faut procéder à un *sourcing global*. Le *sourcing global* est le processus achats par lequel une organisation recherche un fournisseur à travers le monde en cherchant à profiter des facteurs de production les plus favorables afin de diminuer le coût global.

2.3.7. Le management stratégique des coûts

L'approche en coût global a élargi le champ de négociation de l'acheteur (tant interne qu'externe) et lui a permis d'inclure, au-delà du prix, certains coûts induits par l'achat : frais d'approche, coûts d'exploitation, coûts de maintenance. Mais cette approche, quoique nécessaire, est encore insuffisante. Il s'agit pour l'acheteur d'améliorer la compétitivité globale de l'entreprise.

Du point de vue de l'entreprise, c'est le coût par unité d'œuvre qui doit primer. Ainsi, acheter 20 % plus cher un produit qui a une durée de vie double par rapport au produit qu'il remplace, doit être considéré comme un bon achat. Déterminer la bonne unité d'œuvre et suivre un coût unitaire de cette unité d'œuvre n'est évidemment pas facile, et les progiciels de gestion intégrée (*ERP : Enterprise Resources Planning*) n'aident en rien dans ce domaine. Les réponses figurent plutôt dans des *datawarehouses* (entrepôts de données) avec des outils de *datamining* (outils intelligents pour effectuer des recherches dans les *datawarehouses*).

Quand un acheteur examine un sous-ensemble, il devrait être capable de décomposer les coûts en comprenant comment et avec quels matériaux il a été fabriqué.

2.3.8. Le management des connaissances et la veille

Les acheteurs sont une source d'informations et de connaissances totalement inexploitées par l'entreprise. Cette mine d'informations tacites devient un enjeu stratégique et les systèmes de *Knowledge Management* vont être le support de ce nouveau levier de compétitivité pour l'entreprise. Ces systèmes reconnaissent qu'informations et connaissances sont créatrices de richesses, et qu'il faut faire fructifier cette manne. La veille est un processus privilégié, alimentant les systèmes de management de la connaissance.

La veille stratégique est l'activité permettant de détecter les signes de changements et de favoriser la prise de décision à partir d'informations collectées puis retraitées pour être exploitables. Les acheteurs sont surtout focalisés sur la veille technologique et la veille concurrentielle et commerciale. Si cette démarche est connue depuis longtemps, elle n'était pas encore systématisée. La veille sur Internet et les technologies des agents intelligents (logiciels capables d'apprentissage à partir de l'analyse de l'environnement. Leurs observations enrichissent leur propre comportement) complétés par les métamoteurs (moteur de moteurs de recherche sur Internet) vont permettre de remédier à cette situation. L'excellence achats passera par la maîtrise de ces outils.

Le *World Class Purchasing* est un référentiel qui renvoie à l'utilisation des meilleures pratiques appliquées à tous les achats externes de l'entreprise.

3. Les conséquences du *World Class Purchasing*

Le niveau d'exigence de l'entreprise à l'égard de la fonction achats a considérablement augmenté. C'est à la fois une reconnaissance perceptible et un énorme challenge car nombre d'entreprises attendent des miracles de leurs acheteurs, le résultat de l'entreprise pouvant dépendre en grande partie de la performance achats. De ce fait, la fonction achats devient beaucoup plus exposée. Ceci va se traduire dans le niveau de compétences requis, dans l'organisation, dans le système d'informations et dans la mesure de la performance achats.

3.1. Les compétences achats

Pour un grand nombre d'entreprises, les effectifs achats n'ont pas augmenté. Par contre, les profils ont considérablement évolué. Les entreprises ont privilégié la qualité plutôt que la quantité. Les formations supérieures sont maintenant légions et les double formations, technique et commerciale, sont les plus recherchées. L'acheteur doit-il être commercial ou technicien ? Dans une structure importante, cela est relativement indifférent, car il y aura toujours suffisamment de ressources techniques en dehors des achats pour assister la fonction achats. En revanche, dans les petites structures (moins de cinq personnes dans un service), il est beaucoup plus confortable de posséder une double compétence qui permet d'être un interlocuteur crédible en interne et auprès des fournisseurs, mais aussi un contre-pouvoir de la fonction technique.

3.2. Une organisation World Class

Une organisation *World Class* doit permettre le traitement de l'ensemble des achats de l'entreprise par des professionnels de haut niveau. Les entreprises mettent donc en place des spécialistes marchés qu'elles intègrent dans différentes structures de coordination : projets, acheteurs pilote, coordination géographique, coordination activité, etc. Ces différentes structures sont nécessairement pluridisciplinaires de manière à intégrer la problématique globale de l'entreprise.

3.3. Réduction des coûts de transaction

Si une entreprise développe un nouveau projet avec un fournisseur, cela va mobiliser des ressources pour établir le cadre dans lequel ce projet va se dérouler.

En revanche, si les fournisseurs ont fait l'objet d'une sélection préalable, que les méthodes de travail sont connues et partagées, que l'accès à l'information est aisée, le gain en temps et en qualité au moment du développement des produits se transformera en évidence. Plus le fournisseur développera de projets, plus l'effet d'expérience apportera des bénéfices dans les domaines de l'innovation, de la recherche de réduction des coûts, de l'industrialisation, de la logistique. Cela suppose un processus de sélection extrêmement rigoureux permettant de déboucher sur des fournisseurs qui ont des performances de type *World Class*. Ce mode de fonctionnement pose le problème de la dépendance vis-à-vis d'un fournisseur. Le coût de transfert, c'est-à-dire le coût de changement de fournisseur, sera très élevé. Il faut donc intégrer ce risque très en amont et trouver des mécanismes de protection adaptés.

3.4. Système d'informations

La globalisation entraîne la coordination d'activités dispersées et le développement de réseaux d'activité industrielle à l'échelle continentale voire mondiale. Cela crée des processus combinatoires remettant en cause la division traditionnelle du travail. La globalisation concerne deux catégories de déterminants :

– les facteurs liés à l'environnement de la firme : les structures de marché ont amplement évolué. Elles se sont fortement concentrées et les économies sont interdépendantes ;

– les facteurs internes à la firme : les modalités de croissance, l'histoire et la culture de la firme.

À la base des facteurs de globalisation, le système d'information et les techniques de communication jouent un rôle majeur. Les techniques de communication facilitent la saisie, le transfert et le traitement des données ainsi que la transparence de l'information et leur maîtrise en temps réel. Les technologies de communication agissent comme facteur actif d'optimisation de la stratégie globale. La performance et la fiabilité du système d'information apparaissent comme un facteur déterminant du succès de la mise en œuvre de ce système et de la réussite de la stratégie globale. Les systèmes d'information achats reposeront sur au moins trois composantes : les ERP, ces progiciels de gestion intégrée traitant les grandes fonctions de l'entreprise, les outils de management de la connaissance (*cf. infra*) et les systèmes de commerce électronique.

En effet, on ne saurait évoquer les systèmes d'information sans mentionner les outils de *e-purchasing ou e-achat*. Par cette terminologie, nous entendons l'ensemble des outils acheteurs mis à disposition sur des portails Internet, tels que *sourcing*, appels d'offre en ligne, enchères en ligne, catalogues électroniques, le *e-procurement* ne désignant que la transaction d'approvisionnement. Les outils de *e-purchasing* seront probablement d'une aide remarquable quand ils seront bien rodés. Pour le moment, ils manquent de maturité. Certains ont pu craindre que ces outils remplacent les acheteurs. Cette crainte n'est pas fondée. La mission de l'acheteur reste fondamentalement la même. Par contre, ces nouveaux outils vont élargir considérablement son champ d'actions et accélérer significativement les durées de traitement des opérations concernées par ces nouveaux outils.

3.5. Performance achats

Comme on ne contrôle bien que ce que l'on mesure, il apparaît indispensable de mesurer et d'évaluer la performance achats. Certains, conscients de la difficulté réelle de la mesure de la performance achats, suggèrent d'examiner les pratiques, avec comme postulat implicite, que l'utilisation de telles pratiques conduit obligatoirement à un résultat favorable même si on n'est pas franchement capable de mesurer les résultats. Je ne partage absolument pas ce point de vue qui singulariserait la fonction achats par rapport aux autres fonctions de l'entreprise. En revanche, lorsqu'on a établi une mesure et qu'elle présente une dérive favorable, comprendre ce qui a permis de l'atteindre afin de pouvoir reproduire, me paraît une démarche pertinente. C'est peut-être ce genre d'approche qui peut contribuer à définir un cadre au *World Class Purchasing*.

La notion de résultat en achat est, en effet, complexe. Considéré rapidement et, de surcroît, par des acteurs externes à la fonction, le résultat se confond fréquemment avec une variation de prix. Mais, même cette réponse, pourtant simple dans sa formulation, pose problème et n'est pas aussi évidente qu'il y paraît de prime abord. De quel prix parle-t-on ? Prix départ ou prix rendu ? Les prix que l'on compare correspondent-ils aux mêmes volumes, aux mêmes produits ? Ont-ils été acquittés dans la même devise et à quel taux de change ? En admettant que toutes ces questions soient résolues, quelle sorte de prix le fournisseur a-t-il consenti ? Est-ce un prix spot correspondant à un besoin de déstockage, à un état particulier du marché ou, encore, à un prix d'appel traduisant le désir que le fournisseur a d'avoir un nouveau client ou, encore, ce prix est-il déterminé par des variables exogènes (bourses, etc.) ? Comme on le constate, la seule notion de prix suscite de multiples interrogations. Outre ces questions, que penser d'un prix qui induirait en production un taux de rebut double ou une durée de vie d'un produit nettement inférieure à celle connue ? La mesure de la performance achats doit pouvoir s'effectuer en isolant les différents effets dont la fonction achats n'a pas la maîtrise : effet devise, effet volume, effet mix produits, pour ne citer que l'essentiel. L'effet résiduel représente alors la performance de négociation de l'acheteur. Cette méthode ne peut s'appliquer facilement qu'aux achats récurrents. La recherche de réponses pour les frais généraux soulève le problème d'une unité pertinente par segment d'achat (coefficients pour l'intérim, coût/tonne/km pour le transport, pour ne citer que quelques exemples). Le manager achats comme la direction générale ont besoin d'une vision globale de la performance. Seule la mécanique indicielle permet d'apporter une réponse satisfaisante dans la mesure où elle permet :

– l'agrégation de résultats de familles hétérogènes ;

– de mettre en évidence des variations favorables ou défavorables alors que l'on reproche fréquemment aux acheteurs de ne montrer que les gains.

CONCLUSION

« Un client heureux en vaut deux… » lit-on parfois. La transposition de cet adage au monde des achats signifierait-elle qu'« un fournisseur heureux en vaut deux… » ou faudrait-il traduire par « un acheteur heureux en vaut deux… » ? Dans un cas comme dans l'autre, l'objectif consiste à garantir à l'entreprise acheteuse la meilleure prestation possible. Un fournisseur heureux sera plus enclin à « offrir » du service, à contribuer au succès de son client tant au plan économique qu'au plan technique. Ce fournisseur assurera son propre développement. Un acheteur sera heureux si le compromis technico-économique qu'il acquiert auprès d'un fournisseur lui permet de renforcer la compétitivité de sa propre entreprise. Ceci passe par une plus grande connaissance mutuelle, pour l'un, des besoins de son client, pour l'autre, des possibilités de son fournisseur. Pour répondre à cette préoccupation, la fonction commerciale élabore progressivement un outil de gestion, des informations lui permettant de développer l'activité chez son client et de surveiller, d'analyser toutes les évolutions et tendances de ce compte client. À l'instar du CRM (*Customer Relationship Management*) – c'est le nom de cet outil –, il reste à inventer un SRM (*Supplier Relationship Management*) pour la fonction achats. N'oublions pas que les cibles du CRM sont les acheteurs. Ce SRM permettrait de suivre l'ensemble des données relatives à la gestion des fournisseurs : contacts, offres de prix, audits, performances qualité, coûts, délais, suivi des plans de progrès, mais aussi des informations plus qualitatives issues du *Knowledge Management* telles que les marchés sur lesquels le fournisseur opère ainsi que leurs caractéristiques, le positionnement concurrentiel du fournisseur, ses procédés, ses équipements, la concurrence à l'achat, ses performances financières et tout élément pertinent informant sur son développement. À l'évidence, ni les ERP ni les places de marché, ne répondront à ce besoin. En revanche la technologie existe. Il suffit d'utiliser la même que celle des concepteurs de CRM. De toute façon, la problématique essentielle ne réside pas dans les enjeux techniques. Un lit d'Internet et un zeste de *business intelligence* (ensemble des disciplines liées à la décision) suffiront. Mais, comme dans le cas des ERP, la définition du contenant fixera le niveau d'exigences et de compétitivité bien plus que « la tuyauterie ». Je suis convaincu que l'élaboration d'un tel outil participerait de manière significative à l'avènement et au développement d'un *World Class Purchasing*.

RÉFÉRENCES BIBLIOGRAPHIQUES

ASMUS D., GRIFFIN J. (1993), « Harnessing the power of your suppliers », *The McKinsey Quaterly*, number 3.

E-I CONSULTING GROUP (1999), *World Class Purchasing in Europe : Fiction or Reality*.

FOURASTIÉ J. (1979), *Les Trente glorieuses*, Pluriel.

KEOUGH M. (1993), « Buying your way to the top », *The McKinsey Quaterly*, number 3.

KRAJLIC P. (1984), *Gérer vos achats*, Harvard-L'Expansion.

LEENDERS M., FEARON H. (1993), *Purchasing and Materials Management*, Irwin (10e édition).

STEELE P., COURT B. (1996), *Profitable Purchasing Strategies*, Mc Graw Hill.

TARONDEAU J.-C. (1979), *L'Acte d'achat et la politique d'approvisionnement*, Éditions d'Organisation, Paris.

P.-Y. Barreyre

Sélection de publications

- *L'Horizon économique des petites et moyennes entreprises*, Thèse pour le Doctorat de sciences économiques, faculté de droit et des sciences économiques de Grenoble, 500 p. dactyl., 1967.
- *L'Impartition, politique pour une entreprise compétitive*, Thèse complémentaire de doctorat, publiée aux éditions Hachette, Paris, 1968.
- « Impartition et normalisation », *Direction et Gestion*, n° 6, 1969.
- *Fondements d'analyse économique*, cours polycopié à l'usage de l'IAE de Grenoble et de l'ICG, Éditeur IFG, Paris, 2 tomes, 1969.
- « L'impartition, élément d'une stratégie de croissance », *Synopsis*, Revue belge de productivité, janv. 1970.
- « Tendances nouvelles en matière d'éducation au management aux États-Unis », *Direction et Gestion*, n° 1, 2, 3 et 4, en collaboration avec J. Deas, J. Germay et Ph. Gluntz, 1972.
- « Éléments d'une approche de la décision "Produire ou Acheter" », revue *Les Achats*, mai 1972, article publié également dans la revue *Les Ponts.*
- « L'impartition : une conception moderne et élargie de la sous-traitance », *Revue suisse de management*, août 1973.
- *L'Innovation technologique dans les M.P.I.*, rapport de recherche pour la DGRST rédigé en collaboration avec G. Laurent, 168 p. dactyl., automne 1973.
- « La Fonction Approvisionnement au seuil d'une nouvelle ère économique », revue *Approvisionnement*, fév. 1974.
- « Radiographie de l'innovation », *Revue Française de Gestion*, n° 1.
- *Stratégie d'innovation dans les M.P.I.*, Éditions Hommes et Techniques et Éditions d'Organisation, Paris, 1975. Prix IAE du Management.

  Traduction en espagnol, Éditions Hispano Europea, sous le titre *La Pequena y mediana empresa frente al cambio*, Barcelona, 1978.
- « Le management de l'innovation », *Direction et Gestion*, n° 5, 1975.
- « Quelle stratégie de recherche pour une organisation comme l'IAE de Grenoble ? », *Enseignement et Gestion*, mai 1975.
- « L'expérience de Planification de Merlin Gerin », contribution à l'ouvrage de D. Paul et B. Viollier, *Adapter la planification d'entreprise*, Éditions d'Organisation, avril 1976.
- « La fonction approvisionnement dans la stratégie de l'entreprise », *Revue Française de Gestion*, sept. 1976, article publié également dans la *Revue internationale de gestion*, Montréal 1976, traduit en quatre langues dont le chinois.

– « Étude des modes de développement des entreprises de croissance », rapport d'une recherche réalisée dans le cadre de l'E.R.A. au CNRS, n° 512 avec la SOFINNOVA pour le ministère de l'Industrie et la DATAR.
– « Le désinvestissement stratégique dans l'entreprise », *Direction et Gestion*, n° 3 et 4, 1977, en collaboration avec M. Bouche.
– « Les choix de sous-traitance dans la stratégie de l'entreprise », *Revue Française de Gestion*, janv. 1978, ainsi que dans *Les Industries Mécaniques*, fév. 1978, n° 1197 et 1198.
– « The management of innovation in small and medium sized industries », *International Studies of Management*, vol. 7, New York, 1978.
– « Die Impartition – eine unternehmerische strategie fûr den Einkauf », revue *Werkstatt und Betrieb*, n° 5, Francfort, RFA, 1978.
– « Typologie des stratégies de développement : analyse de 256 PMI performantes », rapport de recherche réalisée en collaboration avec O. Mussault et D. Perquier et la SOFINNOVA, pour la DATAR et le ministère de l'Industrie, 112 pages. Résumé présenté dans la *Revue Française de Gestion*, sept. 1979.
– « Stratégie, innovation et systèmes de gestion : monographie d'une équipe de Recherche Associée au CNRS », en collaboration avec André Page, *Revue de sciences de gestion, Économie et Société*, n° 1, 1979.
– « Typologie des innovations », *Revue Française de Gestion*, n° spécial Innovation, janv. 1980.
– « Les critères d'évaluation d'une thèse de doctorat : le cas de la gestion », revue *Enseignement et Gestion*, oct. 1980.
– « Les systèmes d'information prévisionnelle des dirigeants d'approvisionnement en milieu industriel », *Informatique et Gestion*, oct. 1981, en collaboration avec B. Ballaz.
– « Pour une meilleure compétitivité fondée sur la solidarité interentreprises : les politiques d'impartition », *Revue Française de Gestion*, n° 37, 1982, en collaboration avec M. Bouche.
– « The small firm in the French economy », contribution (chapitre 7) à l'ouvrage collectif édité par Cyril Levicki, London Business School : Small Business : Theory and Policy, *Edit. Croom Helm*, London, 1984.
– « Trois conceptions de l'étudiant dans le système éducatif : quelques réflexions à la lumière des sciences de gestion », *Enseignement et Gestion*, été 1984.
– « La participation des services d'achat à l'innovation dans les grandes entreprises industrielles : approche organisationnelle et problématique managériale », *in Futur et Gestion de l'entreprise*, Journées IAE, Poitiers, 1987, p. 29-41, en collaboration avec D. Lentrein.
– « The concept of impartition policies : a different approach to vertical integration strategies », *Strategic Management Journal*, vol. 9, 1988, p. 507-520.
– « Promotional communication towards suppliers », *Proceedings IMP Conference*, Univ. Bocconi, Milano, 1990, en collaboration avec D. Lentrein.

– « La sous-traitance à l'heure des nouvelles politiques d'impartition », article *in Encyclopédie du Management*, Vuibert, Paris, 1992, 15 p.

– « Stratégies et pratique d'achat international dans les grandes entreprises industrielles », *in Annales du Management*, Economica, Paris, 1992, en collaboration avec D. Lentrein.

– « Conception et développement d'un système d'éducation : un exemple original en matière de management des achats », *in Mélanges en l'honneur du Pr. André Page*, PUG, Grenoble, 1993.

– « Achat industriel », article *in Encyclopédie de Gestion*, Economica, Paris, 1997.

– « Promotional communication towards suppliers : analysis of the formal means of communication used by procurement executives to support reverse marketing strategies », *Proceedings 9th international IPSERA Conference and 3rd North American Research Symposium on Purchasing and Supply Chain Management*, University of Western Ontario, London Canada, 2000, en collaboration avec Natacha Tréhan.

INDEX DES MATIÈRES

Table des matières

Dumas-Titoulet Imprimeurs
42004 Saint-Etienne
dépôt légal : mars 2002
N° d'imprimeur : 37020